आंखों देखा गदर

आंखों देखा गदर

विष्णुभट्ट गोडशे वरसईकर–कृत मराठी पुस्तक
'माझा प्रवास' का हिन्दी रूपान्तर

अमृतलाल नागर

ISBN : 9788170287315

संस्करण : 2015 © अमृतलाल नागर

AANKHON DEKHA GHADAR

(Eyewitness Account of the India Mutiny)

by Vishnu Bhatt Godshe

राजपाल एण्ड सन्ज़

1590, मदरसा रोड, कश्मीरी गेट-दिल्ली-110006

फोन: 011-23869812, 23865483, फैक्स: 011-23867791

e-mail : sales@rajpalpublishing.com

www.rajpalpublishing.com

www.facebook.com/rajpalandsons

प्रस्तावना

मराठी के सुप्रसिद्ध विनोदी लेखक बन्धुवर शामराव नीलकण्ठ ओक ने यह पुस्तक मुझे 'लखनूर' का वर्णन पढ़ने के लिए लगभग तीन वर्ष पहले दी थी। यात्रा वृतान्त भारतीय साहित्य में प्राय: नहीं के बराबर है। एक शताब्दी पहले महाराष्ट्र प्रान्त से किसी का उत्तर भारत की यात्रा करना आज की विलायत यात्रा से कम महत्त्वपूर्ण नहीं माना जा सकता। फिर उसमें मेरे अपने शहर लखनऊ का ज़िक्र आया है; स्वप्रान्तीय बेनी कवि की तरह पर प्रान्तीय यात्री को भी लखनऊ आने पर कहीं 'मीच है कबूल पै न कीच लखनऊ की' प्रार्थना न करनी पड़ी हो, इस शंका और कुतूहल के साथ पुस्तक पढ़ने बैठा।

उसके बाद तो किताब के सम्बन्ध में मन का नक्शा ही पलट गया। वेद-शास्त्र सम्पन्न विष्णुभट्ट शास्त्री गोडशे पेशे से पुरोहित एक भिक्षुक ब्राह्मण थे। गरीबी और कर्ज़ से मज़बूर हो ग्वालियर की रानी द्वारा मथुरा में आयोजित एक महायज्ञ में भाग लेकर मोटी दक्षिणा पाने के लोभ से गोडशे शास्त्री ने इतना लम्बा सफर किया था। किन्तु उनके दुर्दैव से इस यात्रा में उन्हें सन् सत्तावन के सैनिक विद्रोह का अनुभव ही दान-दक्षिणा के रूप में मिला। गोडशे शास्त्री खाली हाथ घर न लौटे। काशी से, मुम्बई के निकट ठाणें जिले में अपने घर तक नियमपूर्वक नंगे पांव, नंगे सिर, पैदल चलकर कन्धे पर गंगाजल की कावड़ी लादकर लाए; अपने माता-पिता को घर बैठे गंगास्नान कराया। यह कमाई उनकी और उनके समाज की नज़रों में बहुत बड़ी थी। उसके अलावा वह जीवित इतिहास की सैकड़ों कहानियां भी अनन्त उत्साह के साथ गांव वालों को सुनाने के लिए लाए थे।

सुप्रसिद्ध इतिहासकार कैलासवासी रायबहादुर चिन्तामणि विनायक वैद्य महाशय विष्णुभट्टजी के एक यजमान थे। वैद्य महोदय के आग्रह से उनके वृद्ध कुलोपाध्याय ने अपनी ऐतिहासिक यात्रा का वृतान्त लिखकर प्रस्तुत किया। वैद्य जी के आग्रह को मान देने के अतिरिक्त आगे आने वाली पीढ़ियों को 'जीवन के घोर प्रसंगों' का ज्ञान कराने की इच्छा भी उस पुस्तक के रचे जाने का कारण बनी। उन्होंने कठोर धार्मिक निष्ठा के साथ गार्हस्थ्य धर्म का पालन किया। अन्तिम दिनों

में उन्होंने क्षेत्र संन्यास ले लिया था। सन् 1903 ई. में आयु के पचहत्तर वर्ष भोगकर विष्णुभट्ट जी ने देह त्याग किया।

सन् 1907 ई. में वैद्य महाशय ने अपने कुलोपाध्याय के 'प्रवास' का संशोधन और सम्पादन करने के उपरान्त चित्रशाला प्रेस, पूना से उसके प्रकाशन का प्रबन्ध किया। प्रकाश में आने के बाद यह पुस्तक महाराष्ट्र में विशेष प्रचार और योग्य कीर्त्ति उपार्जन न कर सकी। यद्यपि इतिहासकारों ने इस पुस्तक का पूरा-पूरा लाभ उठाकर झांसी और गदर सम्बन्धी अपनी स्वनामधन्य कृतियों को समृद्ध किया है, फिर भी 'माझा प्रवास' और उसके लेखक को जस न मिल सका।

अगस्त, 1948 के मराठी मासिक 'सह्याद्रि' में प्रतिष्ठित विद्वान् प्रो.न.र. फाटक ने एक लेख लिखा है। इतने वर्षों बाद अब 'प्रवास' का दूसरा संस्करण मराठी में प्रकाशित हो रहा है। प्रोफेसर फाटक ने ही इस नई आवृत्ति का सम्पादन किया है। 'सह्याद्रि' के लेख में उन्होंने इस बात की सख्त शिकायत की है कि वैद्य महाशय ने इस पुस्तक को प्रकाश में लाते हुए केवल अपनी कीर्तिश्री की वृद्धि का ही विशेष ध्यान रखा। प्रोफेसर फाटक की शिकायत है कि किताब में लेखक की जगह शास्त्री गोडशे शास्त्री का नाम देकर भी वैद्य महाशय ने बड़े कौशल से विष्णुभट्ट गोडशे को उपन्यास के एक काल्पनिक नायक की तरह पाठक के कौतूहल की वस्तु बना देने का प्रयत्न किया है। प्रो. फाटक की इस शिकायत को पूरी तौर पर नज़र-अन्दाज़ नहीं किया जा सकता। राय बहादुर चिन्तामणि राव विनायक वैद्य, प्रान्त जज मालवा, ने यदि लेखक के सम्बन्ध में विशेष जानकारी देकर अपनी प्रस्तावना में गोडशे शास्त्री को न्यायोचित मान-प्रतिष्ठा दी होती तो बड़ा ही शोभनीय होता। प्रस्तावना में उन्होंने केवल इतना ही टांक दिया, "प्रेक्षक महोदय भिक्षुक होने के कारण गदर के दिनों में द्रव्यार्जन करने के लिए हिन्दुस्तान गए थे। उनकी स्मरण शक्ति अच्छी होने के कारण, तथा अपने विषय को समझदारी के साथ सीधी-सादी और आकर्षक शैली में लिखने के कारण, भिक्षुक होने पर भी लेखक की यह पुस्तक छापने योग्य है–ऐसा मुझे लगता है।"

'मांझा प्रवास' का भिक्षुक लेखक अपने विषय और क्षेत्र से किसी भी प्रतिष्ठित इतिहासकार और साहित्यकार से कम नहीं। इतिहास की अमूल्य सामग्री और अपने प्रत्यक्ष अनुभव को इतनी कुशलता के साथ लिपिबद्ध करने की क्षमता रखने के कारण, एक लेखक के नाते गोडशे शास्त्री का महत्त्व भी गदर के इतिहास की तरह स्थायी होता है।

हमारे देश का इतिहास विदेश के विद्वानों ने रचा है। देसी आलिम फ़ाज़िलों ने भी ज्यादातर उन्हीं की नकल करते हुए पोथियां लिखी हैं।

गदर के इतिहास का भी वही हाल है। विष्णुभट्ट गोडशे का 'प्रवास' आम जनता के दृष्टिकोण से सत्तावन के सिपाही विद्रोह को देखता है। बड़े लोगों की बड़ी-बड़ी बातें जनता के कानों तक अफवाह बनकर पहुंची थीं। बड़े लोगों की लड़ाई में आम जनता सिर्फ मज़बूरी के कारण ही शरीक थी। गोडशे भट्टजी सरीखे प्रजा के आम लोग देश के राजा-नवाबों के साथ इस युद्ध में केवल नुकसान के ही साझीदार थे। लाभ यदि होता भी तो राजा-नवाबों के खजाने में ही जमा होता। प्रजा के लिए 'कोउ नृप होय हमैं का हानी' वाली मनोस्थिति ऐसी हालत में अनिवार्य थी। गदर के प्रति उस समय की जनता का दृष्टिकोण तटस्थ और स्वतन्त्र रूप से बना था। काले लोगों की भलाई-बुराई को भी गोडशे शास्त्री उतने ही बेलाग, बेलौस होकर आंक सके हैं, जितनी कि गोरे लोगों की भलाई-बुराई को। इतना होते हुए भी उनके बखानों से यह जाहिर है कि आम जनता अंग्रेज़ों से भय और घृणा करती थी। भारतीय जनता दिल से चाहती थी कि अंग्रेज़ इस देश से निकाल दिए जाएं। उस समय के राजे, नवाब स्वतन्त्रता की भावना को यदि अपने तक ही सीमित न रखते, सैनिक क्रान्ति को यदि जन क्रान्ति का रूप मिला होता तो आज इस देश का इतिहास कुछ और ही बना होता। मगर वह जमाना दूसरा था; और हम यदि उस समय की परिस्थितियों और सामाजिक चेतना को महज़ आज के हिसाब से ही आंकेंगे तो वह एकांगी दृष्टिकोण होगा। फिर भी, मेरा मन उन लोगों से मेल नहीं खाता जो सत्तावन के गदर को भारतीय स्वतन्त्रता का युद्ध कहकर उस पुराने किस्म की राजसी लड़ाई को आज के जन स्वातन्त्र्य की चेतना पर लादना चाहते हैं।

स्वयं विष्णुभट्ट गोडशे शास्त्री का व्यक्तित्व इस पुस्तक में बड़ा आकर्षक बनकर सामने आता है। द्रव्यार्जन की लालसा से गदर ही के क्षेत्र में उन्हें पैदल सफर करना पड़ता है। गदर के लुटेरों ने बार-बार उनकी कन्था-गुदड़ियां लूटी हैं, गोरों की बन्दूकों से बार-बार उनका सामना हुआ है। मानवता और दानवता के दृश्य उनके जीवन में साथ ही साथ आए हैं। इन तमाम थका देने वाले अनुभवों के बावजूद भी उनमें भ्रमण-तीर्थाटन की इच्छा बराबर तीव्र ही बनी रही। गदर के बुरे से बुरे अनुभव भी वेद-शास्त्र सम्पन्न भिक्षुक की धार्मिक निष्ठा, देश भ्रमण की उत्कट अभिलाषा और मौज लेने की वृत्ति को ज़रा भी कम न कर सके। कहीं किसी राजा की अन्त्येष्टि क्रिया की धूमधाम हो रही है, तो गोडशे शास्त्री वहां मौज लेने के लिए मौजूद हैं, कहीं किस्से छिड़ रहे हैं तो वहां भी भाग लेने पहुंच गए हैं। अंग्रेज़ों की सहायक काली पल्टन जब झांसी लूटने आती है, तब अपने सारे सामान को उठा ले जाने वाले लुटेरों से भी तमाखू मांगने और गदर के हाल-हवाल

लेने से नहीं चूकते। प्रो. फाटक के लेख से पता चलता है कि लखनऊ आने पर विष्णुभट्ट जी स्वर किन्नरियों के सुमधुर संगीत का भी रसास्वादन करने पहुंच गए थे। वैसे, अपने पिता को वचन देकर घर से चले थे कि उत्तर भारत में नशे और स्त्रियों के फंदे में नहीं पड़ेंगे। गंगा की शोभा देखकर शास्त्री जी का कवि जाग पड़ता है; सतपुड़ा की पहाड़ियों में अपने को भूल जाते हैं।

पुस्तक चित्रपट की भांति एक सूत्र में बंधी हुई आगे बढ़ती है। हर दृश्य, हर घटना का वर्णन बड़ा ही सजीव और मार्मिक है। लक्ष्मीबाई के शौर्य, झांसी की लड़ाई और गदर का इतना सुन्दर वर्णन शायद ही कहीं पढ़ने को मिले।

गोडशे शास्त्री के पौत्र सौभाग्य से विद्यमान हैं। वेद-शास्त्र सम्पन्न पुरुषोत्तम शास्त्री गोडशे गीता के अधिकारी विद्वान हैं। मेरे बच्चों के उपनयन संस्कार के अवसर पर शंकराचार्य की संकेश्वर पीठ के उत्तराधिकारी न्यायरत्न अप्पा साहब विनोद जी के साथ मेरे घर पधारे थे। विष्णुभट्ट जी के घर, गांव आदि के चित्र और आवश्यक जानकारी देने के सम्बन्ध में उन्होंने वचन दिया है।

अनुवाद की भाषा के सम्बन्ध में मुझे एक सफाई देने की ज़रूरत महसूस होती है। मूल पुस्तक की भाषा बड़ी सरल और लच्छेदार है। लेखक की रचना को यथासम्भव ज्यों का त्यों हिन्दी में उतार देने के लिए मैंने अनुवाद की भाषा में मराठीपन का रंग मिलाना आवश्यक समझा। दूसरी भाषाओं के बहुत से मुहावरे हिन्दी सहज ही में अपना सकती है। इससे राष्ट्रभाषा समृद्ध होगी। इस प्रयोग में अपनी इच्छानुसार पूरी सफलता तो अभी नहीं पा सका; मगर इस बात का ध्यान अवश्य रखा है कि मेरी असफलता पाठक का रस भंग न कर पाए।

चित्रशाला प्रेस, पूना के अधिकारी सज्जन ने बन्धुवर शामराव ओक की मार्फत मुझे अनुवाद करने का अधिकार दिया, इसके लिए आभारी हूं।

चौक, लखनऊ —अमृतलाल नागर

क्रम

प्रस्थान

जीवत्सु तातपादेषु नवे दारपरिग्रहे।
मातृभि: पाल्यमानानां ते हि नो दिवसा गता:।।

हमारा गोडशों का घराना पहले से ही भिक्षुकों का है। हमारे काका केशव भट्ट व राम भट्ट बड़े विद्वान होने से श्रीमन्त (पेशवा) के आश्रित थे। मेरे पिता तीर्थरूप बालकृष्ण पन्त गृहस्थ होकर विन्चूरकर के यहां कारकुन थे। श्रीमन्त जिस समय राज्य छोड़कर ब्रह्मावर्त्त (बिठूर) जाने के लिए निकले उस समय वे उनके साथ रहने का निश्चय कर नर्मदा तक गए, परन्तु शरीर से निर्बल होने के कारण ज्वर आने से उन्हें वापिस लौटना पड़ा। फिर शके 1739 में वरसई पहुंचकर, अब नौकरी नहीं करना, ब्रह्मयज्ञ में ही जीवन व्यतीत करना, ऐसा निश्चय करके वहीं जम गए। घर की आमदनी बहुत थोड़ी, केवल भिक्षुकी व थोड़ी-सी भात ज़मीन, बस इतने पर ही गुज़र करते थे। फिर हमारे काका घर से अलग हो गये। तब तो बड़े ही बुरे दिन आए। हमारे पिता गृहस्थ थे, इसलिए भिक्षुकी की आमदनी बिल्कुल न रही। प्रात:काल से सायंकाल पर्यन्त स्नान, सन्ध्या, ब्रह्मयज्ञ, रुद्र की एकादशणी, देवपूजा, भागवत पाठ, श्री बैजनाथेश्वर का षोडशोपचार पूजन, भोजन के बाद अष्टाध्याय गीता का पाठ इत्यादि ऋषि कर्मों में उनके निमग्न रहने से गृहस्थों की तरह भी रोजी-रोजगार का कोई साधन न रहा। खेती पर जैसे-तैसे निर्वाह होता था। हमारे दोनों काका जब घर से अलग हुए थे, उस समय मेरी आयु दस वर्ष की थी। पिता जी गृहस्थ कर्मों में कुशल थे। उन्होंने मोड़ी, बालबोध लिखना, बांचना, ब्याज का हिसाब फैलाना, जमा-खर्च वगैरह की बाबत में मुझे शिक्षण देकर तैयार कर दिया। फिर आस-पास कहीं बाहर गांव में नौकरी से लगा देने का विचार कर रहे थे तभी हमारे बड़े काका केशव भट्ट ने एक रात मेरे पिता जी के पास आकर यह निश्चय किया कि, ''गांव पर गांव मिल-मिलाकर अपने यजमानों के घर पच्चीस हैं, और तीनों भाइयों में मिलकर लड़के बस यही हैं। मेरे लड़का नहीं और राम भट्ट के घर में से मर गई हैं। इसलिए यजमानों का कोई कुलगुरु नहीं रहेगा सो हमारे लिए उचित नहीं। मैं दो-तीन विद्यार्थी इकट्ठा करके विष्णु को संहिता पाठ कराने का मुहूर्त करता हूं। लड़के को गृहस्थ बनाकर रोजगार में डालने का परधर्मी राजा की सेवा से द्रव्यार्जन करने की अपेक्षा ब्रह्म कर्म में तैयार करके यजमानी से

जो कुछ मिले उससे ही पेट पालना लाख गुना अच्छा है।''

इस प्रकार दोनों में बातचीत हुई और सुमुहूर्त्त आने पर मुझे संहिता पढ़ने में डाला। परन्तु दुर्दैव से जब संहिता होकर, क्रम वगैरह समाप्त होने को थे तो हमारे विद्यागुरु केशव भट्ट काका शके 1768 के ज्येष्ठ मास में स्वर्गवासी हो गए। राम भट्ट काका भी जो हिन्दुस्तान ब्रह्मावर्त्त में श्रीमन्त के यहां होमशाला के अध्यक्ष थे, वहां से अपना विवाह करके वरसई आकर रहने लगे।

ऐसी स्थिति आने पर दरिद्रावस्था ने हमें वरमाला पहनाई। कवि ने कहा ही है : ''परीक्ष्य सत्कुलं विद्यां शीलं शौर्यं सुरूपताम्। विधिर्ददाति निपुण: कन्यामिव दरिद्रताम्।'' आमदनी के द्वार चारों ओर से बन्द हो गए। मेरी संहिता वगैरह तो समाप्त हो चुकी थी; लेकिन यजमान कृत्य चलाकर पैसे कमाने लायक याज्ञिकी का कुछ भी ज्ञान नहीं था। मैं उमर में छोटा था; पर समझ बड़ी थी। हमारे गांव में विनायक शास्त्री जोशी एक समर्थ ब्राह्मण थे। वे वेद-शास्त्र में निपुण तो थे ही; साथ ही ज्योतिष में भी उनकी गति थी। याज्ञिकी के तो वे सूर्य थे। सूत्रवृत्ति-भाष्य में निष्णात, कुण्डमण्डप तक उनकी गति थी। उनके पास जाकर सब हाल निवेदन किया, ''हमारे काका के मर जाने के बाद हमारे घर में यजमान कृत्य कराने वाला कोई नहीं रहा। मुझ पर कृपा करके यदि आप धर्मशास्त्र समझा दें और याज्ञिकी में तैयार करा दें तो बड़ा अच्छा हो। याज्ञिकी की विद्या सच्चे गुरु की कृपा के बिना नहीं आती।'' शास्त्री जी महाराज के मन में भी यह बहुत दिनों से था कि ऐसा विद्यार्थी तैयार करें जो अपने बाद भी अपना नाम चलाता रहे। मेरी उत्सुकता तथा बुद्धि देखकर उन्होंने कबूल किया। पहले थोड़ी आमदनी का मार्ग खोलने के लिए उन्होंने मुझे रूपावली, समासचक्र, अमरकोष तथा काव्य के कुछ सर्ग पढ़ाकर तैयार कर दिया, उसके बाद धर्मशास्त्र तथा नारायण भट्ट आरम्भ किया। शास्त्री जी की मेरे ऊपर बड़ी कृपा थी। उन्होंने मुझे अति उत्तम विद्या-दान दिया। मैं भी गरीबी का मारा था, इसलिए पढ़ने में दिन और रात एक कर दिए। शास्त्री जी को कम दिखाई देता था, इसलिए ग्रन्थ मैं ही पढ़ता था, अर्थ वह समझाते थे। इस प्रकार थोड़े दिनों में ही निर्णय सिन्धु, प्रयोग पारिजात, स्मृत्यर्थसार इत्यादि ग्रन्थ समाप्त कर दिए। मुहूर्त्त मार्तण्ड भी कहा और शास्त्री जी के सामने ही उसका प्रयोग चलाकर दिखाने से प्रान्त में मुझे यश भी मिला।

हम तीन भाई थे। हरिपन्त की स्नान, सन्ध्या, वैश्वदेव, श्रावणी, रुद्र, पवमान, सौर इत्यादि आवश्यक ब्रह्मकर्म सिखाकर लिखने का अभ्यास कराया। उसके अक्षर बड़े सुन्दर होते थे, और वह जमा-खर्च, हिसाबी कामों में भी एक ही था; परन्तु ठाणे में दो-तीन बार परीक्षा देने पर भी वह उत्तीर्ण न हो सका। बाद में उसने पेण में एक साहूकार की नौकरी कर ली। साहूकार की उस पर बड़ी कृपा थी। सबसे छोटा धोंड़ भट्ट बड़ी ही कुशाग्र बुद्धि का था। उसने गुरु जी से संहिता के 11 अध्याय पढ़कर और कण्ठाग्र करके सबको दिखा दिया। इस प्रकार अपने बुद्धि-बल से वह संहिता के पद, क्रम आदि सब कहकर

ज्योतिष भी कहने लगा। व्युत्पत्ति में तैयार होकर व्याकरण आरम्भ किया। छोटी आयु में ही वह कविता भी करने लगा। इस तरह चारों ओर उसकी बड़ाई फैल गई। हमारे छुटपन से ही दरिद्रता आगे-पीछे मटके फोड़ते चलती थी; परन्तु ईश्वर-कृपा से चावल का दर नौ-दस का था। सब जिन्स सस्ती थी। इसलिए बिना ऋण लिए भी दिन कट जाते थे। हमारे बाल-बोध व सभ्य घराने के कारण ब्याह बहुत आते थे। लेकिन हमारे पिता उस समय तैयार नहीं हुए। आगे चलकर जैसे-जैसे हम लोग थोड़ा पैसा पैदा करने लगे; हमारे विवाह भी हो गए। विवाहों के लिए ऋण लेना पड़ा। फिर हमारी बहन कृष्णाबाई का भी विवाह हुआ। इस विवाह में कर्ज़ बहुत बढ़ गया। मेहमानों ने आकर घर का दिवाला निकाल दिया। ऋण बरसाती नदी की तरह बढ़ चला। हमारी सबकी आमदनी मिलाकर भी पूरा नहीं पड़ता था।

छुटपन से ही हम भाइयों में बड़ा प्रेम था और दरिद्रता के कारण वह और भी बढ़ा। हम लोगों में झगड़े-टण्टे की नौबत नहीं आई। हमारे विचारों में भी फरक नहीं पड़ा था। आगे चलकर हमारी स्त्रियों के बड़े होने पर भी कोई अन्तर नहीं आया। भाई-भाई में कलह का मुख्य कारण स्त्रियां हुआ करती हैं। यह अनुभव-प्रसिद्ध ही है; लेकिन हमारे घर में से अगर कभी मन में कुछ खोट आए भी, तो उसकी कुछ चल नहीं पाती थी और वह भी अच्छे घराने की होने के कारण बड़ी समझदार थीं। हम भाइयों का प्रेम निरुपम था। लोग राम, लक्ष्मण, भरत की उपमा दिया करते थे। छुटपन में एक ही ठिकाने खेलना, तुझे ज्यादा और मुझे कम इत्यादि मत्सर भावों को लेकर कभी लड़ना नहीं। परस्पर सुख-दुख की बातें करना; अधिक क्या, एक ही लोटा लेकर हम लोग नदी तट पर भी जाते थे। यह देखकर लोगों को बड़ा आनन्द होता था। तभी से रात में एक जगह बैठकर कर्ज़ के सम्बन्ध में क्या तजबीज़ की जाए, इस विषय पर हम लोग अक्सर विचार करते थे।

शके 1778 माघ शिवरात्रि के करीब मैं कुछ यजमान-कृत्य चलाने के लिए पुणे गया था। वहां सुना कि वायजा बाई साहब (शिन्दे) मथुरा में सर्वतोमुख यज्ञ कराने वाली हैं। इस यज्ञ में एकमुश्त सात-आठ लाख रुपये धर्मादाय में खर्च होंगे; इस आशय के पत्र नासिक, पुणे आदि की विद्वान मण्डली के पास आए थे। कर्ज़ के कारण हृदय में चिन्ता की आग जल ही रही थी; यह विचार भी बार-बार उठता था कि परदेश किए बिना पैसा नहीं कमाया जा सकता। इसलिए तत्काल ही हिन्दुस्तान जाने का निश्चय किया। यह सच है कि मैं अधिक विद्वान् नहीं; परन्तु इस बात का भी मन को दृढ़ अभिमान था कि याज्ञिकी और धर्मशास्त्र हमने उत्तम गुरु से प्राप्त किए हैं। इसके सिवाय बायजा बाई साहब के यहां दानाध्यक्ष थे बालकृष्ण भट्ट वैशम्पायन। उनको बाई साहब बहुत मानती हैं; ऐसा सुना था। वे अपने सम्बन्धी थे तथा तीर्थरूप पिताजी से उनका बड़ा प्रेम था।

इसलिए मन को यह आशा बंधी कि वहां से अच्छी मदद मिलेगी। मैंने तो निश्चय कर लिया; परन्तु माता-पिता, बन्धुवर्ग और पत्नी का अनुमोदन कैसे प्राप्त किया जाय, अब इसकी बड़ी चिन्ता लगी। वरसई लौटने पर मैंने हरिपन्त को पेण से बुलाया और उससे सब हकीकत कही। बहुत माथा-पच्ची करने के बाद मैंने उसे समझाया कि आजकल के ज़माने में हिन्दुस्तान तक जाने का साहस करना कुछ बुरा नहीं। पहले वहां की सब बातें खुलासा करने के लिए पिताजी के नाम से ग्वालियर के भाऊ साहब वैशम्पायन को पत्र भेजा गया। जब उस पत्र का उत्तर आया तो उसे पिताजी के हाथ में रख दिया। पत्र पढ़कर वे धक रह गए और मुझे बुलाकर कहा कि बिना बताए पत्र क्यों लिखा ? तब मैंने उत्तर दिया कि वैशम्पायन अपने सगे तो हैं; लेकिन आजकल लक्ष्मी जी की उन पर बड़ी कृपा है। एक बड़े राज्य के वे दानाध्यक्ष हैं। मैंने सोचा कि पता नहीं; पत्र का उत्तर दें या न दें और उससे आपको व्यर्थ दु:ख हो। इसलिए मैंने पहले नहीं बताया। यह सुन कर उन्हें कुछ समाधान तो हुआ परन्तु वे कुछ देर के लिए स्तब्ध हो गए, फिर बोले–''हिन्दुस्तान बड़ी दूर है, जाने का रास्ता बड़ा औघड़ और दंगे-धोखे का है। वहां के लोग भांग पीते हैं और स्त्रियां बड़ी मायाविनी होती हैं। इन सब कारणों से मेरी यह इच्छा नहीं होती कि तू हिन्दुस्तान जाए।''

यह सुनते ही मेरे दिल पर मुर्दनी छा गई। पिताजी की आज्ञा मिले बिना जाने का कोई उपाय नहीं था। तभी आशा की किरण झलकी। वैशम्पायन की कन्या का विवाह पेशवों के कुल-गुरु और वरसई के इनामदार कर्वे के यहां हुआ था। उनके यहां ग्वालियर से पत्र आया कि बाई साहब सर्वतोमुख यज्ञ करने वाली हैं, सात-आठ लाख रुपये खर्च होंगे, आप सकुटुम्ब ग्वालियर आवें। हमारी भेंट हुए भी अनेक वर्ष हो गए हैं, इसलिए कुटुम्ब सहित पधारें। मौज भी रहेगी और कुछ प्राप्ति भी हो जायगी। आते समय बालकृष्ण पन्त के चिरंजीव को भी साथ लेते आऐं, भेंट हो जाएगी। कर्वे ने वह पत्र पिता जी को दिखाया। पिता जी ने फिर पूर्ववत् उत्तर दिया। मैं बड़ी चिन्ता में पड़ा। अनुमोदन प्राप्त करने के लिए कोई उपाय ही नहीं सूझता था। मुझे एक युक्ति सूझी कि राम भट्ट काका को मध्यस्थ बनाया जाय। राम भट्ट काका वरसई के पास एक अलग घर में रहते थे, किन्तु हम सबसे उनका प्रेम पूर्ववत् ही था। इसके अलावा खेतों, पेड़ों और पुस्तक-पोथियों आदि का बंटवारा नहीं हुआ था, भाई-भाई का व्यवहार आपस में बड़ा निष्कपट और प्रेम का था। उनके घर जाकर सब हाल कहा और प्रार्थना की कि बिना आपके यह काम नहीं बनेगा। उन्होंने उत्तर दिया कि मैं इस पर विचार करके तुझे कल बताऊंगा। दूसरे दिन उनके पास गया; और यह कहने में अतिशयोक्ति न होगी कि मैं बड़े अच्छे मुहूर्त्त में पहुंचा था।

काका स्वयं हिन्दुस्तान जाना चाहते थे। वे कहने लगे, ''मेरे ऊपर थोड़ा-बहुत ऋण हो गया है; सो पाटना है। मेरा भी अब बुढ़ापा आया, लड़का है पर उससे तो यह आशा नहीं कि वह विद्या पढ़कर कुछ कमाये-धमायेगा; इसलिए कर्ज़ मैं अपने जीवन-काल में ही उतार जाना चाहता हूं। मैं तेरे साथ

हिन्दुस्तान चलूंगा। तेरा काम यह होगा कि यात्रा में मेरी संभाल रखे और मुझे सुख-रूप से फिर घर पहुंचा दे। साथ रहने से हिन्दुस्तान में हम दोनों को आराम ही मिलेगा, पिता-पुत्र की तरह परदेश में रहकर जो द्रव्य मिलेगा वह आधा-आधा बांट लेंगे। ग्वालियर और झांसी में मेरी बहुत पहचान है, इसलिए हमें अधिक लाभ होगा। तेरे बाप को मैं राजी कर लूंगा।''

यह सुनते ही मुझे बड़ा आनन्द हुआ। पत्र लिखकर हरिपन्त को तुरन्त पेण से बुलवाया और रात में सब कुटुम्ब इकट्ठा बैठकर विचार करने लगा। पहले मैंने नम्रतापूर्वक बोलना शुरू किया, ''कर्ज़ हमारी जायदाद से अधिक का हो गया है। अन्न-वस्त्र का खर्च, तीज-त्यौहार और पाहुन-चार का खर्च जो आये दिन लगा ही रहता है, हमारी इतनी-सी आमदनी में पूरा नहीं पड़ता। इस कारण ऋण प्रति वर्ष कुछ न कुछ बढ़ता ही जाता है। एकमुश्त अच्छी रकम मिले बिना काम नहीं चल सकता। और इतना पैसा तो परदेश गए बिना कभी आ ही नहीं सकता। यद्यपि मैं कभी दूर देश नहीं गया फिर भी मुझे पूरा भरोसा है कि मैं सब संभाल लूंगा और प्रवास में मुझे कोई कष्ट नहीं होगा। इसके अतिरिक्त काका तो मेरे साथ रहेंगे ही। मुझे हिन्दुस्तान जाने के लिए आज्ञा कीजिए। कुटुम्ब के लिए ही यह यज्ञ कर रहा हूं, इसलिए कुटुम्ब के सौभाग्य से सारे संकट पार पड़ेंगे और शुभ ही होगा। कर्वे की गाड़ी में एक भाग भाड़ा देकर ले लेंगे, भोजन- खर्च आदि में भी हिस्सा रहेगा, ग्वालियर से पत्र भी आया है, इसलिए जाना हर हालत में उचित ही है।'' यह कहकर मैं चुप हो रहा। तीर्थरूप पिताजी ने फिर पुरानी बातें दुहराईं। उन्हें धैर्य देते हुए मैंने उत्तर दिया, ''मैं स्त्रियों के लिए तो हिन्दुस्तान जाता नहीं, और मैं शपथपूर्वक कहता हूं कि उनके छलावे में ज़रा भी नहीं फसूंगा। भांग वगैरह नशे के पदार्थों का सेवन कभी नहीं करूंगा, अपने स्वास्थ्य को बहुत अच्छा बनाए रखूंगा। इसके अलावा काका को उस देश की बहुत अच्छी जानकारी है, वे मेरे हित-अहित को देखेंगे और मुझे कुमार्ग पर नहीं जाने देंगे।'' इस प्रकार मध्य रात्रि तक बहुत-सी बातें और बहस होने के उपरान्त पिता जी ने आज्ञा दी। दूसरे दिन मातुश्री के पास बैठकर उन्हें अनेक प्रकार से समझाया। सब में माता का प्रेम अनिर्वचनीय है। दो-तीन घण्टे तक मुझे कलेजे से लगाकर रोती रहीं, दूर देश से मैं कब सुखपूर्वक लौटकर आऊंगा, इसकी कल्पना से वे बार-बार रो पड़ती थीं। रात में पत्नी ने न जाने के लिए बड़ा आग्रह किया। मैंने उसे समझाया कि तू अभी बहुत बीमार होकर उठी है; बिना लकड़ी का सहारा लिए दो कदम भी नहीं चल सकती, बीमारी के कारण तेरे सिर के बाल भी बहुत गिर गए हैं; तू अभी लगकर वैद्यराज की दवा लेती रह और पांच-छः महीने और तीर्थरूप मातुश्री की सेवा करके काट दे। आजकल गर्मी के दिन हैं। मैं अगहन-पूस तक लौटकर आता हूं। यह सुनकर वह निरुत्तर हो गई और उसका विरोध न रहा।

दूसरे दिन काका ने आकर पिता जी से कहा, ''हम दोनों हिन्दुस्तान जाते हैं, तुम ज़रा भी चिन्ता न करना और मेरे तथा अपने घर की देखभाल करते रहना। विष्णु के लिए तो तुम निश्चिन्त हो जाओ। वह पुत्र है और मैं उसका पिता, इससे अधिक क्या कहूं।'' इस प्रकार बातचीत होने पर पिताजी ने मुहूर्त देखने के लिए कहा। हमारी मातुश्री बड़ी ही गरीब और भावुक थीं; नेत्रों में जल भरकर वह बोलीं, ''वह दिन सोने का होगा जब मैं फिर विष्णु को देखूंगी। मैं कुछ समझती नहीं; इसलिए कुछ कह भी नहीं सकती, चुपचाप सब सुन लेती हूं।'' उस समय मैंने उनके चरण छूकर कहा कि अपना कार्य समाप्त करने के बाद यदि मैं व्यर्थ ही वहां समय गवाऊं तो यह चरण मेरे साक्षी रहेंगे। तू ज़रा भी चिन्ता न कर, इत्यादि बहुत कुछ कह कर उनका कुछ समाधान किया। धोंड़ भट्ट बहुत छोटा था, फिर भी एकान्त में मुझसे भेंट करके वह दूर देश न जाने के लिए कहने लगा। थोड़े में उसका भी समाधान करके मैंने उपदेश दिया, ''मेरे और काका के जाने के बाद यजमान कृत्य चलाने का भार तुझ पर ही है। इसके अतिरिक्त वेद की आवृत्ति करते रहना। बाकी समय में याज्ञिकी के प्रयोग याद करते रहना। बड़ी सावधानी से रहना। हरिपन्त पेण में है, पिताजी के पास तू ही रहेगा; सदा उनकी आज्ञा से चलना और मेरी याद उन्हें न आने देना। हरिपन्त लोक-व्यवहार देखेगा, परन्तु घर का सब भार तुझे ही संभालना है। लड़कों-बच्चों को दु:खी न करना। मातुश्री के देवधर्म में जो खर्च लगे सो बराबर देना, उनकी आज्ञा मानना और उनके वस्त्रों को भी रोज़ तू ही धोना। मैंने यहां जो नियम चलाए हैं, सो मेरे पीछे तू उनके अनुसार ही चलते रहना, आलस्य न करना।'' मेरी बहन कृष्णाबाई बहुत छोटी थी, उसके लिए गंगा-जमुनी झारी लाने का वचन देकर उसका समाधान किया।

चलने का दिन आ गया। कर्वे से गाड़ी, भोजन, खर्च आदि के सम्बन्ध में सारी बातें तय करके रात में ही झोला-गठरी बांधकर सब तैयारी कर ली। तैयारी, चिन्ता और बातचीत करने से उस रात किसी को भी नींद नहीं आई। 'रात्रिरेवं व्यरंसीत'। दो घड़ी रात रहते मुखमार्जन आदि से निवृत्त हुए। कर्वे बाज़ार के रास्ते पर गाड़ी लिए खड़े थे। उन्होंने हमारे लिए बुलावा भेजा। काका और मैंने हल्दी-कुंकुम से कुलस्वामिनी की पूजा और प्रार्थना की, फिर पिता जी और मातुश्री के चरणों पर मस्तक नवाकर प्रणाम किया और बाहर गाड़ी के पास आए। वहां इष्ट-मित्र एवं शास्त्र-सम्पन्न विनायक शास्त्री भी पधारे थे। उन सबका समाधान करके और सबकी आज्ञा लेकर प्रयाण आरम्भ किया। घर के लोग गांव के बाहर भी बहुत दूर तक साथ आए। वे किसी तरह जाते ही न थे। फिर एक बार खड़े होकर उनका समाधान किया। तीर्थरूप और मातुश्री के नेत्रों में पानी आकर कण्ठ भर आने के कारण बोल नहीं फूटता था। मेरा भी गला भर आया था, फिर भी मातुश्री से गले लगकर मैंने कहा कि अपने कहे अनुसार मैं स्वास्थ्य की खूब संभाल रखूंगा और माघ-फाल्गुन तक ज़रूर लौट आऊंगा; तू ज़रा भी चिन्ता न कर। उस समय मातुश्री ने कहा कि तेरे लौट आने तक मेरे प्राण कण्ठ

में रहेंगे, ऐसा कहकर उन्होंने अपने आंचल से मेरी आंखें पोंछीं। हर, हर ! मैं अतिशय संकट में पड़कर, युद्ध के जाल में फंस कर मृत्यु के मुख से बाहर निकलूंगा, तथा सात महीने कहकर जाता हूं, सो दो वर्ष तक लौटकर न आ सकूंगा, यह घोर दैवगति मेरे स्वप्न तक में नहीं आई।

कहां तक इस तरह चलेंगे यह कहकर तथा आग्रह के साथ पिता जी, मातुश्री और घर के दूसरे लोगों को वापस लौटाया, लेकिन हरिपन्त न माना; वह हमारे साथ-साथ एक कोस तक चला आया और आगे जाने के लिए भी बहुत आग्रह किया। हमारे कारण गाड़ी कब तक खड़ी रहे, इसलिए मैंने गाड़ी को तो आगे जाने दिया और हम दोनों भाई एक पेड़ के नीचे चुपचाप खड़े हो गए। दोनों में से किसी के भी बोल नहीं फूट रहे थे। फिर एक-दूसरे का आलिंगन करके खूब रो लेने के बाद हरिपन्त बोला, ''देखो, एक वर्ष के अन्दर तुमने लौट आने का वचन दिया है। आज तक हमारा बन्धु-प्रेम बहुत उत्तम था और वियोग दुःख बिल्कुल नहीं था, परन्तु अब वह भोगना पड़ेगा। जिस प्रकार राम वनवास के लिए चले थे और भरत के बराबर कहने पर भी लौटे नहीं, तब भरत ने नन्दीग्राम में रहकर ब्रह्मचर्य के उपोषण का नियम लिया था; उसी प्रकार तुम्हारे चरणों की शपथ लेकर मैं कहता हूं कि यदि तुम एक वर्ष में नहीं लौटे तो मैं संसार का त्याग कर दूंगा। निश्चित रूप से मैं यति भेष धारण कर चल दूंगा। मेरे इस नियम को ध्यान में रखकर आनन्द से यात्रा करो, घर की ज़रा भी चिन्ता न करना। मैं बराबर हर सप्ताह पेण से आकर घर के हाल-चाल लेता रहूंगा।'' यह सब बातचीत हो जाने पर मैं चलने लगा। कुछ दूर तक वह फिर मेरे साथ गया और एक बार फिर अपनी प्रतिज्ञा की याद दिलाकर अश्रुपूर्ण नेत्रों से मेरी ओर देखते-देखते लौट गया।

मेरे प्रति हरिपन्त का प्रेम असीम था, इसमें कोई संशय नहीं। मैं सुरक्षित घर लौट आऊं, इसके लिए बेचारे ने नित्य एकादशणी और हज़ार प्रदक्षिणा का नियम करके अपने शरीर को कष्ट देकर भी परमेश्वर की आराधना की। उसका यही पुण्य संकट काल में समय-समय पर किस तरह काम आया यह आगे स्पष्ट होगा। अस्तु।

मैं आगे चला। वह दिवस काल युक्त संवत्सर फाल्गुन मास पंचमी मंगलवार शके 1778 का था। उस दिन खोपवली स्थान की धर्मशाला में टिक कर भोजन किया। सुबह घाट चढ़ गए। तीसरा मुकाम पुणे (पूना) नगर में कया। पुणें में दो-एक दिवस रहे। वरसई से जो भाड़े की गाड़ी आई थी, वह लौटाई तथा उसके साथ ही पिताजी के लिए एक पत्र और एक मुटा भेज दिया। पुणें में कपड़े-लत्तों का सब सरंजाम करके तथा मुहूर्त्त देखकर इन्दूर (इन्दौर) तक की एक गाड़ी ठहराई। उसमें कर्वे, उनकी पत्नी, एक आठ वर्ष की कन्या और रसोईदारिन तथा मैं और मेरे काका थे। कभी-कभी पैदल चलते; फिर बारी-बारी से गाड़ी पर बैठते हुए चैत्र शुक्ल पंचमी को पुणें छोड़कर प्रवास आरम्भ किया।

गदर की सूचना

देशजातिकुलानां च ये धर्मा: प्राक्प्रवर्तिता:।
तथैव ते पालनीया प्रजा प्रक्षुभ्येतन्यथा ।।
जनां परक्तिर्भवति बलं कोशञ्च नश्यति ।।

शक्ति और स्फूर्ति के बसन्त में, भरी जवानी में, प्रवास के समान दूसरी मौज नहीं। निरे निराले प्रदेश, दृश्य, नदियां, नाले, पहाड़, वृक्ष, नगर, खेत, मनुष्य, तरह-तरह के रीति-रिवाज नज़र में पड़ने से नई तरह का मनोरंजन होता है, नये अनुभव होते हैं, बुद्धि बढ़ती है और सयानापन आता है। सुख में खरा आनन्द देने की शक्ति बिना किसी प्रकार के दु:ख के मिश्रण के नहीं आती। चलने में अंगों का दुखना, आज खाने को नहीं मिला, कल भरी दुपहरी में किसी एक बावड़ी की विरल छाया में पानी-पानी करते बैठे हैं, परसों रात को भरे जाड़े में जंगलों में कुड़कुड़ाते हुए पड़े हैं, कभी कोई चीज़ भूल गए, बटमारों का डर इत्यादि प्रसंग ही प्रवास के सुख हो जाते हैं। तड़के ही उठकर हम लोग प्रात:काल की ठंडक में चलते थे, नौ-दस बजे के लगभग कहीं टिक जाते थे, फिर एकाध सुन्दर नदी के प्रवाह में दो हाथ मारकर स्वच्छ स्नान करते थे। यदि कुआं न मिला तो मटके के जल से ही नहा लेते थे। स्नान करके जब तक ब्रह्मकर्म समाप्त हो 'पिठला भात' तैयार हो जाता था। भोजन करके अधिकतर दोपहरी की तीव्र गर्मी का समय टाल जाते थे। विश्राम करके, फिर चलने लगते। इस प्रकार पुणें छोड़कर बावोली पर विश्राम किया। फिर मंज़िल दर मंज़िल मारते हुए नगर (अहमद नगर) के निकट पहुंचे। जंगल के दोनों ओर लाल और सफेद कनेर के अगणित फूलों की शोभा देख मन को बड़ा आनन्द हुआ। एक ही दिवस में लक्ष-पुष्पपूजा कर सकूंगा, यह सोचकर बड़ा हर्ष हुआ। फूल उतारते चले। फिर वहीं मुकाम करके दूसरे दिन दस बजे के लगभग नगर पहुंचे। वहां नये फव्वारे के पास राजे श्री नाना जोशी मुले के यहां उतरे। नगर में कुछ दिन रहकर सब शहर देखा। हिन्दुस्तान जाने के लिए दो-तीन गाड़ियां मिलीं; जिनमें यज्ञ के लिए जाने वाले कुछ विद्वान ब्राह्मण भी थे, उनके साथ नगर से कूंच किया। मुकाम दर मुकाम करते हुए माले गांव में नदी किनारे की धर्मशाला में पहुंचे। सामने देखा, पांच-छ: गाड़ियां खड़ी हुई हैं। पच्चीस-तीस आदमी काम की गड़बड़ में लगे हैं और एक तरफ रसोई बन रही है। हमने भी वहीं एक किनारे

अपना डेरा जमा दिया। पूछने पर मालूम हुआ कि इन बापू साहब की ज़मींदारी से ढाई हज़ार सालाना की उत्पत्ति थी और पास में पैसा भी खूब था। बापू साहब बड़े सज्जन और धर्मशील थे। घर के अच्छे होने के कारण उन्हें वेद-पाठ करने का अच्छा सुयोग मिला था। प्रतिदिन स्मार्ताग्नि सिद्ध करने के कारण उनका याज्ञिकी का ज्ञान सुन्दर था। दो-चार बार उनके हाथ से सप्त संस्था हो चुकी थी। और उनके पास गृह्याग्निसार इत्यादि बड़े-बड़े ग्रन्थ भी थे। उनकी पत्नी बड़ी साध्वी पति-सेवा-परायण थीं। ऐसे सद्गृहस्थ से भेंट करके हमें परम लाभ हुआ। चार विद्वान ब्राह्मण संयोग से आ गए हैं, इसलिए जागरण किया जाय, यह विचार उनके मन में आने पर दोपहर में वह मुझे और दूसरे दो-तीन लोगों को साथ लेकर श्रीमन्त राजा बहादुर मालेगांवकर से भेंट करने के लिए गए। वहां सत्कार इत्यादि होने के बाद रात में जागरण करने का निश्चय हुआ। मालेगांवकर के घर विद्वान और हम सब नौ लोगों ने मिलकर दो बजे तक जागरण किया। औटा हुआ स्वादिष्ट दूध पीने को मिला और एक-एक रुपया मिला। फिर हम धर्मशाला में आकर सो गए।

बापू साहब के आश्रय में एक यजुर्वेदी ब्राह्मण था जो मन्त्र जागरण होने तक बराबर जागता रहा और बाद में आकर धर्मशाला में सो गया। उस दुर्दैवी ब्राह्मण को तड़के ही सांप ने काट लिया, उसके रोने-चीखने से सब लोग जाग उठे और बड़ी घबराहट फैल गई। मणि मन्त्रौषधि इत्यादि उपाय किए गए। राजा बहादुर भी सूचना पाते ही मान्त्रिक और वैद्य को लेकर वहां आए। परन्तु 'सुरक्षितं दैवहतं विनश्यति'; कुछ उपाय न चला। गरीब बेचारा अपने घर की याद करके रोने लगा। घर नगर जिले में ही है, इत्यादि बातें कहकर वह बहुत विलाप करने लगा। फिर बेहोशी आ गई और सूर्योदय होते-होते उसने परलोक यात्रा आरम्भ की। उस समय की स्थिति ध्यान में आने से अभी भी मेरे रोंये खड़े हो जाते हैं। प्रवास में कहीं धर्मशाला में, कहीं जंगलों में जहां जगह मिले पड़ाव डालना पड़ता है; और वहां ऐसी अकल्पित मृत्यु किस प्रकार आती है; आंखों के सामने इसका प्रत्यक्ष उदाहरण होने से मेरे मन की बड़ी उद्विग्न स्थिति हो गई और घर की याद करके आंखों में आंसू भी आ गए। अस्तु। बापू साहब ने उसके उत्तर-कार्य किए और हम आगे बढ़ चले। और फिर मंजिल मारते हुए सातपुड़ा के नीचे करबन्दबारी के मुकाम पर आ पहुंचे। सातपुड़े का वन प्रदेश बड़ा रमणीय है। साठ-सत्तर कोस तक पर्वतों की शृंखला चली गई है। बीच-बीच में ऊंचे शृंग भी पड़ते हैं। चढ़ाव बराबर नहीं। कहीं चढ़ाव है कहीं उतार। सातपुड़ा कहने का कारण यह है कि पहाड़ के सात 'पुड़' हैं और पहाड़ के दूसरी ओर जाने के लिए सात दिन लगते हैं। हम लोगों ने बड़े सबेरे चार घड़ी रहते ही पहाड़ पर चढ़ना शुरू किया। प्रात:काल की शीतल वायु मन्द-मन्द बह रही थी। चांदनी के प्रकाश में वन प्रदेश सांसारिक सुखों की आशा की तरह स्पष्ट और रमणीय दीखते थे। सारा वन ऐसे महक रहा था जैसे मनुष्य का अहंकार। पांच-छः कोस तक हम चले आए और वह सुवास बराबर छाई रही। हमें इस पर आश्चर्य हुआ।

अरुणोदय होने पर देखा तो अनन्त बिल्व वृक्ष चारों ओर लगे थे। उन पर कोपलों के साथ सुगन्धित पुष्प जड़े हुए थे। पहले तो मैं शैव, तिस पर बचपन से ही पार्थिव पूजा करता आया हूं, इसलिए यह शिव-प्रिय-वृक्ष-वन देखकर मुझे अत्यानन्द हुआ। कोंकण के सब गांवों में मिलाकर भी बेल के दो-चार ही पेड़ हैं, उसमें भी सारा गांव पूजा करना चाहे; इसलिए त्रिदल बेल-पत्र मिलने की सदा ही पचायत रहती है। सो, त्रिदलों से भरे हुए कोमल आरक्त और सुवासित पुष्पयुक्त बिल्व के वृक्षों को देखकर यदि हमें परम हर्ष हुआ तो उसमें आश्चर्य क्या ? हम लोगों ने बहुत से बिल्व पत्र और पुष्प चुने और रास्ते की एक धर्मशाला में उतरे। अफीम के व्यापारियों के लिए सरकार ने छ:-छ: कोस पर पानी के किनारे बंगले बांधे हैं, उन्हीं में से एक बंगले में उतर कर स्नान-भोजन किया और फिर चलने लगे। वे वसन्त के दिन थे, इसलिए सारे वृक्ष फलों, फूलों और पत्तों से लदे हुए थे। रक्त चन्दन; मधुप, साग इत्यादि के बड़े-बड़े वृक्षों का ऊंची पर्वत श्रेणियों पर ठाठ लगा था। कचनार के वृक्ष एकदम लाल हो गए थे। बीच में भीलों की गढ़ियां और किले जो ऊंचे-ऊंचे शिखरों पर लाखों रुपये के खर्च से बनवाए गए थे, बड़े अच्छे लगते थे। रास्ते में मिट्टी के बने हुए भीलों के गांव के गांव मिले।

इस तरह सातपुड़े की शोभा देखते-देखते हम लोग महू की छावनी से दो-तीन मंज़िल पहले सड़क के किनारे एक बंगले में स्नान-भोजन के लिए उतरे। रात चार-पांच घड़ी बीती थी; तब पल्टन के दो-तीन सिपाही भी वहां ठहरने के लिए आए। प्रवास में मेल-मुलाकात बड़ी जल्दी होती है। इसके अलावा वे सिपाही गोवा के रहने वाले थे, हम एकदेशी और एकभाषी मिल गए, फिर आनन्द से बैठकर पान-सुपारी खाते हुए चारों ओर के हाल-चाल और सुख-दु:ख की बातें होने लगीं। उन्होंने बताया कि आज से तीसरे दिन पृथ्वी पर बड़ी भारी राज्य क्रान्ति होने वाली है। मारा-मारी और लूट-पाट होगी। उन्होंने हमें सलाह दी कि देश वापस लौट जाओ। यह सुनकर हमें बड़ा भय हुआ और बड़ी उत्कण्ठा के साथ मैंने उनसे कहा, ''क्यों सिपाही जी, तुम जो कहते हो उसका अर्थ क्या है ? यह मारा-मारी किसलिए होगी और कौन करेगा ?''

तब उन्होंने कहना आरम्भ किया, ''अंग्रेज़ सरकार आज तक तो अच्छी तरह से राज्य करती आई, परन्तु अंग्रेज़ों की बुद्धि भ्रष्ट हो गई है। पिछले साल विलायत से बढ़िया कमानीदार बन्दूकें आईं। उनके लिए कारतूस भी तैयार किए गए। वे दांत से तोड़ने पड़ते थे। एक छावनी में ऐसी घटना घटी कि एक ब्राह्मण सिपाही स्नान करने के लिए कुएं पर गया; वहां एक चमार ने उससे पानी पीने के लिए लोटा मांगा। ब्राह्मण बोला, 'मैं तुझे लोटा दूंगा तो वह भ्रष्ट हो जाएगा।' यह सुनकर चमार गुस्से में बोला, 'अरे जाओ-जाओ। बहुत जात की डींग मारते हो। इधर जो कारतूसें तैयार होती हैं, उनमें गाय और सुअर की चर्बी लगती है; वह चर्बी हम ही तैयार करके देते हैं, और तुम लोग उसे मुंह से लगाते हो। फिर बेकार में धर्म का घमण्ड क्यों करते हो ?' इन सब बातों से बड़ी गर्मा-गर्मी

बढ़ गई और मार-पीट की नौबत आ गई। पल्टन के और इधर-उधर के बहुत लोग वहां जमा हो गए और सभी ने चर्बी का हाल सुना। थोड़ी देर में चारों ओर यह बात फैल गई। गाय की चर्बी से हिन्दू और सुअर की चर्बी से मुसलमान बड़े नाराज हो गए। सरकार अपनी चालबाजियों से सबको क्रिस्तान बनाना चाहती है; यह डर सबके मन में समा गया और सब लोग अपने-अपने धर्मों की रक्षा करने का विचार करने लगे। सिपाही लोगों ने यह निश्चय किया कि हम यह कारतूसें नहीं लेंगे और अपने-अपने अफसरों को यह बता भी दिया। यह बात कलकत्ते के गवर्नर साहब तक पहुंची। कारतूसों की बातचीत चारों ओर इतनी जल्दी फैल गई कि उसकी कल्पना भी नहीं की जा सकती।

''कारतूसों को लेकर हिन्दू और मुसलमान सिपाहियों में सनसनी फैल गई है, यह बात फौजों के अफसरों को मालूम थी। कितने ही सिपाहियों ने उन्हें पत्र लिखकर यह सूचना दे दी थी कि दंगा शुरू होने वाला है, इसकी तो किसी ने कल्पना भी नहीं की थी। कारतूसों के सम्बन्ध में अपना मत प्रकट करने के लिए विलायत से एक साहब आया और उसने कलकत्ते में गवर्नर साहब के साथ बातचीत करके यह निश्चय किया कि ये कारतूसें खुशी से या जबर्दस्ती से सिपाहियों को लेनी पड़ेंगी। इसमें धर्म वगैरह की एक भी दलील न सुनते हुए जून की दसवीं तारीख को हर एक अफसर ने अपनी-अपनी पल्टन के सिपाहियों को सवेरे दस बजे बिना हथियार परेड के लिए बुलाया और उन्हें हुक्म दिया कि ये कारतूसें तुम्हें कबूल ही करनी पड़ेंगी। जो पल्टनें हुक्म न मानें उनकी वर्दी और हथियार छीन लिए जाएं।

''इस तरह धर्म सम्बन्ध में सबको एकाकार करने का हुक्म कलकत्ते से निकल गया। अंग्रेज़ सरकार के मन में यह बात आ गई है कि हिन्दू और मुसलमान धर्म की मान-मर्यादा धूल में मिलाकर क्रिस्तानी धर्म की जितनी बन पड़े, मदद करें, इस निश्चय को अमल में लाने के लिए उन्होंने सिर्फ एक कारतूसों का उपाय ही सोचा हो, सो बात नहीं। उन्होंने हिन्दू धर्म शास्त्रों में लिखे हुए समस्त नियमों का उल्लंघन करने के लिए चौरासी कायदों की एक फेहरिस्त बनाई और हिन्दू राजे-रजवाड़ों को कलकत्ते बुलाकर उनकी सभा की। इस सभा में शिंदे, होलकर, गायकवाड़, धुंढपुकार, दतिया वाले, ओडशी वाले और बिलशिया के राजों को बुलाया गया था। नाना साहब पेशवा, लखनूर (लखनऊ) की बेगम, झांसी की रानी और दिल्ली के फिरोज़शाह (बहादुरशाह ?) को इस सभा में नहीं बुलाया गया। इनके अलावा अंग्रेज़ सरकार ने सब बड़े-बड़े राजे-रजवाड़ों और मांडलिकों से कहा कि कलकत्ते आओ। वहां योग्य सत्कार होने के बाद लोग अपने स्थानों पर बैठे और सभा का काम चलने लगा। उन्हें चौरासी कायदों वाली फेहरिस्त सुनाई गई। उन कायदों का सारांश यह था कि चार भाइयों में से अगर कोई एक क्रिस्तान हो जाए तो बंटवारे में उसका हक नहीं मारा जाएगा। पतित हो जाने पर भी वह उसी घर में एक हिस्सा पाकर रह सकता है। दूसरा कायदा यह था कि हिन्दू धर्म के अनुसार स्त्रियों को

पुनर्विवाह करने की मनाही है; सो धर्मोपदेश को बिल्कुल न माना जाय और जो विधवा फिर से अपना विवाह कर ले, उसे और उसके बच्चों को पतित न समझा जाए तथा उसे सब अधिकार भी प्राप्त हों। इस प्रकार हिन्दू मुसलमान धर्म का अपमान करने के लिए बहुत से कायदे उस फेहरिस्त में लिखे हुए थे। अंग्रेज़ सरकार ने वह फेहरिस्त सभा में पढ़कर सुनाई और कहा कि यह सब कायदे तुम लोगों को मानने ही पड़ेंगे और आगे से हिन्दुस्तान में हम यही कायदे चलाएंगे। उस समय बाणपुर का राजा उठकर सभा में बोलने लगा कि यह हिन्दुस्तान भरत खण्ड जम्बू द्वीप है। इस भूमि को कर्म भूमि कहा गया है। इस द्वीप से मिले हुए सिंघल द्वीपादि हैं। परन्तु हिन्दुओं की पवित्र और मुख्य भूमि यही है। यदि हिन्दू देवी-देवता हमसे ऊब गए होंगे तब तो साहब लोगों के यह कायदे लागू हो ही जाएंगे, अन्यथा कोई शक्ति भी हमसे ये कायदे नहीं मनवा सकती। सार्वभौम राजे यदि अपनी प्रजा से ये सब अधर्म की बातें कहेंगे और उपदेश करेंगे तो भी प्रजा उनकी बातों को कदापि नहीं सुनेगी। अगर ये चौरासी कायदे अमल में लाए गए तो धर्म सम्बन्धी बखेड़ा उठ खड़ा होगा। इसके बाद एक नवाब ने उठकर कहा कि इस हिन्दुस्तान में हिन्दू और मुसलमान एक साथ रहते हैं; परन्तु धर्म को लेकर कभी भी आपस में नहीं लड़ते। इन दोनों धर्मों को हानि पहुंचाने वाला राजा कभी जय नहीं पा सकता। देखो, दिल्ली के बादशाह के मन में हिन्दू धर्म को डुबा सब जगह मुसलमानी धर्म का प्रसार करने की बात आई थी, सो दिल्ली का तख्त अब एक प्रकार से मिट गया। इसलिए अंग्रेज़ सरकार को ये कायदे भूलकर भी नहीं चलाने चाहिए। इस तरह सभा में अनेक भाषण हुए, ऐसा सुना है। परन्तु अंग्रेज़ों पर इसका कोई भी असर नहीं पड़ा। सब राजे-रजवाड़े लोग अप्रसन्न होकर अपनी-अपनी राजधानियों को लौट गए।[1]

''बस उसी समय से लोग कहने लगे कि देखो अब क्या होने वाला है। पृथ्वी पर मनुष्यों का संहार होगा। हम हिन्दू और मुसलमान धर्म के लिए जान दे देंगे, पर विधर्मी नहीं होंगे। यह निश्चय करके सब बड़े-बड़े लोग विचार करने लगे। धर्म युद्ध के लिए निश्चित की हुई तारीख आज से तीन दिन बाद पड़ेगी। उस दिन सब सिपाही मिलकर अपने अफसरों से यह तीन बार कहेंगे कि कारतूसें नहीं लेंगे, नहीं लेंगे, नहीं लेंगे—और अगर इस पर भी वे लोग नहीं मानेंगे तो

---

1. रस्सी को सांप बना देने वाली अफवाहें जनसाधारण में किस प्रकार फैलती हैं, उपर्युक्त भाषण इसका एक अच्छा उदाहरण है। सन् 1857 से कुछ ही पहले यानी सन् 1856 में लोगों के आग्रह से विधवा विवाह के सम्बन्ध में एक कानून बनाया गया था। उसी प्रकार ईसाई हो जाने वाले लोगों के अधिकारों को सुरक्षित रखने के लिए भी एक कानून उसी वर्ष बनाया गया था। इनके कारण जनसाधारण में यह भय समा गया कि अंग्रेज़ सरकार धर्म के मामलों में भी हस्तक्षेप करना चाहती है। तभी कारतूसों का प्रकरण भी उपस्थित हो गया। इसी सिलसिले में मार्च सन् 1857 में जयाजी राव शिन्दे गवर्नर जनरल से मिलने के लिए कलकत्ते गए थे।—('के' लिखित 'गदर का इतिहास', पृष्ठ 538)। इन बातों के आधार पर ही कलकत्ते की सभा और चौरासी कायदों वाली फेहरिस्त की अफवाह उड़ गई।

तुरन्त ही गोरे लोगों को पकड़कर छावनी से निकाल बाहर कर दिया जाएगा और गोले, बारूद, मेगजीन, खजाना सब अपने ताबे में करके छावनी में आग लगा दी जाएगी। मेरठ की छावनी से यह गुप्त सलाह पत्रों द्वारा जगह-जगह की छावनियों में पहुंचा दी गई है। आज से तीसरे दिन हिन्दुस्तान में ऐसा भयंकर प्रलय होने वाला है। इसीलिए हम लोगों ने छुट्टी ले ली है। हम लोग अपने बाल-बच्चों में जा रहे हैं। तुम सब दक्षिणी ब्राह्मण अगर आगे जाओगे तो बड़े संकट में पड़ोगे। इसलिए हमारी सलाह तो यही है कि तुम लोग भी अपने घरों को लौट जाओ।''

यह सब हाल सुनकर हम लोग बड़ी चिन्ता में पड़े। यश के लिए इतनी दूर तक तो आए और बिना कुछ पैसा कमाए यदि घर लौट जाएंगे तो अच्छा नहीं लगेगा। अन्त में यह निश्चय किया कि हम लोग कोई लड़वैये तो हैं नहीं; गरीब भिक्षुक ब्राह्मण हैं। काले लोग सब मिलकर धर्म के लिए युद्ध कर रहे हैं, इसलिए हमें कोई भय नहीं। यह सोचकर नित्य की तरह तड़के ही उठकर हमने अपनी यात्रा फिर आरम्भ की। रास्ते में चार-पांच जगह सिपाही लोग मिले। उन्होंने कहा कि तुम लोग जून की दस तारीख तक किसी प्रकार से भी इन्दूर तक पहुंच जाओ। हम लोग तेज़ी से आगे बढ़े। सांझ को एक बंगले में आश्रय लिया। वहां भी यही खबर सुनने को मिली। दस तारीख भी आ पहुंची। रोज़ की तरह उस दिन भी गाड़ी लादकर हम सब लोग चल दिए। हमें मऊ की छावनी की ओर से जाना था। मऊ तक मार्ग आपदाओं से भरा था, ऐसा सुना था। एक बार मऊ से निकल गए तो समझो कि बच गए। इस विश्वास और आशा से जल्दी-जल्दी रास्ता तय करते हुए हम लोग चले जा रहे थे। सुबह के दस बजे थे, और मऊ की छावनी एक मील दूर थी। तभी एकाएक तोप के धड़ाके और बन्दूकों की आवाजों से चारों दिशाएं स्तब्ध हो गईं। उस ओर से धुएं के बादल अन्धकार बनकर उठने लगे। हम सबके प्राण कण्ठ में आ गए। अब क्या होगा, यह सोचकर सभी लोग निस्तेज हो गए। फिर भी अपने निश्चय के अनुसार धीरे-धीरे हम लोग बढ़ते ही गए। पीछे लौटना भी उस समय आफतों से खाली नहीं था। छावनी के निकट आ पहुंचे तो देखा कि वह बड़ी भारी छावनी है। उत्तर और दक्षिण हिन्दुस्तान के बीच में नाके पर होने के कारण लगभग तीन कोस तक वह फैली हुई थी। सारी छावनी में आग लगा दी गई थी। हवा बहुत तेज़ चल रही थी, इसलिए अग्नि की ज्वालाएं भी भयंकर रूप से ऊंची उठ रही थीं, मध्याह्न का समय था; ग्रीष्म के सूर्य का अत्यन्त प्रखर तेज ऊपर से बरस रहा था और पृथ्वी पर बड़वानल की तरह दो-तीन कोस तक ज्वालाओं का समूह तपा रहा था। चारों ओर लोग घबराए हुए दिखाई पड़ते थे। काले लोग हुंकार मार-मारकर एक-दूसरे को बढ़ावा दे रहे थे; ऐसा भयंकर अनर्थ और चीत्कार उस समय हो रहा था।

हमारे निकट पहुंचते ही दो-तीन सौ लोग दौड़ते हुए आए और हमारी गाड़ी घेरकर खड़े हो गए। हमारे सभी लोग घबराकर रोने लगे; परन्तु मैं मन में धीरज

बांधकर बोला, ''अजी सिपाही जी ! हम लोग गरीब भिक्षुक ब्राह्मण हैं। पूणें ंप्रांत में रहते हैं। बायजा बाई साहब शिन्दे सर्वतोमुख यज्ञ करने वाली हैं सो उसके लिए निमन्त्रण पाकर हम लोग जा रहे हैं। हमारे पास जो पोथी-पत्रे हैं, सो आप लोग देख लें। अगर आप लोग हिन्दू धर्म के लिए अंग्रेज़ों से लड़ रहे हैं तो हम वेद-शास्त्र पढ़े गरीब ब्राह्मणों की लूट-मार करने से कदापि यशस्वी नहीं हो सकते। इस दंगे से हमारी रक्षा करके एकाध शहर में हमारा प्रबन्ध करना ही आप लोगों को उचित है। इस पुण्य कार्य से आपकी जय होगी। हमें तो तीन दिन पहले से ही मालूम था कि यह दंगा होने वाला है। परन्तु हम निर्भय हैं। कारण, काले लोग यदि धर्म के लिए युद्ध कर रहे हैं, तो उनसे हम वेद-शास्त्र सम्पन्न गरीब ब्राह्मणों का अनिष्ट किसी प्रकार से भी नहीं हो सकता।'' इत्यादि, इत्यादि धर्म और पुण्य सम्बन्धी बहुत-सी बातें मैंने उनसे कहीं। सुनकर और हमारे पोथी-पत्रे देखकर उन्होंने हमसे कहा कि अब यज्ञ की बात तो भूल जाइए; परन्तु हमारे साथ आप निर्भय होकर आ सकते हैं; और खर्चा-पानी वगैरह की भी कोई चिन्ता न कीजिए। उसी समय उस रास्ते से डाक लेकर एक घोड़ागाड़ी आई। सिपाही लोगों ने उस पर हमला करके डाक वाले को मार डाला और दो-तीन बोरे कागज़ उठाकर बाहर फेंक दिए। गाड़ी का बाकी सामान अपने ताबे में लिया और तार के खम्भे वगैरह तोड़ डाले।

इस तरह इन विद्रोहियों के साथ हम लोग चले। एक जलाशय के किनारे नींबू के पेड़ के नीचे उन्होंने हमें ठहरने की जगह दी। हम लोगों ने वहां स्नान, संध्या, भोजन आदि कृत्य निबटाए। काले लोगों के साथ स्त्री-बच्चे भी थे। उनको तथा हमें सुरक्षित स्थान पर पहुंचाने के विचार से काले लोग फौज का रिसाला लेकर इन्दौर की ओर कूच करने लगे। मंजिल दर मंजिल मारते उज्जयिनी के निकट पहुंचे। दो कोस इधर ही एक जगह जलाशय और वृक्ष आदि देखकर फौज उतरी। वहां अपने नित्य कर्मों से निवृत्त होकर एक जगह बैठकर यह विचार करने लगे कि ये लोग तो मस्त हाथी के समान बिगड़े हुए हैं। इनके हाथों हमारी मुक्ति किस प्रकार होगी ? इसमें सन्देह नहीं कि ये लोग हम पर बड़े कृपालु हैं। परन्तु इन्हें तो दिन-रात मारो-मरो के सिवाय दूसरा कुछ सूझता ही नहीं। इनके साथ रहने में हमें सुख नहीं मिल सकता। बड़ी अड़चन हो गई। ज़रा भी स्वतन्त्रता नहीं रही। जो दें वही खाना, जब चलें तब चलना। रात-बिरात का कोई विचार नहीं। एक घड़ी दिन रहते ही चारों ओर विकट पहरेबन्दी हो जाती है। फिर शौच तक जाने के लिए पंचायत पड़ जाती है। सीधे हवलदार तक जाकर शौच के लिए परवाना लेना पड़ता है। इसके अलावा घूमते-फिरते में कहीं किसी को ज़रा भी शंका हो गई तो चट से गोली मारकर स्वर्ग यात्रा की तैयारी करा दी। इस लिए अच्छा तो यही होगा कि कोई योग्य कारण बताकर इनके त्रास से छूटा जाए। ऐसा होने पर हम अपना पुनर्जन्म मानकर परमेश्वर का आभार मानेंगे। इत्यादि विचार करने लगे। पल्टन के दो-तीन सूबेदारों से मेरा परिचय हो गया था। उनके पास जाकर मौका देखकर मैंने कहा–''सूबेदार, आप लोगों के साथ हम लोग

आठ-दस रोज से हैं। हमें खूब सुख मिला, किसी प्रकार की कमी नहीं रही। हमारी गाड़ी तो पुणें से इन्दूर तक का ठहराव करके आई थी, परन्तु तुम लोग अपनी गाड़ी में हमें यहां तक ले आए। तुम्हारा यह उपकार तो अवर्णनीय है। घर से निकलने का हमारा अभिप्राय यही है, जो द्रव्य मिले तो उपार्जन करें और उसके लिए जितनी भी यात्रा करनी पड़े, सो भी करें। हम लोग अब उज्जयिनी नगरी में आ पहुंचे हैं। यह अवन्तिकापुरी के नाम से भी विख्यात है। जहां ज्योतिर्लिंग श्री महाकालेश्वर का परम पुनीत स्थान है। शिप्रा नामक गंगा है। यह क्षेत्र श्री काशी क्षेत्र के समान है। इसलिए हमारी इच्छा है कि यहां धर्मानुसार क्षेत्रोपोषण करके क्षौर इत्यादि प्रायश्चित और श्राद्धादि कृत्य करें। आप कृपा करके अपनी गाड़ी में हमें क्षेत्र तक पहुंचा दीजिए। यह ठीक है कि उज्जयिनी अति निकट है; परन्तु चारों ओर अराजकता होने के कारण हमें भय लगता है। आपने जहां इतनी कृपा की है, वहां हमारे लिए एक गाड़ी का बन्दोबस्त करके क्षेत्र तक भी पहुंचा दीजिए।'' यह कहकर मैं चुप हो रहा।

गदर वाले लोगों की धर्म पर बड़ी ही श्रद्धा थी। गदर उस समय अपनी बाल्यावस्था में था। निरर्थक और निर्दय मारकाट एवं काम-क्रोधादि का प्राबल्य होने के कारण गदर वालों की बुद्धि स्वस्थ नहीं रहती थी, फिर भी सूबेदार ने शान्तिपूर्वक मेरी बातें सुनीं और कहा कि कल प्रातःकाल हम आपको वहां अवश्य पहुंचा देंगे।

दूसरे दिन सबेरे ही कुछ गाड़ियां और पच्चीस सिपाही लेकर सूबेदार हमारे पास आए। हमारे पैरों पर अपना मस्तक झुकाकर हर ब्राह्मण को दो-दो रुपये दक्षिणा दी और हमें गाड़ी में बिठाकर हमारे साथ पचास कदम तक पैदल गए, फिर प्रणाम करके लौटे। उनकी बातचीत से मैंने यह अभिप्राय निकाला कि वे लोग शिन्दे सरकार की सहायता लेने के लिए जाएंगे। हमें एक बहुत बड़े संकट से मुक्ति मिली। इसके लिए अवन्तिका क्षेत्र की आभारपूर्वक विनती करते हुए नगर में पहुंचे। वहां हमने गाड़ियां खाली करके सिपाहियों को स्वाधीन किया। वे लोग हमसे राम-राम करके वापस लौट गए। फिर हमारे साथ के लोग अपने-अपने सगे-सम्बन्धियों का पता लगाकर अपने-अपने स्थानों पर चले गए। दानाध्यक्ष वैशम्पायन के एक सगे विष्णु पन्त जोशी उज्जयिनी में रहते हैं, यह हमें मालूम था। हम लोग और वरसईकर मिलकर उनका पता लगाते-लगाते द्वारिकाधीश के मन्दिर में पहुंचे। वहां उनका पता भी लगा, उनसे भेंट भी हुई। हमें सुरक्षित देखकर उन्हें बड़ा आनन्द हुआ और वे हमसे कहने लगे कि चार-पांच दिन पहले वैशम्पायन का पत्र आया था। उसमें लिखा था कि, ''कर्वे और गोडशे इधर आने के लिए पुणें से चल दिए हैं; मिलने पर उनसे कह दीजिएगा कि अभी इधर न आएं। दंगा बहुत है। दंगा कम होने पर पत्र लिखूंगा। तब आएं। तब तक उन्हें अपने साथ ही रखना।''

हम लोग विष्णु पन्त के यहां ही ठहरे और यथाक्रम, यथावकाश क्षेत्रकर्मों को भी किया। उज्जयिनी क्षेत्र में बहुत दिन रहे। यहां घनी बस्ती है। रास्ते पत्थर

के बने हैं। यह नगर बड़ा प्राचीन है। यहां बड़े-बड़े इतिहास प्रसिद्ध विक्रम आदि चक्रवर्ती राजा हो गए हैं। उनके अति मानवीय महत्त्व के साक्ष्य देने वाले खण्डहर अभी भी हैं। ऐसा कहा जाता है कि उज्जयिनी नगरी को वरदान प्राप्त है। वहां घर बनाने के लिए नई ईंट नहीं बनानी पड़ती। बहुत करके ज़मीन में से पुरानी ईंट निकल आया करती हैं। पहले यहां भर्तृहरि राज्य करते थे। विषयभोग आदि से पश्चात्ताप होने के कारण वे राज्य छोड़कर विदेह होकर तपश्चर्या के लिए समाधिस्थ हो गए। उनकी गुफा आज भी उन्हीं के नाम से प्रसिद्ध है। भैरवगढ़ के ऊपर गुफा का स्थान बड़ा रमणीय और शान्ति रसानुकूल है।

इस प्रकार उज्जयिनी का आनन्द लेते-लेते हमें पांच-छ: दिन बीत गए। गदर के सम्बन्ध में रोज़ नई-नई बातें सुनने को मिलती थीं। उनसे जहां-तहां चिन्ता और घबराहट फैल रही थी। एक दिन खबर आई कि धार देश का राजा मर गया। धार में पवारों का राज्य था। यह राजा बहुत अच्छा शूर, बुद्धिमान और धर्मशील था। राज्य का प्रबन्ध अच्छा होने के कारण उसके खजाने में प्रचुर धन था। उसके कोई सन्तान नहीं थी। वृद्धावस्था आने पर उसे विरक्ति उत्पन्न हो गई और उसने खूब दान-धर्म किया। नासिक, त्र्यम्बक, बाई, पंढरपुर इत्यादि तीर्थ स्थानों की यात्रा कर चुकने के उपरान्त काशी यात्रा करने का विचार किया था। सब तैयारी भी हो चुकी थी। दीवान जी ने दुशाले, धोतियां, पीताम्बर आदि ब्राह्मणों को देने के लिए तैयार करके रखे थे तथा खर्च के लिए नकद आठ लाख रुपये भी थे। किसी दुष्ट ने उस सुशील राजा पर मूंठ चलाई। ''मनसा चिंतितं कार्यं देवमन्यच्च चिन्तयेत्।'' अपनी मृत्यु के समय उसने अपने एक निकट सम्बन्धी का लड़का गोद ले लिया था। फिर रानी और दीवान जी ने यह निश्चय किया कि यात्रा के निमित्त निकाला गया पैसा स्वर्गीय महाराज की उत्तर क्रिया में खर्च किया जाय। यह समाचार सुनकर उज्जयिनी से ब्राह्मणों के झुण्ड के झुण्ड निकले। मेरी भी इच्छा हुई कि वहां चुपचाप बैठे रहने की अपेक्षा धार शहर और उत्तर कार्य की मौज ही देखी जाय। यह सोचकर मैंने काका से कहा कि ''हम लोग मृत्यु सम्बन्धी दान तो बिल्कुल नहीं लेते, परन्तु हम लोगों ने परिश्रम करके दान-खण्ड, दान-चन्द्रिका, दान-मयूख आदि बड़े-बड़े ग्रन्थ देखे हैं। किस दान में दानांग-होम होता है, किसमें नहीं। कौन से दान किस श्रेणी के ब्राह्मण को मिलते हैं; इत्यादि प्रयोग प्रत्यक्ष देखने को मिलेंगे। लाखों रुपयों का दान धर्म किसी भी उत्तर क्रिया में आज तक न तो हुआ है और न आगे ही होगा। यहां चुपचाप बैठे रहने से तो यही अच्छा है कि वहां चलकर आठ-दस रोज़ में सब कृत्य देखकर लौट आएं।'' काका के मन में भी यह बात बैठ गई और दूसरे ही रोज हम लोग कर्वे से आज्ञा ले उज्जयिनी से चल दिये।

रास्ते में चर्मण्वती नदी (चम्बल) के किनारे हज़ारों ब्राह्मणों की भीड़ मिली। वहां स्नान, सन्ध्या, भोजनादि करके मंजिल दर मंजिल मारते हुए धारा नगरी में पहुंचे। सारी नगरी ब्राह्मणों से छाई हुई थी। उज्जयिनी, इन्दूर, देवास इत्यादि स्थानों से लगभग दस हज़ार दक्षिणी ब्राह्मण दक्षिणार्थ वहां आए थे। शहर

में ब्राह्मणों के यहां तो टिकने की जगह बची ही न थी। शूद्रों के घर भी घिर गए थे। शहर में लगभग एक पहर तक तो ठहरने की जगह पाने के लिए भटकते रहे। अन्त में बाज़ार के दक्षिणी सुनार की दूकान के चबूतरे पर उसके ना-ना कहते भी हम लोग जम ही गए। उसने साफ कह दिया कि जगह नहीं मिलेगी। पर मैंने अच्छी तरह से बैठते हुए पान-सुपारी तम्बाकू का बटुआ निकालकर उससे कहा, ''हम मुसाफिर हैं। हमें भोजन बनाने के लिए भी अगर थोड़ी-सी जगह मिल जाय, तो ठीक होगा। सोने को इसी चबूतरे पर हो जाएगा। तुम्हें ज़रा भी तकलीफ नहीं देंगे।'' किसी तरह वह सुनार राजी हुआ। हमने वहीं आसन जमाकर ब्यालू की और सो गये। दूसरे दिन उठकर शहर देखने निकले। दानशाला का पता लगाया। वहां पहुंचे तो देखा कि एक इतना बड़ा फाटक है जिससे एक सीधा हाथी निकल जाय। सुना, दान अन्दर होंगे। बाहर पीपल के दो-तीन पेड़ थे। उन्हीं के नीचे सबसे जमा होने को कहा था। एक-एक ब्राह्मण का नाम पुकारा जाएगा; तब वे अन्दर जाकर दान लेंगे। यह सुनकर हम सोचने लगे कि जिस दान विधि को देखने के लिए हम यहां तक आए हैं; वह कार्य तो सिद्ध नहीं हो सकेगा। बड़ी चिन्ता में पड़े। लौटकर स्नान, सन्ध्यादि और भोजन-पानी का प्रबन्ध किया। दानशाला में जाने का परवाना किस तरह प्राप्त किया जाय, इसी उधेड़बुन में पड़े रहे। अन्त में मैंने दानाध्यक्ष के नाम एक अर्जी लिखी, 'हम लोग देशान्तर के ब्राह्मण हैं। यात्रा के लिए जाते हुए उज्जयिनी में यहां के दु:खकारक समाचार मिले। हम मृत सम्बन्धी दान बिलकुल नहीं लेते; परन्तु दान-समारम्भ देखने की बड़ी इच्छा है। आजकल के समय में दान-धर्म में इतना बड़ा खर्च किसी ने नहीं किया और न आगे होने की ही संभावना है। परन्तु हमने सुना है कि दानशाला में जाने के लिए परवाना लेना पड़ता है; इसलिए यदि आप हमें परवानगी देंगे तो बड़ा उपकार होगा। नहीं मिलेगी तो निराश होकर चले जाएंगे।' यह मज़मून लिखकर दानाध्यक्ष के घर का पता लगाकर सिपाही के हाथ अर्जी भेज दी। हमें तुरन्त ही परवानगी की चिट्ठी मिल गयी।

दूसरे दिन सवेरे भोजनादि से निपटकर दरवाज़े पर चिट्ठी दिखाकर दानशाला में गये। अन्दर लगभग दो सौ ब्राह्मण बैठे हुए थे। अनेक दान हुए। शीशे की अंबारी, अलंकारों के साथ एक हाथी दिया गया। उसके साथ आठ हज़ार रुपये दक्षिणा भी दी गई। इसके सिवा तीन सादे हाथी भी पांच हजार दक्षिणा के साथ दिए गए। चार घोड़े, तीन ऊंट, दस बैल, नौ भैंसे और तेरह दासियां दी गईं। एक शैयादान भी हुआ। महादान के ब्राह्मण को पाजामा, धोती जोड़ा, अंगरखा, सिपाहीगीरी की पगड़ी, ढाल, तलवार और पुष्पहार देकर उसकी पूजा करके गुलाल आदि उड़ाया गया तथा जितने कदम चलकर यजमान को विदाई देने का नियम है, उसके अनुसार उसे विदा किया गया। बाहर निकलने पर उसका हंसी-ठट्ठा होता था। उसका पूछना ही क्या। बाहर हज़ारों तैलंग व इतरदेशीय ब्राह्मण और प्रजाजनों की भीड़ लगी हुई थी। उसकी हुर्रो उड़ाकर लोग ठट्ठा करते थे। दासीदान लेने वाले की तो बड़ी फजीहत होती थी। किसी एक सुन्दर

सर्वालंकार युक्त दासी का अंचल अगर किसी गरीब ब्राह्मण की धोती से बांध दिया जाता था, तो बाहर निकलने पर उस बेचारे की दुर्दशा हो जाती थी। और दासी कहीं लुच्ची हुई, तो ब्राह्मण के साथ वह ऐसी चटक-मटक करती हुई चलती कि बेचारा ब्राह्मण पानी-पानी हो जाता था। शैयादान ग्रहण करने वाला एक यजुर्वेदी था। उसे पलंग पर बिठाकर तथा सोने की एक मृत देह उसके पास रखकर चार आदमियों के कंधों पर बाहर निकालते थे। हाथी दान वाले लोग बाहर आते ही अपने-अपने हाथियों को राजा के सेवकों के हाथ बेच देते थे। हाथी चाहे फोकट में ही मिले, पर रंक के लिए तो उसे बांध रखना अपनी मौत बुलाना था। इस प्रकार तीन दिन तक प्रातःकाल से लेकर चार बजे तक दानों की मौज देखी। चौथे दिन भूयसी का संकल्प होकर जितने ब्राह्मण थे, सबको पांच-पांच रुपये और धोती जोड़े मिले, हमें भी मिले। फिर एक दिन राजधानी घूमकर देखी। धारा नगर बड़ा सुन्दर शहर है। यहां भोज इत्यादि राजा राज्य करते थे। इसकी कथा तो प्रसिद्ध है ही। इस शहर में चूने-पत्थर का एक किला है। किले के बाहर बहुत से तालाब हैं। पानी खूब है। ढाई-पौने तीन हाथ पर पानी निकल आता है। इसलिए बाग-बगीचे बहुत से हैं और फूल-फलारी बड़ी सस्ती है। साग-भाजियां, केले के पत्ते, पुष्प और फल इस शहर के समान और कहीं नहीं हैं। धारा नगर के पश्चिम में तीन-चार मील दूर एक छोटा-सा पर्वत है, जिसपर कविश्रेष्ठ कालिदास की वर-देवी महाकालिका का बड़ा ही सुन्दर देवालय है। देवस्थान के लिए बड़ा रमणीक स्थान चुना गया है। पूजा की सामग्री चांदी की ही है। कालिका के दर्शन करके हम धारा से चल दिए। उज्जयिनी पहुंचे तो कर्वे ने वैशम्पायन का पत्र दिखाया। उसमें लिखा था कि 'दंगा जल्द ही समाप्त होता नहीं दीखता। उज्जयिनी के शिन्दे सरकार के लगभग 25 सिपाही आने वाले हैं। उनके साथ आप लोग चले आयें।' तुरन्त ही सिपाहियों की खोज की और भाड़े की गाड़ी करके ग्वालियर के लिए प्रस्थान किया।

रास्ते में सारंगपुर नाम का एक बड़ा रमणीक नगर मिला। वहां की बस्ती बड़ी घनी है, और बाज़ारों में ऊंची-ऊंची हवेलियां बनी हैं। मन्दिर बड़े मनोहर हैं। शहर के दोनों ओर नदी बहती है, और बाहर हरे-हरे बगीचे लगे हैं। ऐसे ही नगर-ग्राम देखते हुए ग्वालियर पहुंचे। वैशम्पायन के यहां उतरे। चारों ओर गदर मचा होने के कारण यज्ञ स्थगित कर दिया गया था। परन्तु बायजा बाई साहब ने दक्षिण से आए हुए ब्राह्मणों के रहने-सहने का प्रबन्ध अच्छा किया था। वर्षा ऋतु आरम्भ हो चुकी थी। इसलिए बहुतों ने चातुरमास वहीं करने का निश्चय किया। उन्हें बाई साहब की ओर से दस रुपया महीना मिलता था। हमने भी मजुमदार के घर में अलग जगह लेकर चार महीने बिताने का निश्चय किया। ग्वालियर के किले के पास एक छोटा-सा गांव है। महादजी शिन्दे ने बादशाह पर चढ़ाई करते समय अपने बड़े भारी लश्कर और तोपखाने के साथ यहीं मुकाम किया था। यहां से ही उन्होंने शत्रु को जय किया और उससे खण्ड भी वसूल किया। इसीलिए उन्होंने यहां एक महल बनवाया और लश्करी लोग जहां-जहां

उतरे थे, वहां-वहां उनके घर भी बनवा दिए थे। लशकर लगभग तीन-साढ़े तीन कोस के पेटे में फैला है। शहर के निकट फूलबाग नाम का एक बड़ा ही विस्तीर्ण सुन्दर उपवन है। उसमें देश-देश के और नाना प्रकार के वृक्ष, बेल, पुष्प आदि सुशोभित हैं। मध्य भाग में हवा खाने के लिए एक जल मंदिर का भी निर्माण किया गया है। उस पर बना हुआ काम तो देखने लायक है। यहां से लगभग चार मील पर एक नदी है; उसके किनारे शिन्दे सरकार की बड़ी भारी छावनी है।

इस प्रकार ग्वालियर में सांझ-सवेरे घूम-फिर कर चार महीने निकाल दिए। शहर के नामांकित गृहस्थ के यहां आषाढ़ के महीने में लड़के का यज्ञोपवीत हुआ। वहां बड़े-बड़े विद्वानों की सभा देखने को मिली। यह एक अलभ्य लाभ हुआ। सर्व विद्यासम्पन्न तातु दीक्षित, ये बड़े विद्वान और वेद-शास्त्र निष्णात थे। उनके मन के अनुसार ही व्रतबन्ध हुआ था। उन्होंने विट्ठल मन्दिर में स्मृति वाक्यों, सूत्र प्रमाणों और मैत्रायणीय परिशिष्ट के आधार पर सिद्ध कर दिखाया कि उपनयन संस्कार आषाढ़ में भी विष्णु शयन तक हो सकता है। मथुरा के एक ब्राह्मण ने भी इसके समर्थन में पंचगौड़ की साक्षी दी। सारांश यह कि यज्ञोपवीत होना शास्त्रोक्त सिद्ध करके सभा विसर्जन हुई। कार्तिक मास में बाई साहब ने दक्षिण से आए हुए ब्राह्मणों को विदा किया। विदाई में हमें पीताम्बर और डेढ़ सौ रुपये नकद मिले। इस प्रकार ग्वालियर का काम हो जाने पर हम सोचने लगे कि अब आगे क्या किया जाय ?

ग्वालियर-कानपुर-लखनऊ

सहसा विदधीत न क्रियामविवेक: परमापदांपदम् ।

ग्वालियर में रहते हुए गदर की खबरें तो हमें हर रोज़ ही सुनने को मिलती थीं। आज यह पल्टन भड़की तो कल उसने सिर उठाया, इन सब खबरों से लोगों के मन में बड़ी खलबली मच रही थी। अलग-अलग लोगों के अलग-अलग भाव थे। कोई अपनी बहुमूल्य वस्तुओं को इधर-उधर छिपाने का विचार कर रहा था, कोई इस आशा में बैठता था कि जब यहां गदर मचेगा, तो लूटपाट करने का अवसर हाथ आएगा। शिन्दे, होलकर इत्यादि सरदार लोग इस गदर में किसकी ओर रहेंगे, इनकी क्या नीति होगी—इन सब बातों की लोगों में चर्चा होती थी। सबकी नज़रें इन्हीं पर लगी थीं। यह तो प्राय: स्पष्ट हो गया था कि ग्वालियर के दीवान दिनकर राव जी अंग्रेज़ों का पक्ष समर्थन करना चाहते हैं; परन्तु शिन्दे महाराज पर उनका कहां तक प्रभाव पड़ सकता है, लोग इसका अनुमान न कर पाते थे।

हमारे काका श्रीमन्त बाजीराव पेशवा के समय में ब्रह्मावर्त (बिठूर) की होमशाला के अध्यक्ष थे, यह पहले ही कहा जा चुका है। बहुत से लोग अपनी जान बचाने के लिए ब्रह्मावर्त से भागकर ग्वालियर आ रहे थे। उनमें कई लोग काका के परिचित भी थे। उनसे वहां के समाचार मिले। श्रीमंत नाना साहब की पेन्शन बन्द कर दी गई, उनके मन में इंग्लिशों के लिए अत्यन्त द्वेष बुद्धि उत्पन्न हो गई थी। वे धैर्यवान और शूर थे। उनके भाई बाला साहब और राव साहब भी वैसे ही बुद्धिमान और वीर्यवान् थे। तात्या टोपे के साथ मिलकर ये साहस बड़े लोग राज्यक्रान्ति का विचार कर रहे थे। लखनऊ की बेगम और दिल्लीपति इत्यादि भी अंग्रेज़ सरकार के अन्यायों से त्रस्त थे। इन लोगों में आपस में पत्र-व्यवहार होता था। बीच-बीच में धर्मभय से आतुर विद्रोही पल्टनों के अफसर लोग भी इनसे मिलते रहते थे। परन्तु नाना साहब अपने बलाबल को अच्छी तरह पहचाने बिना अग्नि में पतंग के समान मरकर अपने कुल का नाश नहीं करना चाहते थे। कहा जाता है कि एक दिन सन्ध्याकाल वे अपने समाज के साथ गंगा के किनारे घाट पर विराजमान थे। गंगा का शुभ्र नीर मन्द गति से बह रहा था और गर्मी के दिन होने के कारण अत्यन्त प्रिय 'भागीरथीनिर्झरसीकरणं वोढा मुहु: कम्पित देवदारु:'—ऐसा चित्त को आनन्द देने वाला वायु बह रहा था। वेदमूर्ति

रायचन्द्र शास्त्री कुछ धर्म सम्बन्धी चर्चा कर रहे थे। तभी घोड़े पर एक पल्टन का आदमी वहां आया और नाना साहब को मुजरा करके कहने लगा कि सरकार मेरठ की छावनी के शूर सिपाहियों ने धर्म की रक्षा के लिए अंग्रेज़ों को मारकर दिल्ली के बादशाह को अपना अधिपति मान लिया है। हिन्दू धर्म पर भी ऐसा ही कठिन कुठाराघात हो रहा है। हिन्दुओं का अधिपति आपके रहते हुए कौन हो सकता है ? यदि आपको हिन्दू धर्म का संरक्षक बनना स्वीकार हो तो इस क्षण यह तलवार और यह घोड़ा लेकर आप कानपुर चलिए। अकल्पित प्रसंग के अचानक आ जाने से शास्त्री आदि सब लोग घबरा गए। नाना साहब के नेत्र लाल हो गए। कुछ देर तक तो वे उस सवार को एकटक देखते हुए स्तब्ध रहे। फिर यकायक बोले, ''अच्छी बात है, यदि हज़ारों लोग धर्म के लिए अपनी जान देने के लिए तैयार हैं, तो मैं भी अपने स्त्री-बच्चों को आशा छोड़ता हूं। गंगा माता साक्षी हैं।'' यह कहकर घोड़े पर सवार हुए और आवेश में भरे घोड़ा फेंक दिया। महल जाकर वाला साहब इत्यादि से सब हाल कहा और अपने साथ के लोगों को लेकर कानपुर चल दिए।

बिठूर के पेशवे भी गदर में सम्मिलित हो गए हैं, यह बात चारों ओर फैल गई। कुछ धनी लोग अपने जीवन की रक्षा के उपाय करने लगे। कुछ दूसरे देशों को भाग जाने की तैयारी में लगे। कुछ स्वामिभक्त वहीं रहकर लोगों को धीरज बंधाने लगे और कुछ विचारशून्य लोग गदर के समाचार से आनन्दित होकर उछलने लगे। गदर वाली फौज नाना साहब को बिठूर के रास्ते पर मिली। फौज के अफसरों से बहुत देर तक नाना साहब की बातचीत होती रही। फिर सब सिपाहियों ने शपथ ली कि हम सब अब आपकी आज्ञा मानेंगे, इंग्लिशों की शरण में कभी नहीं जायेंगे, और प्राण रहते आपको तथा सेना को छोड़कर भागेंगे नहीं। फिर अलग-अलग कामों के लिए लोगों को चुना गया और फौज ने कानपुर की ओर कूच किया।

भादों के महीने में एक दिन मैंने देखा कि ग्वालियर शहर के अन्दर बड़ी गड़बड़ मची हुई है। नाके रास्तों पर लोगों की भीड़ जमा होकर बड़े रहस्यपूर्ण ढंग से बातें कर रही हैं। घुड़सवार सिपाही इधर-उधर दौड़ रहे हैं। बहुत-सी दूकानें बन्द हैं। यह सब देखकर मैंने समझा कि ज़रूर कुछ गदर की ही गड़बड़ है। फिर लोगों से पता चला कि श्रीमन्त नाना साहब की ओर से तात्या टोपे शिन्दे सरकार से फौज की कुमक मांगने आया है। मैंने बाज़ार में तात्या टोपे को देखा। मुरार की छावनी से उसने चार पल्टनों को अपने मत में मिला लिया था। फिर उसने शिन्दे सरकार से कहा कि मैं इतने दिन तुम्हारे यहां रहा, परन्तु तुम्हारे शहर या देश को ज़रा भी नुकसान नहीं पहुंचाया; इसलिए तुमको यह उचित है कि मुझे गाड़ियां, घोड़े, ऊंट इत्यादि सब तैयारी करके दो। तात्या टोपे का अभिप्राय समझकर जियाजीराव शिन्दे और दिनकरराव मुरार की छावनी में उनसे मिलने गए। छावनी शहर से तीन कोस पर नदी के किनारे थी। वहां भेंट होने पर शिन्दे महाराज ने कहा कि जो कुछ तुम चाहते हो, वह मैं दूंगा। परन्तु मेरे देश को

ज़रा भी नुकसान न पहुंचाते हुए तुम यहां से चले जाओ। यह निश्चय हो जाने के बाद पान-सुपारी इत्र-गुलाब आदि से सत्कार हुआ। दूसरे दिन शिन्दे ने गाड़ियां, घोड़े, हाथी, ऊंट, बैल, खच्चर इत्यादि देकर तात्या टोपे को विदा किया और इस प्रकार ग्वालियर का विघ्न टाला। मुरार की पल्टन में विष के ग्यारह गोले थे। एक-एक गोले पर दो-दो हज़ार रुपये का खर्च आया था और उन गोलों की करामात ऐसी थी कि तोप से फूटते ही उसके अन्दर से निकलने वाले धुएं से लोगों की आंखें फूट जाती थीं और वे मर जाते थे। वे लोग रोज़ महाराज से यह निवेदन करते थे कि मुरार की पल्टन जो मांगे सो दीजिए, परन्तु उसे किसी तरह भी बिगड़ने न दीजिए। नहीं तो ये लोग विष के गोले छोड़ देंगे। परन्तु तात्या टोपे अपने साथ ही उन गोलों और पल्टनों को भी लेकर चलता बना।[1]

इसके बाद तात्या टोपे गुलसरई वाले राजा केशव राव के पास पहुंचा और उससे खर्चे के लिए तीन लाख रुपये मांगे। केशवराव ने उत्तर दिया कि इस तरह सिपाही जुटाकर कोई देशों पर कब्जा कर सकता तो न जाने अब तक कितनों ने कर लिया होता। तुम लोग गदर वाले हो। मैं तुम्हें एक धेला भी नहीं दूंगा। फौरन मेरे देश से निकल जाओ ! यह सुनते ही तात्या टोपे ने युद्ध का डंका बजा दिया। उसने शहर को घेरकर तोपों की मार शुरू की। केशवराव के पास आदमी थोड़े थे और उनकी बन्दूकें भी पुरानी चाल की थीं। यह देखकर तात्या टोपे के लोगों ने एकदम हल्ला बोल दिया और आगे बढ़ गए। तोप के गोलों से नगर के बहुत से लोग मर गए और बाकी लोग इधर-उधर घबराकर भागने लगे। तात्या टोपे ने एक और हल्ला बोला, उससे घबराकर गुलसरई वालों ने अपने हथियार डाल दिये और ज़मीन पर लोटकर तात्या टोपे से प्राणों की भीख मांगी। तात्या टोपे ने कहा, ''तुम लोग गरीब हो, मैं तुम्हें नहीं मारूंगा परन्तु तुम्हें केशवराव को जीते जी पकड़कर मेरे सामने लाना होगा।'' तुरन्त ही उन लोगों ने केशवराव को ढूंढ़ निकाला और तात्या टोपे के सामने ला खड़ा किया। इसके बाद तात्या टोपे राज्य का खजाना लूटकर और केशवराव को साथ लेकर कानपुर की ओर चल पड़ा।

कानपुर के गंगा तट पर बालू के बोरों की ऊंची-सी दीवारें खड़ी करके उनमें गोरों की पल्टनें रहती थीं। उन बालू के बोरों की आड़ लेकर वे लड़ाई चला रहे थे। बाहर से काले लोग बहुत प्रयत्न कर रहे थे; लेकिन बालू के बोरों के कारण तोप के गोले बेअसर हो जाते थे। बहुत दिनों तक लड़ाई चलती रही। मुरार की पल्टनें आईं और वे भी बड़ी सरगर्मी से लड़ीं, लेकिन कानपुर हाथ न आया। अंत में अंग्रेज़ों का व्यूह तोड़ने के लिए नाना साहब ने एक नेपाली ब्राह्मण को पांच-सात सौ रुपये देकर कानपुर बुलाया। उसे व्यूह दिखाकर उसके

---

1. इतिहास में यह घटना कानपुर की पहली लड़ाई के बाद की है। कानपुर की दूसरी लड़ाई में ये पल्टनें मौजूद थीं।

आदेशानुसार तोपों के मोर्चे बांधकर गोलाबारी शुरू की। अन्दर से भी गोले चल रहे थे। बाजे बजने लगे। उस पर विष के गोले छोड़े गए जिसके कारण अंग्रेज़ों की आंखें फूटने लगीं और वे तड़पकर स्वर्ग का मार्ग पकड़ने लगे। गोरे लोग बहुत मरे। बचे-खुचे गंगा की राह से भागना चाहते थे, सो काले लोगों ने पकड़कर उन्हें कैद कर लिया। इस लड़ाई में स्वयं बाला साहब मोर्चे पर खड़े हुए तोप में अपने ही हाथों से बत्ती रखते थे।

इस तरह कानपुर को जीतकर श्रीमन्त नाना साहब ने गोरे लोगों का सब सामान गोला-बारूद, तम्बू और खजाना वगैरह अपने हाथ में कर लिया और शहर में अपने नाम की दुहाई फिरवा दी। बाजार खुल गए, सब काम-काज चलने लगा। श्रीमन्त सरकार ने फिर जोशी जी से मुहूर्त्त पूछकर बताए गए मुहूर्त्त में बड़े ठाट-बाट के साथ बिठूर (ब्रह्मावर्त) की ओर कूच किया। हज़ारों सवार और पैदल आगे चल रहे थे। दोनों तरफ रुहेले, अरब और शिद्दियों का पहरा चल रहा था। ताशे, नगाड़े, नरसिंघे वगैरह अनेक मंगलवाद्य बज रहे थे। इस तरह बड़े ठाट के साथ धीरे-धीरे चले जा रहे थे। नकीब बार-बार पुकारता जाता था। चलते-चलते रात हो गई। सैकड़ों चन्द्र-ज्योति और मशालें जल पड़ीं। इस तरह बिठूर पहुंचे। शहर बन्दनवारों और तोरणों से खूब सजाया गया। नागरिक सीमान्त पर पुष्प और दूब की वर्षा कर रहे थे। श्रीमन्त नाना साहब तथा राव साहब पालकी के दोनों ओर हाथी पर लगी हुई सुनहरी अंबारी पर विराजमान थे।

दूसरे दिन कानपुर-विजय के उपलक्ष में शास्त्री जी आदि विद्वज्जनों को दुशाले, धोती-जोड़े और दक्षिणा देकर सन्तुष्ट किया गया। फिर राज्य प्राप्ति के लिए अनुष्ठान और ब्राह्मण-भोजन होने लगे। शहर में जगह-जगह पर नाच-तमाशे हो रहे थे।

उन दिनों धर्म की स्थिति और उस पर लोगों का श्रद्धाभाव कुछ निराला ही था। और यह कहने में मुझे ज़रा भी संकोच नहीं कि आजकल के जमाने में केवल कारतूसों के कारण इतना बड़ा गदर कभी नहीं हो सकता। साहब लोगों की पल्टनें चारों ओर से अपने राज्य की रक्षा करने के लिए दौड़ पड़ीं। हज़ारों-लाखों सापराध-निरपराध लोगों को वे मारते चलते थे। ऐसे भयंकर समय में भी मनुष्य का ब्राह्मण-भोजनों का प्रबन्ध करना या लम्बी-लम्बी जन्म कुण्डलियां फैलाकर ग्रहों का हिसाब बैठाना, यह आजकल के लोगों को बड़ा विचित्र लगेगा। परन्तु उस समय लोगों की धर्म-श्रद्धा इतनी बलवती थी कि तलवार की धार की अपेक्षा वे यज्ञकुण्ड की घृतधारा पर अधिक विश्वास रखते थे। सुमुहूर्त्त पर प्रयाण करने से शत्रुओं का नाश अवश्य होगा, ऐसा लोगों का दृढ़ विश्वास था। इसके अनुसार ही जहां-तहां शास्त्रोक्त अनुष्ठान और ग्रह शान्ति का कार्य चलने लगा तथा ब्राह्मण संतर्पण भी आरम्भ किया गया। यह सब होते हुए भी शहर के संरक्षण का उचित प्रबन्ध करना वे भूले न थे। शहर के चारों ओर पहरेबन्दी की गई थी तथा गंगा के ध्रुवघाट से मोर्चे बांधकर तोपें खड़ी कर दी गई थीं।

एक दिन ध्रुवघाट के गोलंदाज ने दूरबीन से देखा कि गोरे लोगों से भरी

हुई एक अगिनवोट इलाहाबाद उर्फ प्रयाग की ओर जा रही है। उसमें साठ-सत्तर मेमें, बीस-एक बच्चे और लगभग पन्द्रह साहब थे। नाव को देखते ही गोलन्दाज ने तुरन्त जाकर श्रीमन्त को खबर दी कि एक नाव जा रही है और उसमें बहुत-सी मेमें हैं, हुकुम हो तो एक गोला छोड़ दूं। यह सुनकर नाना साहब ने जवाब दिया कि नाव में यदि स्त्रियां और बच्चे हैं तो उन्हें मत मारो। गोलन्दाज के लौटने पर वह नाव धुवघाट के आगे ब्रह्मेश्वर की ओर जाते हुए भूतेश्वर के निकट उन गोरे लोगों के दुर्दैव से गंगा की रेत में फंस गई। शुद्ध भागीरथी में अगिनवोट नहीं चलती; धुवांकश यानी छोटी आगबोट चल सकती है। इसका कारण यह है कि गंगा माई हर समय बालू से खेलती रहती है। इसलिए कभी-कभी एक जगह बालू के टूट इकट्ठा हो जाते हैं। अगिनबोट को बालू में फंसी हुई देखकर गोलंदाज ने फिर नाना साहब से कहा कि अब तो आप हुकुम दे ही दीजिए; कारण कि श्री गंगा की ही शत्रुओं पर अकृपा है; नहीं तो उनकी नाव उनके शत्रु-क्षेत्र में आकर फंसती ही क्यों ? इसलिए मैं एक गोला छोड़कर सबको मारे डालता हूं। यह कह कर वह चला गया और तोप में बत्ती दे दी। उधर नाव के कुछ लोग पानी में उतर कर नाव को निकालने का प्रयत्न कर रहे थे, कि गोला पड़ा, नाव में बारूद भी थी, गोला पड़ते ही वह भड़क उठी; और सब स्त्रियां-बच्चे आदि भस्म हो गए। उनमें से दस स्त्रियां, तीन बच्चे और चार पुरुष जो ईश्वरेच्छा से बच गए थे, वे कैद कर लिए गए। अगिनबोट के बचे हुए भाग में गोरों का खजाना रखा था, सो वे दस हज़ार रुपये भी इनके हाथ लगे।[1]

ब्रह्मावर्त्त में लगभग आठ गोरी स्त्रियाँ और कुछ बच्चे कैद कर रखे गए थे। उनकी जेल बड़ी मजबूत थी और पच्चीस आदमी वहां पहरा देते थे। प्रति-दिन सवेरे शौचादि के लिए सब कैदी पहरेदारों के साथ गंगा के किनारे जाकर प्रातः कर्मों से निपटकर फिर वापिस आते थे। उनमें से एक स्त्री राज्यकर्मों में बड़ी चतुर थी। उसने एक भंगिन को दो मुहरें देकर अपनी ओर मिला लिया। उसके हाथ वह प्रयाग के गोरों के पास एक पत्र भेजना चाहती थी। एक दिन उस मेम ने अंग्रेज़ी पत्र लिखकर शौच से उठते समय उसी स्थान पर छोड़ दिया। संकेत के अनुसार भंगिन वहां से वह पत्र उठाने लगी कि एक पहरेदार ने देख लिया और उसने उसी समय भंगिन को कैद कर लिया और वह पत्र तथा मेम और भंगिन को लेकर नाना साहब के पास पहुंच गया। पच्चीस कोड़े लगते ही भंगिन ने सब कबूल कर लिया। फिर एक अंग्रेज़ी पढ़ने वाले को बुलाकर पत्र पढ़वाया गया, तो उसमें यह लिखा गया था कि कानपुर जय करने के बाद शत्रु लोग ब्रह्मावर्त में आनन्द से नाच-तमाशे करते हुए बेहोश पड़े हुए हैं। फौज का बन्दोबस्त भी ठीक नहीं। इसलिए शत्रु पर चढ़ाई करने का यह समय बड़ा उत्तम है। यह पत्र सुनकर काली पल्टन के लोग एकदम आवेश में आकर दंगा करने पर उतारू हो गए। उन्होंने कहा कि स्त्रियां ऐसी छत्तीसी होती हैं कि हमारे विरुद्ध प्रयाग पत्र भेजने की तजबीज कर रही थीं ? ये किस समय धोखा दे जाएं, इसका कुछ ठीक नहीं। इसलिए इन सबको मार डाला जाए। यह कहकर सिपाही

लोग जेल पर चढ़ दौड़े। उस समय नाना साहब ने हुक्म दिया कि स्त्रियों को मार डालना उचित नहीं। केवल जिस स्त्री ने यह षड्यन्त्र रचा है, उसे ही गोली से उड़ा दिया जाय। परन्तु सिपाही कहां सुनते थे। तुरन्त ही कैदखाने में जाकर उन्होंने गोरी स्त्रियों और बच्चों की चिन्दी-चिन्दी उड़ा दी।

स्त्रियों, बच्चों की जो भयंकर हत्या हुई, वह चाहे नाना साहब की आज्ञा से हुई हो चाहे उनके लोगों ने की हो; परन्तु इसमें कोई भी सन्देह नहीं कि हिन्दुओं की ओर से यह बड़ा ही लज्जाजनक कार्य हुआ। मराठेशाही में पहले ऐसा कभी भी नहीं हुआ था। कल्याण के किले में कैद की गई बावन मुसलमान स्त्रियों को शिवाजी महाराज ने आदर-सत्कार करके उनके पतियों के पास भेज दिया था। वैसे ही चिम्नाजी अप्पा ने जब बसई का किला जीता तो शत्रुओं की एक स्त्री बन्दी बनाई गई। उन्होंने उस स्त्री को साड़ी और चोली देकर शत्रुओं के यहां पहुंचा दिया। इस प्रकार हमारे यहां सदा ही स्त्रियों की मानरक्षा की गई। कानपुर की इस घटना ने हिन्दुस्तान के मुख पर कालिख लगा दी और इस घृणित कृत्य के कारण नाना साहब के नाम पर अश्वत्थामा की तरह सदा के लिए कलंक लग गया। इस दुर्घटना का समाचार सुनते ही कुछ वृद्ध और बुद्धिमान लोग कहने लगे कि हम तो समझते थे कि गदर के कारण अब गोरे लोगों को विलायत जाना ही पड़ेगा और फिर से हिन्दू-मुसलमानी राज्य होगा; परन्तु अब इसकी आशा नहीं। कारण कि स्त्रियों, बच्चों का वध करना, यह महापाप है, स्त्री के घोर से घोरतर अपराध करने पर भी शास्त्र उससे देहान्त प्रायश्चित कराने की आज्ञा नहीं देते। परन्तु इस दुष्कर्म के कारण अब जय होना कठिन ही है।

इसके बाद पन्द्रह दिन भी नहीं बीते थे कि चारों ओर से गोरों की फौजों ने आकर कानपुर को घेर लिया। प्रयाग से, कलकत्ते से, उत्तर और दक्षिण से मद्रासी काली पल्टनों ने एकाएक कानपुर को घेर कर मोर्चे बांधने शुरू कर दिए। ब्रह्मावर्त में यह समाचार पहुंचते ही पेशवा ने तात्या टोपे, लाल पुरी, बोवा मोसावी और जलकर राम भाऊ, इन तीनों को फौज लेकर तुरन्त ही कानपुर की ओर रवाना कर दिया। इसके बाद सुमुहूर्त देखकर नाना साहब, बाला साहब और राव साहब देवों को नमस्कार करके कूच के लिए बाहर निकले। वैसे ही अपशकुन होने लगे। पहले बिल्ली रास्ता काट गई। फिर एक तैलंग ब्राह्मण टोकरे में भस्म लिए सामने दिखाई दिया। आगे बढ़ने पर लकड़ियां बेचने वाला लकड़हारा मिला। बाला साहब का घोड़ा एकाएक अड़ गया और घड़ी भर तक इधर-उधर करता रहा। राव साहब के घोड़े की आंखों से पानी बह रहा था; इस प्रकार अनेक अपशकुन हुए। परन्तु यह समय पीछे फिरने का नहीं था। इसलिए शूरत्व के आवेश में वे वैसे ही आगे बढ़ गए। कानपुर पहुंचे तो लड़ाई शुरू हो चुकी थी। दोनों ओर की तोपें प्राय: एक सी ही थीं; परन्तु अंग्रेज़ों की फौजों की कवायद अच्छी हुई। उनका दम भी ताज़ा था। तोपों, कवायद की शिक्षा आदि कामों में इंग्लिश काले लोगों की अपेक्षा अधिक होशियार हैं, इसमें ज़रा भी संशय नहीं। पेशवा की तरफ भी बहुत-सी पल्टनें और गोलन्दाज अंग्रेज़ों के सिखाए हुए थे।

इस तरह दोनों पक्षों की लड़ाई की तैयारी समान रूप से थी।

कानपुर का जंग बड़े नुक्के का हुआ। अंग्रेज़ सिपाही अपनी स्त्रियों और बच्चों की हत्या का प्रतिशोध लेने के लिए पागल होकर लड़ रहे थे। काले सिपाही भी राज्य के लिए और प्राणों के लिए लड़ रहे थे। तोपों पर स्वयं नाना साहब और बाला साहब अपने प्राणों की ज़रा भी परवाह न करते हुए मेहनत कर रहे थे। सौ-पचास सवार लेकर शत्रुओं की तोपों पर टूट पड़ते थे और गोलंदाज को मारकर तोपों के मुंह पर कीलें ठोंक देते थे। सूर्यास्त होने के बाद भी दोनों पक्ष चन्द्र ज्योति और मशाल जलाकर लड़ते। वीरों को सांस लेने तक की फुर्सत नहीं थी। काले लोगों का स्नान, भोजन, निद्रा सब छूट गया था। लड़ाई का नम्बर आया कि लड़ते हुए पीछे आकर हाथ के हाथ पर ही शक्कर पूड़ी खाकर भिश्ती से चुल्लू में पानी पिया और फिर लड़ने पहुंच गए। इस तरह दस दिन तक युद्ध चला। दोनों ओर के बहुत लोग मारे गए। इस तरह दस दिन तक निष्फल और दैव-बल प्रधान हुआ। ग्यारहवें दिन हवा एकाएक उल्टी बहने लगी। शत्रुओं की ओर तोपों और बन्दूकों का धुआं और धूलधक्कड़ काले लोगों की आंखों में छाने लगा। पहले बहुत से काले लोग मारे जा चुके थे। बहुत से भाग भी गए थे और बाकी लोग भी भयभीत होकर मैदान छोड़ने लगे। गोरों ने तोपें ठीक करके फिर चालू कीं। अब तो काले लोग अपने प्राण बचाने के लिए दशों दिशाओं में भागने लगे। बाला साहब ने बड़े आवेश के साथ लोगों को हिम्मत दिलाकर फिर से मैदान में लाना चाहा। एक तोप का गोलन्दाज मर गया था, उन्होंने फौरन ही जाकर तोप चालू कर दी, इतने में दूसरी तरफ का गोलन्दाज मर गया। इस तरह तोपें बराबर खाली पड़ती जाती थीं। तभी वहां घोड़े दौड़ाते हुए नाना साहब और राव साहब आए। उन्होंने बाला साहब से कहा, ''ईश्वर ने हमें यश नहीं दिया, लड़ाई में हमारी शिकस्त हुई। यहां व्यर्थ में मरने से तो यही अच्छा है कि हम भाग चलें और फिर से सेना इकट्ठी करके दुश्मन से मोर्चा लें। फिर या तो शत्रुओं को ही जीत लेंगे; नहीं तो मर कर स्वर्ग ही जीतेंगे। इसलिए हमें तुरन्त ही ब्रह्मावर्त का रास्ता पकड़ना चाहिए।'' यह सुनकर बाला साहब फौरन अपने घोड़े पर सवार हुए और तीनों तेज़ी से ब्रह्मावर्त की ओर चले। साथ में थोड़े से पैदल और घुड़सवार थे। बाकी लोग अन्तर्वेदी से होते हुए फतहपुर की ओर भाग गए।

ब्रह्मावर्त के ऊपर से सन्ध्याकालीन सूर्य की लालिमा भी चली गई। चारों ओर अन्धकार फैल गया। हर तरफ भयानकता और उदासी छा गई। नगर में बहुत से लोग रात पड़ते ही अपने-अपने घरों को चले गए थे। कुछ अलमस्त लोग इधर-उधर गप्पें मार रहे थे तथा लड़ाई के सम्बन्ध में अपने मत प्रकट कर रहे थे। प्रजाजनों में बहुत से श्रीमन्त का हित चाहने वाले भी थे, वे लड़ाई के सम्बन्ध में चिन्ता कर रहे थे। सारांश यह कि चारों ओर कानपुर की लड़ाई के ही चर्चे हो रहे थे। उसके सम्बन्ध में चिन्ता की जा रही थी। भूतेश्वर के निकट पहरे की चौकी के पास रोज़ की तरह चालीस आदमी बैठे हुए कानपुर से किसी समाचार-वाहक के आने की प्रतीक्षा कर रहे थे। तभी उन्होंने तीन सवारों को

तेज़ी से नगर की ओर आते हुए देखा। फौरन ही उठकर सब लोग आगे बढ़े, और वैसे ही वे सवार भी वहां आ पहुंचे। घोड़े पसीने से लथपथ थे और उनके ऊपर धूल जम रही थी। तीनों ही भाइयों के कपड़े धूल और रक्त से भरे हुए थे। उनकी मुद्रा उदास और कठोर दिखती थी, नेत्र लाल हो रहे थे। उन्हें देखते ही हर एक को विश्वास हो गया। सबके चेहरों पर घोर निराशा छा गई। श्रीमन्त निकट आकर घोड़ा रोककर खड़े हो गए। उस समय किसी के मुंह से एक अक्षर भी नहीं फूट रहा था। नाना साहब ने एक दीर्घ निश्वास छोड़कर हर-हर शब्द का उच्चारण किया; फिर बोले–‘‘आज तक हमने हिन्दू धर्म के लिए यथाशक्ति प्रयत्न किया; परन्तु आज श्री गंगा माता की यही इच्छा है, तो हम अपने जीवन तक की आशा छोड़ रहे हैं। ईश्वर की इच्छा पूरी होनी ही चाहिए।’’ यह कहकर वे महल की ओर चल दिए।

आनन-फानन में चारों ओर यह दुःसमाचार फैल गया। उस समय शहर में जो हलचल और घबराहट फैली, उसका वर्णन नहीं किया जा सकता। अब गोरे आकर हमारे बच्चों-स्त्रियों को मारेंगे, हमारी जिन्दगी लूट लेंगे, घर जला देंगे, हमारा बुरा हाल करेंगे–यह दुस्तर भय हर एक के दिल में समा गया था। कुछ कायर लोग जो पहले दान-दक्षिणा पाकर श्रीमन्त को बड़े-बड़े आशीर्वाद दिया करते थे, वे ही अब उन्हें गालियां देने लगे। जिसे जहां राह मिलती थी, अपनी जान बचाने के लिए भागता था। कुछ लोग अपने घरों में और कुएं के अन्दर बने हुए गुप्त तहखानों में अपने परिवार और धन को छिपाने की व्यवस्था करने लगे। कुछ एक ऐसे कायर पुरुष भी थे जो अपने स्त्री-बच्चों की व्यवस्था की चिन्ता न करके बाज़ार-हाट में रोते फिरते थे कि हाय हमारा क्या होगा ! ब्रह्मावर्त क्षेत्र की वह रात्रि नरक के समान दुःखदायी थी।

इधर श्रीमन्त ने महल में आकर स्त्रियों को थोड़े में सब बात समझाई और कहा कि अब शत्रु यहां तक पहुंचेंगे, इसलिए हमें यहां से गंगा पार कर लखनऊ के मुल्क में भाग चलना चाहिए। वहां लखनऊ की बेगम से मिलकर जो करना होगा, वह करेंगे। इसलिए जो कुछ यहां से लेना हो, वह लेकर तुरन्त निकल चलो। गंगा के किनारे नाव तैयार खड़ी है। साथ में किसी दास-दासी को न लेना।

अरे ! वे बेचारियां कभी पालकी के बिना घर से बाहर नहीं निकली थीं। बेचारी क्या जानें कि प्रवास में किस चीज़ की आवश्यकता होती है और उन्हें क्या करना चाहिए। घबराहट में उन्हें कुछ सूझता न था। शून्य मन से वे वैसी ही चल दीं, साथ में कुछ भी न लिया।

श्रीमन्त ने एक बड़ा दुशाला ज़मीन पर फैलाकर उसमें अपने वंश के अलौकिक अमूल्य पदार्थ ला-लाकर रखना शुरू कर दिया। शिवाजी महाराज को श्री समर्थ रामदास स्वामी से प्रसाद रूप में उनका लंगोट मिला था, वह चन्दन की पेटी में बड़े यत्न से मन्दिर में रखा रहता था, उसकी पूजा की जाती थी। वह पवित्र लंगोट शाह छत्रपति महाराज ने पेशवों को दिया था। मन्दिर से वह पेटी लाकर श्रीमन्त ने लंगोटा दुशाले पर रखा। बड़े माधवराव से उन्हें अमूल्य

रत्नों के समान वट के पुष्प मिले थे। वे भी रखे। दक्षिणावर्त शंख लिया। गौरीशंकर नाम का एक अत्युत्तम कान्तियुक्त बाण था, उसे भी रखा। इस तरह वंश के और भी गौरवस्वरूप राजरत्न थे, उन्हें दुशाले में बांधकर प्रभु को नमस्कार करके तीनों भाई ऐश्वर्य से भरा हुआ महल छोड़कर बाहर निकले। उस समय तीनों भाइयों के नेत्रों से अश्रुधारा बह रही थी। जिस जगह बचपन से हम बड़े हुए, खेले, आनन्द से तारुण्य के दिवस बिताए, ऐसी प्रिय जन्मभूमि से सदा के लिए वियोग होना कितना दु:सह है, इसे तो वे ही समझ सकते हैं जिन्हें इसका थोड़ा-सा भी अनुभव हुआ हो। महल के देवालय के मार्गों के वे स्थल उन्हें बारम्बार याद आने लगे, जिनसे उनके जीवन का घनिष्ठ सम्बन्ध था। पुरानी याद से उनका दुःख और भी बढ़ गया। अब यह महल, मन्दिर, नगर, हाट, पुरजन, प्रियजन सब छूटते हैं। भविष्य केवल दु:ख और दरिद्रता का ही परिचय दे रहा है। इस समय उनके मन की असह्य व्यथा का वर्णन दीन लेखनी कैसे कर सकती है। रास्तों में नगर के लोगों की भीड़ लग गई थी। उनके सामने से जब ये लोग मौन होकर चले, तब चारों ओर हर-हर, शिव-शिव के उद्गार होने लगे। गंगा के तट पर आकर नाना साहब ने श्रीगंगे का पूजन किया, लाल साड़ी और जरी की हरी चोली गंगा माता को अर्पण कर हाथ जोड़कर प्रार्थना की—''गंगे भागीरथी मातुश्री ! आज तक तुमने हमारी रक्षा की और आज तुम्हारी ही इच्छा से तुम्हारा वियोग हो रहा है। अस्तु। तुम्हारी जो इच्छा हो वह करो। हम दीन पुरुष तुमसे क्या प्रार्थना कर सकते हैं ?'' यह कहकर साथ आए हुए ब्राह्मणों को नमस्कार कर नाव पर पैर रखा। फिर तीनों भाइयों की स्त्रियां, कैलाशवासी श्रीमन्त बाजीराव की पत्नी तथा उनकी औरस कन्या, यह पांच स्त्रियां नाव पर चढ़ीं। फिर राव साहब बैठे। सबके पीछे बाला साहब नाव पर बैठते हुए सब लोगों को नमस्कार करके गद्गद कण्ठ से बोले कि कानपुर से हमारी पराजय होने के बाद तात्या टोपे, जलका राम भाऊ और लालपुरी, बोवा मोसावी इत्यादि हमारे शूर सरदार कहां गए, इसका हमें कुछ भी पता नहीं। परन्तु वे शूर हैं, इसलिए हमें उनकी चिन्ता नहीं। तुम सबको छोड़कर जाना पड़ रहा है, इसका हमें बड़ा दुख है; परन्तु इलाज नहीं। हिन्दू धर्म और हिन्दू राज्य के लिए एक बार फिर से प्रयत्न करना होगा, इसके लिए हमारे द्वारा इस समय आप पर जो संकट पड़ा है, और हमसे दूसरे जो कुछ भी अपराध हुए हों, उसके लिए कृपा करके आप लोग हमें क्षमा करिए।'' यह सुनकर वेद-शास्त्र सम्पन्न रामचन्द्र शास्त्री और जोशी महाराज ने उत्तर दिया कि बहुत दिनों तक यह देह आपके अन्न से ही पोषित हुई है। आपके आश्रय में ही हमने सब प्रकार के सुख भोगे, अपना संसार चलाया। अब आप पर विपत्ति आई है, इसलिए आपको छोड़कर हम अन्य सुख की इच्छा करें तो इस लोक में हम निन्दा के पात्र होंगे और परलोक में भी हमें कल्पक्षय तक नरकवास भोगना पड़ेगा। इसलिए महाराज हमें अपने साथ ही ले चलिए। आपके साथ हमें चाहे जो दुःख उठाने पड़ें, वह दुःख नहीं होंगे।

यह सुनकर नाना साहब नाव पर खड़े होकर सबसे प्रार्थना करके कहने

लगे, ‘‘आप लोगों का हमारे साथ आने का निश्चय आपकी महत्ता का परिचय देता है। परन्तु दुर्दैव से यह समय उसके अनुकूल नहीं। समय आने पर मैं आप लोगों को कभी भूलूंगा नहीं। आप लोगों का वियोग मेरे लिए कितना दु:सह है, यह मैं किस प्रकार बतलाऊं। आप वृद्ध महानुभावों ने पिता की तरह हमारा पालन किया, बराबर के लोगों ने भाई और मित्र की तरह आनन्दपूर्वक मेरा साथ दिया; लेकिन कानपुर की हार अपना बदला मांगती है, इसलिए प्रार्थना है कि आप लोग इस समय जाकर अपनी रक्षा का प्रबन्ध करें, यदि इस पर भी आप लोग आग्रह करते रहे तो निश्चय ही हम सब आज इसी जगह मरण पाएंगे। ईश्वरेच्छा द्वारा योजित कार्य होने वाले हैं, आप घबराएं नहीं। हमारा और आपका समागम शीघ्र ही होगा। मेरा आग्रह है कि अब कोई साथ चलने के सम्बन्ध में कुछ न कहे। मैं सबको गंगा जी की शपथ देता हूं।’’

श्रीमन्त नाना साहब का यह उत्तर सुनकर सब लोगों ने उदास भाव से सिर झुका लिए। राघोबा नाम का एक शिष्य था, वह आगे बढ़कर हाथ जोड़कर कहने लगा, ‘‘महाराज ! मैंने सुना है कि जब मैं एक वर्ष का था तब मेरी माता मर गई। यज्ञोपवीत होने के बाद ही मेरे पिताजी का स्वर्गवास हो गया। मेरा कोई सगा-सम्बन्धी नहीं। मेरे तो सब-कुछ आप ही हैं। मेरा शरीर आपके अन्न से पला है, इसलिए आपका ही है। अपने प्राणों की रक्षा के लिए आपका साथ छोड़कर भिक्षान्न से जीवन-यापन करूं, यह मुझसे न हो सकेगा। आपके साथ कोई अनुचर नहीं। मैं तो नाव पर चढ़ता हूं। जो होना हो सो हो। अगर महाराज मुझे नहीं ले जाना चाहते तो गंगा में ढकेल दें। कहीं और भिक्षा मांगने से यह लाख गुना अच्छा होगा कि गंगा में डूबकर स्वर्ग जाऊं !’’ यह कहते हुए वह नाव पर चढ़ ही गया। उस समय नाव पर श्रीमन्त के आठ शिष्य और राघोबा, इस तरह नौ लोग हो गए। श्रीमन्त ने मल्लाहों से उतर जाने को कहा। मल्लाहों के उतर जाने के बाद राव साहब ने छ:-सात मोमबत्तियां जलाकर रखीं और राघोबा तथा बाला साहब ने पतवारें संभालीं। जिस समय नाव चलने लगी उस समय नगर के सब स्त्री-पुरुष उसी प्रकार चीत्कार कर उठे जैसे घर से शव को बाहर ले जाते समय आत्मीय-स्नेही-जन क्रन्दन कर उठते हैं। लोग किनारे पर खड़े-खड़े नाव को जाते हुए देखते रहे।

लगभग एक मील जाने के बाद श्रीमन्त ने नाव की मोमबत्तियां बुझा दीं और एक दीर्घ उच्छ्वास छोड़कर कहा, ‘‘प्रभु ! डेढ़-सौ वर्षों तक ऐश्वर्य भोगकर पेशावाई का आज अन्त हो गया। सब वैभव नष्ट हुआ। अब उसके अमूल्य चिह्नों को पृथ्वी पर रखकर क्या होगा।’’ यह कहकर उन्होंने दुशाला खोला और अपने हाथों अपने वंश के वैभव-स्वरूप एक-एक चिह्न को गंगा माता के अर्पण करते गए।

इधर घाट पर खड़े हुए पुरवासियों ने जब नाव को जाते-जाते एकाएक अलोप होते देखा तो सबको यही विश्वास हो गया कि नाना साहब ने गंगा में नाव डुबाकर पेशवा वंश का अन्त कर दिया। इस बात का प्राय: सबको ही

विश्वास हो गया और उस समय प्रजाजन ने जो शोकोद्गार प्रकट किया है, उसका वर्णन कैसे किया जाए। एक पहर तक सब लोग गंगा के तट पर खड़े हुए शोक करते रहे। पुरानी बातों की याद करते हुए लोगों के आंसू नहीं थमते थे।

नाव दूसरे किनारे पर आ लगी। सब लोग उतरे। अन्धकार होने के कारण नाव किसी घाट पर न लगकर एक ऐसी जगह जा लगी जहां लगभग एक मील तक दलदल था, कहीं घुटनों तक, कहीं कमर तक। ऐसे दलदल में श्रीमन्त के घर के लोगों को जो दु:ख और श्रम हुआ होगा, उसकी तुलना कहीं नहीं है। जिन्होंने आजन्म धरती पर पैर ही न रखा, उन्हें दुर्दिन में ऐसे विकट दलदल का सामना करना पड़ा। पेशवा घराने की महिलाएं जब गंगा जी जाती थीं तब पालकी से उतरते ही भूमि पर उनके चलने के लिए दुशाले बिछा दिए जाते थे। वे ही स्त्रियां जब घुटने तक दलदल में फंस जातीं और कोमलांगी होने के कारण उसमें से बाहर भी न निकल पाती थीं, तो रणशूर कठिन हृदय वाले नाना साहब आदि के भी आंखों से अश्रुधारा बह चलती। परन्तु 'आलिया भोगासी असावें सादर' (जो आन पड़े उसे सादर सहन करना चाहिए।) यह सोचकर पुरुषों ने स्त्रियों को हाथ पकड़कर सहारा दिया, जिससे वे एक पैर दलदल से निकालतीं दूसरा आगे बढ़ातीं। इस तरह बड़ी देर बाद वे अच्छी ज़मीन पर पहुंच सके। सब लोगों ने गंगा जी को प्रणाम कर चलना शुरू किया। थोड़ी देर में एक गांव में पहुंचे। यह गांव लखनऊ के इलाके में ही था और वहां एक मामलेदार रहता था। लखनऊ की बेगम ने उसे पहले ही पत्र लिखकर यह सूचना दे दी थी कि नाना साहब कानपुर की लड़ाई में हार गए हैं और वे लखनऊ आ रहे हैं। यदि वे तुम्हारे यहां पहुंचें तो उनका समुचित आदर-सत्कार करके उनके सुख की सब व्यवस्था करना।

गांव के बाहर पश्चिम दिशा में हनुमान का मन्दिर था। सब लोग बहुत थक गए थे, इसलिए वहीं ठहर गए। वहां तीन हाथ का भी चौरस फर्श नहीं था, फर्श भर में जगह-जगह गड्ढे पड़ गए थे। रास्ते की थकावट से स्त्रियों को बड़ी प्यास लगी थी। मन्दिर के पास पानी का एक कुआं तो था, परन्तु पास में लोटे-डोर का कोई प्रबन्ध नहीं था। राघोबा ने अपनी धोती और नाना साहब का दुपट्टा गांठ से जोड़कर कुएं में डाला; परन्तु जल तक न पहुंचा। फिर बाला साहब ने भी अपना दुपटा जोड़ दिया। इस तरह कपड़े को पानी में भिगोकर ऊपर खींचा और स्त्रियों ने चुल्लू बांधकर कपड़े से पानी निचोड़कर प्यास बुझाई। फिर हनुमान के मन्दिर में आकर सो गए। तब तक रात लगभग पन्द्रह घड़ी बीत चुकी थी। ठण्डक पड़ रही थी, लेकिन पास में ओढ़ने-बिछाने के लिए कुछ भी न था। 'शय्या भूमितलं दिशोऽपि वसनं ज्ञानामृतं भोजनं' ऐसी साधुवृत्ति से उन लोगों ने रात बिताई। सवेरे उठकर ईश्वर का प्रात:स्मरण करके गंगा के किनारे जाकर शौच, मुखमार्जन आदि प्रात: कर्मों से निबटे। फिर आकर मन्दिर में बैठ गए। पिछले दिन भागने आदि की गड़बड़ में किसी ने भी भोजन नहीं किया था और रात में अच्छी तरह से प्यास बुझाने के लिए पानी तक नहीं मिला था।

इस समय सबको ही कड़ाके की भूख लग रही थी। चलते समय कुछ भी साथ नहीं लिया था। एक छदाम नहीं, पानी पीने के लिए एक लोटा तक नहीं। वस्त्र भी जो शरीर पर थे, वही पास थे। ऐसे संकट में धीर पुरुष एक-दूसरे का मुंह देखने लगे और बेचारी स्त्रियां रोने लगीं। उस समय स्वामिभक्त राघोबा शिष्य काम आया, हाथ जोड़कर बोला, ''महाराज आप ज़रा भी दिलगीर न हों। आपके प्रताप से मेरी जेब में एक रुपया पड़ा चला आया है। मैं अभी गांव में जाकर खाने-पीने का सब सामान लाकर भोजन बनाए देता हूं।'' यह सुनते ही नाना साहब बड़े आनन्दित होकर कहने लगे, ''शाबास, मेरे ना-ना करते हुए भी ईश्वर ने इन्हीं संकटों से उबारने के लिए तुम्हें मेरे साथ कर दिया है। इसमें ज़रा भी सन्देह नहीं है तो बस अब तुम जाकर झटपट तैयारी कर डालो।''

राघोबा गांव की हाट में जाकर चावल, घी, नमक, लकड़ियां, हांडियां, मटके, कुल्हड़ सब आवश्यक सामग्री ले आया और चटपट स्नान करके रसोई बनाने में जुट गया। पुरुषों ने अपने दुपट्टे सीले करके स्नान कर लिया, परन्तु स्त्रियों के स्नान के लिए बड़ी पंचायत पड़ी। गांव की कुछ स्त्रियां कुएं पर पानी भरने के लिए आई थीं, इनकी यह कारुणिक दशा देखकर उनकी आंखों में भी आंसू भर आए। अस्तु। किसी तरह स्नान किया, फिर हनुमान की पूजा करके नैवेद्ध दिखाकर भोजन के लिए बैठे। यह रूखा-सूखा भोजन कैसे गले में उतरे ? पहली भूख में जितना खाया गया उतना जैसे-तैसे खाकर वे लोग उठ गए। इतने में गांव के मामलेदार को यह खबर सुन पड़ी कि हनुमान के मन्दिर पर कुछ दक्षिणी यात्री आए हैं, जिनके पास वस्त्र नहीं, पानी पीने को लोटा तक नहीं, परन्तु चेहरे-मुहरे से बड़े आदमी लगते हैं। उनके साथ स्त्रियां भी हैं जिनके अंगों पर तो कोई आभूषण नहीं है, परन्तु नाक की नथ बहुमूल्य हैं। नथें हीरे की हैं। यह सुनते ही मामलेदार दौड़ता हुआ आया। बातचीत करके जब उसे यह विश्वास हो गया कि यह नाना साहब ही हैं, तो फौरन ही अपनी गढ़ी को वापस जाकर घोड़े और पालकियां ले आया तथा नाना साहब से गांव में चलने का आग्रह किया। सब लोग हनुमान को नमस्कार कर गढ़ी में गए। वहां वस्त्रालंकार, नौकर-चाकर, शिष्य, कारकुन, रसोईदार इत्यादि सब तरह के आयामों की व्यवस्था की गई। इस तरह बारह वर्ष का नहीं तो बारह घंटे का वनवास समाप्त हुआ।

इधर दूसरे दिन कानपुर में 'खल्क खुदा का, मुल्क बादशाह का, अमल अंग्रेज़ सरकार का' की डौंड़ी पिट गई। अंग्रेज़ों ने प्रजा को निश्चिन्त कर चारों ओर अपना पहरा बैठा दिया। कानपुर में जो लोग पेशवा के सहायक थे, उन्हें ढूंढ़-ढूंढ़ कर लाया गया। कुछ को फांसी दी गई और कुछ लोगों को तोप के मुंह से बांधकर उड़ा दिया गया। कानपुर में दो दिन सब बन्दोबस्त करके गोरे लोग और कुछ काली पल्टन बिठूर यानी ब्रह्मावर्त्त की ओर बढ़ी। श्रीमन्त के गंगा पार होने के तीसरे दिन सवेरे चार घड़ी दिन बीते गोरी फौज ने बिठूर पर हमला बोल दिया। क्षेत्र निराश्रय तो था ही, गोरे लोगों ने एकदम घुसकर मार-काट मचा दी। जो आदमी भी सड़क पर मिला उस पर ही बन्दूक दाग दी। इस तरह चार

पहर दिन बीतते न बीतते हज़ारों लोग मारे गये। नगर श्मशान बन गया। दूसरे दिन लूट शुरू हुई। गोरे लोगों ने सोना-चांदी लूटना आरम्भ किया। जहां जितना मिला उतना लूटा। जैसे मिला वैसे लूटा। कुछ लोग कमर से जीवन भर की अपनी कमाई बांधकर ध्रुव घाट से गंगा पार करने के लिए चले। गोरे मिले तो गोरे उन्हें लूटें और उनसे बचें तो नदी पार करके गंगापुत्र और गुण्डे लोग मार-पीटकर लूट लें। इस प्रकार प्रजा के दु:ख का पारावार न रहा। बारह बजे तक शहर लूटकर लोग श्रीमन्त के महलों में घुसे। नगर में काली पल्टन तांबे, पीतल वस्त्र आदि लूटने लगी। इस तरह बिठूर की प्रजा ने अपने अनेक पापों के लिए हज़ारों जीव और अपना सर्वस्व अंग्रेज़ सरकार को अर्पण करके प्रायश्चित किया। तीसरे दिन अंग्रेज़ सरकार ने अपने नाम की दुहाई फिरवाकर लोगों को अभय दान दिया, जनरली झण्डा उतर गया और कलक्टर का अमल शुरू हुआ।

बिठूर नाना साहब की निवास भूमि थी, इसलिए गोरे लोगों की उस पर विशेष कृपादृष्टि होना स्वाभाविक ही था। हज़ारों लोगों का रक्तपात कर और धन-सम्पत्ति लूटकर भी उनके प्रतिशोध की ज्वाला शान्त न हुई। अन्त में उन्होंने श्रीमन्त का ऐश्वर्य से भरा-पूरा राजमहल लूटकर उसमें आग लगा दी, शहर का परकोटा और फाटक तोड़कर गिरा दिए। राम मन्दिर बहुत सुन्दर था, उसे भी तोड़-फोड़कर बराबर कर दिया। मूर्ति तक को न छोड़ा। राजोद्यान बड़ा ही रमणीक था, उसे बन्दरों की तरह मिलकर उजाड़ डाला। बाजीराव पेशवा ने गंगा के किनारे श्री सरस्वतेश्वर महादेव का मन्दिर लाखों रुपये खर्च करके संगमरमर का बनवाया था। यह मन्दिर उन्होंने अपनी पत्नी सरस्वती बाई की स्मृति में बनवाया था। सरस्वती बाई रूप और गुणों में अद्वितीय थीं। साथ ही बड़े दिल की दानशूर और हंसमुख भी थीं। वह इतनी तेजस्विनी और न्यायपरायण थीं कि किसी को भी गैरकायदे काम करते देखकर ज़रा भी सहन न कर पाती थीं, उसी दम उसे महल से बाहर निकलवा देती थीं। फिर महाराज भी कुछ नहीं बोल सकते थे। जब महाराज उनके आने की खबर सुनते थे तो अपने आस-पास के ऐसे-वैसे लोगों को तुरन्त हटा दिया करते थे। बाजीराव महाराज उनसे बहुत ही डरते थे और उन्हें अपने प्राणों से अधिक चाहते थे। नवज्वर से सरस्वती बाई के कैलाशवासी होने पर महाराज को अपार दु:ख हुआ। सरस्वती बाई के मरते समय उन्होंने उनसे पच्चीस-तीस हज़ार रुपये का दान करवाया, गंगा के किनारे उत्तम स्थान देखकर चन्दन और कपूर की चिता में उनका शव संस्कार किया। फिर क्रिया-कर्म आदि में डेढ़ लाख रुपये खर्च किए। फिर जिस भूमि पर उनकी चिता जली थी, उस पर बाजीराव महाराज ने विशाल मन्दिर बनवाकर महादेव की प्रतिष्ठा कराई और सरस्वतेश्वर नाम रक्खा। गोरों ने देवालय को गिराकर शिवलिंग तोड़-फोड़कर, संगमरमर को चूर-चूर करके मन्दिर को धरती में मिला दिया।

इस जगती तल पर काल की महिमा कितनी बड़ी है ! उसके आगे समुद्र वलयांकित भूमिपतियों का वैभव अति तुच्छ और क्षणिक है। जो स्त्री अपने

अलौकिक गुणों के कारण सबको मुग्ध करके धन्य-धन्य बखानी जाती थी, उसका अब कोई नाम तक नहीं जानता। उसके सामर्थ्यवान पति ने चिरकाल तक उसका स्मरण करते रहने के लिए उसके अनुरूप ही अत्युत्तम शिव मन्दिर की स्थापना की, उस सरस्वतेश्वर के मन्दिर की अब कोई कथा भी नहीं जानता। उस जगह गुणों और उसके पति के वैभव की गवाही देने के लिए एक पत्थर भी नहीं बचा। यहां चन्दन काष्ठ की चिता पर एक लोकोत्तर देह दग्ध हुई थी, इसकी कल्पना भी न करते हुए क्षेत्र के कुत्ते उस उजड़ी हुई जगह पर मल-मूत्र करते हैं।

अस्तु। इधर श्रीमन्त नाना साहब लखनऊ जाकर बेगम से मिले। लखनऊ का राज्य प्राचीन और धनाढ्य था। बादशाह के मरने पर राज्य लोलुप अंग्रेज़ सरकार ने बड़ी चालाकी से राज्य हड़प कर लिया था।[1] परन्तु बेगम अपने महल में रहकर वहीं से राज-काज चलाती रहीं। गदर मचने पर बेगम ने कुछ पलटनों को अपनी ओर मिलाया और नेपाल के जंगबहादुर की सहायता से अंग्रेज़ों को अपने देश से निकाल बाहर किया। इस तरह बेगम फिर अपना राजपाट चलाने लगीं। परन्तु अंग्रेज़ों ने जंगबहादुर को बहुत-सा द्रव्य देकर अपनी ओर फोड़ लिया और उसके साथ लखनऊ पर फिर धावा बोला। छ: दिनों तक घमासान युद्ध होता रहा। अन्त में कालवश बेगम की हार हुई और वह ऊंटों पर बहुत-सा द्रव्य लेकर फौज के साथ हाथी पर बैठकर भाग गईं। शहर पर अधिकार करने के बाद अंग्रेज़ सरकार ने अपने स्वभाव के अनुरूप की मारकाट और लूटपाट मचाई। हज़ारों निर्दोष जन मारे गए। लखनऊ शहर में अतुल धन राशि थी। हज़ार वर्ष से वहां के राजे और नवाब नम्रतापूर्वक कर देते आये थे। इसलिए वहां कभी किसी ने चढ़ाई नहीं की थी और लूटपाट भी कभी नहीं मची थी। इसलिए प्राचीन समय से शहर में पैसा जमा हो रहा था। अंग्रेज़ों ने वह लूट लिया।

सत्तावन साल के गदर से अंग्रेज़ों की ज़रा भी हानि न होकर उल्टे तरह से लाभ ही हुए। ईश्वर जिसके अनुकूल होता है, उसका अनिष्ट करने पर भी इष्ट ही होता है। अंग्रेज़ों को हिन्दुस्तान से निकाल देने के लिए तो बेचारे गदरवाले जान पर खेले, परन्तु जय अंग्रेज़ सरकार की ही हुई। इतना ही नहीं, उन्होंने दिल्ली, लखनऊ बिठूर, चित्रकूट आदि स्थानों से लाखों रुपया और हिन्दुस्तान के अनेक प्राचीन राज खजानों से अरबों के हीरे, मानिक, मोती लूट ले जाकर विलायत की लंका बना ली।

तात्यां टोपे कानपुर से भागा तो अन्तरवेदी से उतरकर भागती हुई पल्टनों को हिम्मत बंधाकर फिर से तैयार किया और कालपी के किले पर धावा बोला। वहां इंग्लिश लोग बहुत कम थे और लड़ाई देखते ही जान बचाकर निकले। परन्तु शत्रुओं के हाथों उनकी मृत्यु बदी थी, इसलिए बहुत दूर न भाग सके। तात्यां

---

1. नवाब वाजिद अली शाह को सन् 1856 में कैदकर अंग्रेज़ों ने कलकत्ते भेज दिया था। उनके बाद बेगम हजरतमहल ने शाहजादा बिरजिस कदर को गद्दी पर बिठाकर अंग्रेज़ों से बदला लेने का ज़बरदस्त आयोजन किया था।–अनु.

साहब ने कालपी शहर में पेशवा के नाम की दुहाई फिराकर सब बन्दोबस्त किया। कालपी के आस-पास के इलाकों पर कब्जा करके वहां मामलेदार नियुक्त किए और जमाबन्दी शुरू की। फिर पल्टन वालों ने यह कहा कि यहां हमारा कोई सरदार नहीं है, इसलिए राव साहब या बाला साहब किसी को यहां अवश्य बुला लिया जाए, उससे हमारी शक्ति और हौसला बहुत बढ़ेगा। यह सुनते ही तात्यां तुरन्त पच्चीस सवार दौड़ा दिए और नाना साहब को सारी हकीकत समझाकर उनकी आज्ञा से राव साहब को कालपी बुला लिया। आठ हजार फौज लेकर नाना साहब चले। यमुना के किनारे पहुंचे तो बड़ी पंचायत पड़ी। यमुना जी चढ़ी हुई थीं और वहां नावें भी न थीं। इसलिए आठ दिनों तक वहीं रुके रहे। अंग्रेज़ लोग पास ही थे, परन्तु उनकी हमला करने की हिम्मद नहीं हुई। तात्यां टोपे ने नावों का प्रबन्धा करके फौजों को इस पार उतारा। राव साहब के स्वागत में पच्चीस तोपों की सलामी दी गई। राव साहब किले पधारे। तात्यां चारों ओर प्रबन्ध करते फिरे। लालपुरी बोवा भी अन्तर्वेदी से होकर कालपी की ओर चले। बारह कोस पर यमुना के किनारे उत्तर के घाट पर नाव बांधकर डट गए। कालपी के पच्छिम में पन्द्रह कोस पर सरदार लक्ष्मण शिंदे बन्दोबस्त करने लगे। जलकाराम भाऊ भी आठ हजार फौज के साथ डिंघाई के मुल्क में पेशवाई अमल शुरू हुआ और जहां तहां भगवो झण्डे फहराने लगे। उस समय अंग्रेज़ों की फौजें हिन्दुस्तान में बहुत थोड़ी थीं और वे लोग दिल्ली पर ही अपना सारा जोर लगा रहे थे, इसलिए कालपी में पेशवाई राज निष्कंटक और निर्विघ्न रूप से चल रहा था।

ब्रह्मावर्त और कालपी में श्रीमन्त के यह सब समाचार हमने ग्वालियर में ही सुन लिए थे। जब बायजा बाई साहब ने हमें दक्षिणा देकर विदा कर दिया तो हम लोग यह सोचने बैठे अब कहां चला जाए ? इस पर विचार करते हुए यह ध्यान में आया कि ब्रह्मावर्त के कई गृहस्थ जिनसे काका का बड़ा हेलमेल था, झांसी वाली लक्ष्मी बाई के आश्रय में थे। काका ने कहा कि वहां राजाश्रय मिलने में ज़रा भी असुविधा न होगी। हमने झांसी जाने का निश्चय किया। फिर पूछताछ में लगे। एक मराठा सरदार ग्वालियर से अपने भाई को मिलने के लिए जाने वाला था, उसके साथ पच्चीस सिपाही भी थे, उसके आश्रय में एक गाड़ी करके कार्तिक शुक्ल पंचमी को ग्वालियर से चले। झांसी पहुंचे।

झांसी

यन्मोरथ शतैरगोचरं न स्पृशति कवयोपि यग्दिरा ।
स्वप्नवृत्तिरपि यत्र दुर्लभा लीलयैव विदधाति तद्विधि: ।।

पूर्ववृत्तान्त

झांसी संस्थान पूर्व पार-कहाड़े ब्राह्मणों का है। पहले हिन्दुस्तान में पेशवाओं ने अनेक लड़ाइयां जीत कर दिल्ली के बादशाह का बहुत-सा मुल्क अपने अधिकार में कर लिया और उन्हें वजीरगी की पोशाक भी मिली। उस मुल्क का बन्दोबस्त ग्वालियर में महादजी शिन्दे को सौंपकर उन्होंने सारे देश में कारबार चलाया। तब शिन्दे पर नज़र रखने के लिए पूना से अपने खास आदमी को भेजकर झांसी का एक स्वतन्त्र सूबा स्थापित किया। झांसी शहर बड़ा पुराना है और वहां का किला बड़ा ही मजबूत है। यह प्रान्त लगभग 15 लाख का है। श्रीमन्त पेशवा ने पुणे से खानदेश वाले राव शिवराम भाऊ पारेलेकर को यहां का सूबेदार बनाकर भेजा। पेशवाई के लय होने तक उनके पुत्र-पौत्र हर साल प्रान्त का खर्चा बांट कर बाकी सब आय पुणे भेज देते थे। पेशवाई डूबी, तो झांसी का सूबा डूब कर संस्थान बन गया। इस संस्थान की अन्तिम दो-चार पीढ़ियां दत्तक पुत्रों से चलीं। अन्तिम संस्थानिक गंगाधर बाबा की पत्नी का कैलाशवास हो गया तब उन्होंने दूसरा विवाह करने की इच्छा से बड़ी आयु वाली कुलीन और सुन्दर कन्या की खोज की, अपने गोत्र के साथ जुड़ने वाली अनेकों निर्धन कन्याएं देखी भालीं। परन्तु लग्न कहीं न जमी। इसका कारण यह था कि जन्मपत्री में कड़े कड़े ग्रह पड़े थे। गंगाधर बाबा का राज्य के नौकरों और प्रजा पर बड़ा रोब-दाब था। उनकी यह आशा थी कि रोज का काम ठीक समय पर होना चाहिए। किसी काम में विलम्ब होते ही वे स्वयं कोड़ा लेकर शासन करते थे। न्याय के कामों में भी वह बड़े कठोर थे। शहर या राज्य में चोरी बहुत ही कम होती थी। कहा जाता है बाबा साहब ने चोरों की इतनी अच्छी व्यवस्था की थी कि लोग अपने घर के किवाड़ खुले छोड़ कर सो जाते थे। हर एक ठिकाने पर उसकी सुरक्षा के लिए एक-एक जिम्मेदार आदमी रख छोड़ा था। यदि वहां चोरी हो जाए तो उस आदमी को माल की नुकसानी भरनी पड़ती थी। कई बार ऐसा भी हुआ है कि चोरी का नुकसान राज्य खजाने से भी पूरा किया गया। पकड़े जाने पर चोर को

धर्मशास्त्र के अनुसार ही उसके दोनों हाथ काट कर उसको सजा दी जाती थी। गुण्डे लोग तो गंगाधर के नाम से थर-थर कांपते थे। प्रजा को न्याय देने में वे पल भर का विलम्ब भी कभी नहीं करते थे। झांसी का राज्य न्याय और विचारपूर्वक चलता था। गोरे साहब लोग भी गंगाधर बाबा से सदैव सतर्क रहकर बड़प्पन संभाला करते थे। परन्तु बाबा साहब का व्यवहार भी उनके साथ स्पष्ट और नम्रतापूर्ण था। एक बार बाबा साहब की गारदन साहब से बातें हुईं, तो बाबा साहब ने कहा, ''मैं एक छोटा-सा मांडलिक राजा हूं और अंग्रेज़ बहादुर के आगे पूर्व, पश्चिम, दक्षिण, उत्तर के देशों में जितने भी छोटे-बड़े राजे-रजवाड़े हैं, उन सबने हाथों में चुड़ियां पहन रखी हैं। देखिए आप लोग दूसरे देश के रहने वाले हमारे देश में आकर हमीं लोगों से कर लेते हैं। यह क्या आश्चर्य की बात नहीं है ?

बाबा साहब के राज में प्रजा सब तरह सुखी थी और अंग्रेज़ों के दरबार में भी उनका बड़ा मान था। यह सब होते हुए भी बाबा साहब के कड़े स्वभाव के कारण कोई भी उन्हें अपनी लड़की देने को तैयार न होता था। कुछ दिनों बाद बाबा साहब के एक कारकुन को यह खबर लगी कि ब्रह्मावर्त्त में श्रीमन्त की होमशाला में ताम्बे नाम के एक ब्राह्मण हैं। उनकी कन्या सुन्दर और सुशील है तथा विवाह के योग्य हुई है। गंगाधर बाबा ने तुरन्त ही कुछ लोगों को बात पक्की करने के लिए ब्रह्मावर्त्त की ओर रवाना किया।

हमारे काका पन्द्रह वर्षों तक होमशाला के ऋत्विज थे। मोरोपन्त ताम्बे उनकी अध्यक्षता में शिष्य रूप से वहां रहते थे। जिस समय ताम्बे की पत्नी मरी, उस समय उनकी लड़की चार वर्ष की थी। घर में दूसरा कोई न होने के कारण तथा बिना मां की बच्ची होने के कारण ताम्बे ने अपनी पुत्री को बड़े प्रेम के साथ पाला था। शुक्ल पक्ष के चन्द्रमा की तरह वह दिनोंदिन अधिकाधिक सतेज होती चली। लड़की का रंग बड़ा गोरा था। वह दुबली-पतली और ऊंचे कद की थी। चेहरा लम्बा, सीधी नाक, ऊंचा ललाट और आंखें कमल की तरह विशाल थीं। सुन्दर और सतेज होने के कारण उस लड़की को केवल पिता ही नहीं, सभी लोग बहुत चाहते थे और इसलिए उसका नाम छबीली रख दिया था। घर में कोई स्त्री न होने के कारण उसका खाना-पीना, खेलना-कूदना होमशाला में अथवा श्रीमन्त नाना साहब के साथ ही होता था। छबीली को बचपन से ही पुरुषों के खेल खेलने की आदत पड़ गई थी और धीरे-धीरे उसमें पुरुषोचित गुण भी अधिक पनपने लगे। किसी ने उसे मोड़ी बालबोध लिखना-पढ़ना सिखाया, किसी ने घुड़सवारी सिखाई, किसी ने तीर चलाने में होशियार कर दिया। कोई उसे हाथी पर सवार करके घुमा लाता तथा कोई बन्दूक चलाना सिखाता था, कोई तलवार के हाथ बताता था—इस तरह बड़े राज-ठाट और सुख में पाली हुई वह लड़की ग्यारह-बारह वर्ष की पहाड़-सी दीखने लगी। इस कारण से उसके पिता को बड़ी लज्जा आती थी। मोरोपन्त ताम्बे ने अपनी कन्या के लिए योग्य वर की बड़ी खोज की। ब्रह्मावर्त्त में मराठों के बहुत कम घर आते थे। इसलिए

उन्होंने जालवण, गुलसरई आदि स्थानों में भी बड़ा यत्न किया; परन्तु भविष्य तो छबीली को रानी के रूप में देख रहा था, इसलिए कहीं लग्न जमी ही नहीं। बेचारा ब्राह्मण हार गया। चिन्ता के कारण उसे रात में नींद भी नहीं आती थी। ऐसी निरुपम कन्या-रत्न यदि मोरोपन्त ताम्बे के समान ही किसी एक चत्वा मन्त्रानो करने वाले भिक्षुक के अनभिज्ञ बटुक के हाथ में पड़ती तो वह उसका क्या आदर कर सकता था। हीरे का मोल तो कोई जौहरी ही कर सकता है।

जब झांसी वालों के कारकुन ने आकर मोरोपन्त से कन्यादान की याचना की तो उन्हें बड़ा ही आनन्द हुआ। गोत्र गण आदि का विचार हो जाने पर विवाह करना निश्चित हुआ। जोशी जी इस कार्य में मध्यस्थ थे, उन्होंने यह कहा कि लड़की के लिए हम झांसी वालों से पैसा नहीं लेंगे। परन्तु ताम्बे के कोई पुत्र संतान नहीं, इसलिए इन्हें दूसरा विवाह करना है। उसका सब खर्च-पात झांसी वालों को ही देना होगा और झांसी में ही उन्हें रहने की जगह भी देनी होगी। कारकुन ने यह शर्त की बात गंगाधर बाबा को कहला भेजी और उनकी मंजूरी आने पर छबीली को लेकर ताम्बे झांसी गए। शहर में उन्हें एक हवेली दी गई और बहुत से नौकर-चाकर भी उनकी सेवा के लिए नियुक्त हुए। शुभ मुहूर्त में विवाह हुआ और वधू का नाम लक्ष्मीबाई रखा गया। लाड़ली छबीली के महारानी लक्ष्मीबाई साहब बनने पर ताम्बे के वैभव का तो फिर कहना ही क्या ? सोने की हवेली खड़ी हो गई। उनका विवाह हुआ और उससे उन्हें एक लड़का और एक लड़की, दो सन्तानें हुईं।

विवाह हो जाने पर लक्ष्मीबाई सुखी न हुई। पति बड़े कड़े स्वभाव का था और उसका शासन भी बड़ा कठोर था। उसे ज़रा भी स्वतन्त्रता नहीं दी गई थी। महल के बाहर निकलने की तो बात ही न की जाय, महल के अन्दर भी बाई साहब अधिकतर ताले पहरे में रहती थीं। सशस्त्र स्त्रियां हर समय पहरा दिया करती थीं। पुरुषों की तो वहां हवा भी न पहुंचने पाती थी। ऐसे जुलुम जोर होने के कारण छुटपन में सीखे हुए उसके चमत्कारी गुण तो छूटने ही लगे थे, कुछ दुर्गुण भी आने लगे थे। परन्तु सुदैव से विवाह होने के बाद गंगाधर बाबा अधिक दिनों तक जी न सके। नवज्वर आने से उनका देहान्त हो गया। उनके कोई पुत्र न था, इसलिए मरते समय उन्होंने गारदन साहब रेजीडेन्ट को बुलाकर उनसे विनयपूर्वक कहा कि मेरे सगों में से किसी एक छोटे से चतुर बालक को गोद लेने की आज्ञा मेरी पत्नी को अवश्य दी जाय। गारदन साहब गंगाधर बाबा को बहुत मानते थे। उन्होंने बड़ा प्रयत्न किया; परन्तु गवर्नर साहब ने कहा कि अगर उनके पुत्र नहीं हैं, तो झांसी के राज्य को तुरन्त अंग्रेज़ी राज में मिला लो। गारदन साहब ने किले को छोड़कर बाकी सब प्रान्त अपने अधिकार में ले लिया और चारों ओर अंग्रेज़ों के नाम की दुहाई फिर गई। लक्ष्मीबाई बड़ी ही चतुर और बुद्धिमान स्त्री थी। उसने अपने स्वर्गीय पति की आज्ञानुसार एक लड़का गोद लिया और उसे राज्य देने के सम्बन्ध में सरकार से लिखा-पढ़ी चलाई। इधर उसने अपने नाम से झांसी शहर और किले में शासन करना आरम्भ

कर दिया। गदर होने पर किस तरह अंग्रेज़ लोग राज छोड़कर भाग निकले और किस तरह लक्ष्मीबाई ने अपने मुल्क पर फिर से अधिकार करके राज-काज चलाना आरम्भ किया, इसकी सब कथा तो हमें झांसी आने पर ही मालूम हुई।

हम लोग मंजिल मारते हुए झांसी पहुंचे। नगर के बाहर एक बड़े भारी बगीचे में मराठा सरदार के साथ उतरे। वहीं भोजन-पान भी किया। फिर शहर में जाकर कहीं ठहरने की व्यवस्था के विचार में लगे। इसमें कोई सन्देह नहीं कि ताम्बे से काका का बड़ा ही घनिष्ठ सम्बन्ध था। परन्तु रानी के पिता के घर में जाकर ठहरने की इच्छा नहीं होती थी। यही सब विचार चल रहे थे कि उस समय हवा खाने के लिए शहर में एक ब्राह्मण मण्डली उस बगीचे में आई जहां हम ठहरे थे। उन्होंने बताया कि वेदमूर्ति राजेश्री केशव भट्ट मांडवगणे नाम के ऋग्वेदी महाविद्वान् प्रतिष्ठित ब्राह्मण हैं। आप लोग विद्वान् ब्राह्मण हैं, इसलिए उनके यहां रहने की अच्छी व्यवस्था हो जायेगी। उनकी पत्नी भी बड़ी साध्वी और उत्तम गुणों वाली हैं। फिर हम शहर गये। मांडवगणे के घर का पता लगाया, वहां पहुंचे। हवेली में जाते ही देखा तो कुछ स्त्री-पुरुष बाहर बैठे हुए घर-संसार की बातें कर रहे थे। उन्हें नमस्कार करके हमने रहने के लिए जगह मांगी। उन्होंने तुरन्त ही बड़ी प्रसन्नता के साथ हमारा स्वागत किया। उस दिन सायंकाल के समय हमें ज़रा भी भूख नहीं थी; परन्तु केशव भट्ट की सुभाग्यशीला पत्नी ने बड़ा आग्रह करके हमें फलाहार कराया। भोजन के बाद बातचीत होने पर झांसी राज्य के सम्बन्ध में हमें बहुत कुछ मालूम हुआ। तीसरे दिन से हमने उन्हीं के यहां स्वतन्त्र रूप से गृहस्थी जमा ली। इस नगर के रीति-रिवाज और सब हाल-चाल जाने बिना हम ताम्बे से नहीं मिलना चाहते थे। इसलिए स्नान-भोजन आदि से छुट्टी पाकर हम लोग शहर देखने के लिए निकले। उत्तर हिन्दुस्तान में झांसी नगर बड़ा ही सुन्दर और रमणीय है। वहां का किला मुगलों ने बंधाया था। वह बड़ा ही प्राचीन है और अत्यन्त सुदृढ़ है। शहर के पश्चिम भाग में एक छोटे से पहाड़ पर किला बना है। इसके चारों ओर पानी से भरी हुई खाई है। अन्दर जाने का रास्ता केवल एक ओर से है। उसके अन्दर चार हज़ार मनुष्यों के रहने का स्थान है। मुख्य महल सबसे ऊंचा है और उसमें आठ चौकियां हैं। बाकी सब छोटे-छोटे बंगले हैं, जिनमें राज्य का कार्य होता है। महल के पश्चिम में सिपाही लोगों के कवायद करने योग्य एक विस्तीर्ण मैदान है। उसमें अनेक वृक्ष हैं। किनारे की दीवाल बड़ी मोटी और मजबूत है। बीच-बीच में टोले, जंग, बुरुज़, बने हुए हैं। बुरुज़ों के नीचे बड़े-बड़े तहखाने हैं। खास महल का काम पुराना और बड़ा सुन्दर है। खास महल इतना बड़ा है कि उसके सब दालानों और कमरों को देखने में पूरा एक महीना लग जाता है। महल में जगह-जगह बैठकें बिछी हुई हैं। गलीचे और गद्दे लगे हुए हैं। गमलों में सुगन्धित और रमणीय पुष्प खिल रहे हैं। महल के दक्षिण भाग का बंगला सतमंजिल था। उत्तर भाग में पच्चीस सीढ़ियों के बाद सपाट जगह थी, जिस पर से होकर पाली सदा दौड़ता हुआ नीचे बने हुए हौद में गिरा करता था। उसमें खूब जल भरा हुआ था। हौद के

आसपास एक बड़ा ही रमणीय फूलबाग लगाया गया था। अंगूर की बेलें थीं, आम-अमरूद आदि के छोटे-बड़े पेड़ लगे हुए थे। बाग में एक छोटा-सा बंगला बना हुआ था; जो शंकर किले के नाम से प्रसिद्ध था। शंकर किला ऐश व आराम के समस्त उपयोगी सामानों से भरा हुआ था, इसलिए उसे क्रीड़ा भवन कहना अनुचित न होगा।

किले के नैऋत्य कोण से लगाकर दक्षिणी बाजू की पूर्वी ओर और वायव्य कोण से लगाकर उत्तरी बाजू की पश्चिमी ओर तक शहर का कोट चला गया था। उसकी दीवारें भी ऊंची और मज़बूत थीं। बीच-बीच में बुरुज़ बने थे। अंबारी सहित हाथी जाने के लायक पांच मुख्य फाटक थे और छोटे-छोटे तो कई थे। किले के पूर्व में परकोटे के अन्दर बहुत-सा मैदान छोड़ देने के बाद नगर आरम्भ होता है। उस मैदान से शहर जाने के मार्ग बड़े अच्छे हैं। शहर की बस्ती भी खूब घनी है। रास्ते सुथरे और पोस्टीपुरा और हलवाईपुरा आदि कुछ मुख्य-मुख्य भाग तो ऊंची-ऊंची हवेलियों से भरे हुए हैं। इससे नगर की शोभा और भी बढ़ जाती है। शहर के मध्य भाग में भिड़े घराने के लोगों ने एक बड़ा भारी बाग लगाया है और उनमें पांच-छः बावड़ियां हैं। इसके अलावा शहर में छोटे-मोटे तो कई हैं। शहर में एक सरकारी हवेली है, जिसका काम तो देखते ही बनता है। अधिकतर घर एक मंजिल से ऊंचे ही हैं। विन्ध्याचल निकट होने के कारण पानी अधिक पड़ता है, इसलिए छतों में पटाई के बदले खपरैलों की छवाई है। घर-घर में कुएं हैं और पानी बहुत गहरे पर नहीं है। शहर के दक्षिण दरवाज़े के बाहर एक बहुत बड़ा तालाब है, वहां महालक्ष्मी का एक बड़ा टोले जग मन्दिर है। यह देवी झांसी वालों की कुलस्वामिनी हैं, इसी कारण इस देवस्थान के बन्दोबस्त के लिए बहुत भारी खर्चा बांधा गया है। नन्दा दीप, पूजा, महानैवेद्य, शहनाई, गायक, नर्त्तकी और धर्मशाला आदि की व्यवस्था बड़ी ही सुन्दर है। आषाढ़ से लेकर चैत तक मन्दिर में नाव से जाना पड़ता। वैशाख और ज्येष्ठ महीनों में ही पैदल जाने के लिए रास्ता निकल आता है। यहां तथा शहर के अन्दर भी गणपति, विष्णु आदि के कई बड़े-बड़े देवालय हैं और उनकी पूजा के लिए झांसी सरकार से खर्चा बंधा है। शहर के नैऋत्य कोण में एक बड़ा चोपड़ा यानी पानी का हौद है जिसमें बहुत पानी है।

शहर की रीति-चाल बड़ी सुन्दर है। वहां के लोग भी श्रीमान और उद्योगी हैं, गलीचे, रेशमी वस्त्र और पीतल का सामान जैसा इस शहर में मिलता है, वैसा कहीं नहीं मिलता। वैसे ही कागज पर चित्र काढ़ने का काम यहां बेजोड़ होता है। इस शहर में ब्राह्मणों के घर लगभग तीन सौ हैं। इसलिए ब्राह्मणों के लिए तो यह नगर बड़ा ही अच्छा है। ऐसे कहा जाय कि जैसे दक्षिण में पुणे है, वैसे हिन्दुस्तान में झांसी। सबेरे उठकर स्नान करके अपने हाथों से धोती धोकर और दूसरे स्वच्छ सुन्दर वस्त्र पहनकर काम-धन्धे के लिए घर से बाहर निकलना—यह इस शहर का रिवाज है। सन्ध्या के समय मोतिया, चमेली, जुही वगैरह सुवासित फूलों के गजरे लेकर गन्धियों की दूकानों पर शहर के छैलों की

बैठकें भी बहुत दिखाई देती हैं। झांसी बुन्देलखण्ड का ही भाग है, इसलिए यहां की स्त्रियां बड़ी ही सुरेख होती हैं और विशेष रूप से उनके नेत्र बड़े और पुतलियां काली होती हैं। इस शहर से पहले एक बड़ी विलक्षण घटना घट चुकी है, जो यहां कहने योग्य है। बड़े माधवराव पेशवे के समय में झांसी के पारोलकर के आश्रित नारायण शास्त्री नाम के एक विद्वान् ब्राह्मण थे। श्रृंगार शास्त्र में तो वे निष्णात थे। एक दिन उन्होंने शौच कूप के निकट एक भंगिन की लड़की देखी। उसके नेत्र, चरण, हाथ इत्यादि के लक्षणों और अंगों की सुवास के कारण शास्त्री जी को निश्चय हो गया कि यह पद्मिनी वर्ग की है। उन्होंने उसकी मां को अनेकों तरह फुसलावा देकर उस लड़की को अपने वश में कर लिया और अच्छे से अच्छा अन्न-वस्त्र देकर उसका पालन-पोषण करने लगे। जब वह अपनी उमर पर आई तब शास्त्रीजी उसके साथ रममाण हुए और कभी-कभी तो उसे घर पर भी लाये। उन पद्मिनी गुणों वाली युवती पर शहर के बहुत से लोगों की आंखें थीं। उसे बहुत तरह से लालच भी दिया जाता था। एक दिन उस भंगिन ने शास्त्री जी से सब हाल कहा। शास्त्री जी ने उसे यह उत्तर दिया कि तुझे पैसे की लालच तो है नहीं फिर भी तू हर एक को प्रसन्न कर और उनसे पैसे के बदले एक-एक यज्ञोपवीत लेती चल ! कुछ दिनों बाद शास्त्री जी की पत्नी को भी उनकी इस वर्तमान लीला का पता लगा। उसने इनको बहुत तरह से समझाया, घर में बंटवारा करने की धमकी दी; परन्तु शास्त्री जी ने उसे मार-धाड़कर ठीक कर दिया। पत्नी को मारने-पीटने तथा उनके व्यभिचार की बात कानों-कान पारोलकर तक पहुंची और उन्होंने गुप्तचर को इसका पता लगाने की आज्ञा दी। गुप्तचर ने एक दिन शास्त्री जी को उस भंगिन के साथ पकड़ ही लिया। जब उन्हें पारोलकर के सामने लाया गया तो शास्त्री जी ने उत्तर दिया कि एक मैं ही क्या, शहर के सैकड़ों ब्राह्मण इसके साथ लगे हैं। यह कहकर उन्होंने भंगिन से सबके यज्ञोपवीत दिखाने को कहा। बेचारे पारोलकर घबरा गये। यदि सारे शहर के ब्राह्मणों के इस दुराचार की खबर कहीं पुणें पहुंच गई तो हड़कंप मच जाएगा। उन्होंने तुरन्त ही दूसरे गांव से ब्राह्मण बुलाकर शहर के बाहर पंचगव्य देकर तैयार कराया और हर एक ब्राह्मण का क्षौर कर्म कराके यज्ञोपवीत और पंचगव्य देकर शुद्ध किया। सारे नगर के मार्गों और घरों को गोमूत्र छिड़ककर पवित्र किया गया। शास्त्रीजी ने प्रायश्चित करने से इनकार कर दिया; इसलिए भंगिन के साथ उन्हें हद्द पार कर दिया गया। अस्तु।

शहर सम्बन्धी सब मौज देखने और सुनने के बाद एक दिन मुहूर्त देखकर बड़े तड़के ही भोजन आदि से छुट्टी पाकर हम लोग मोरोपन्त ताम्बे से मिलने के लिए गये। हवेली पहुंचकर पहरेदार से कहलाया कि ब्रह्मावर्त से दो ब्राह्मण आपसे भेंट करने आये हैं। परवानगी मिलने पर हम लोग ऊपर गए। ताम्बे मसनद के सहारे बैठे हुए थे। चार की मण्डली जमी थी। काका को देखते ही वह चट से उठकर चार कदम आगे आये और उन्हें अपने साथ मसनद पर बैठाया। मैं भी उनके पास ही बैठा। कुशल-मंगल होने के बाद उन्होंने आने का कारण पूछा

तो काका ने कहा कि यह मेरे बड़े भाई का ज्येष्ठ पुत्र है। इसके ऊपर गृहस्थी के झमेले में ऋण का बड़ा भारी बोझ आ पड़ा है; इससे इसे चिन्ता खाये जाती है। सो मैं इसे लेकर आपके पास आया हूं। ग्वालियर में वैशम्पायन के यहां भी बहुत दिन रहे, यहां भी कुछ दिन रहकर, काशी जाएंगे; फिर घर चले जाएंगे। इसी तरह की बहुत-सी बातें देर तक होती रहीं। ताम्बे ने राज्य के उपाध्याय लालू भाऊ देंकरे में मिलने को कहा और यह वचन भी दिया कि मैं बाई साहब के कानों में भी यह बात डाल दूंगा। दोपहर में हम लोग लालू भाऊ देंकरे से मिलने गए। उन्हें यह पहले से ही खबर लग गई थी कि ब्रह्मावर्त्त से कोई विद्वान् ब्राह्मण आए हैं। हमारे पहुंचने की सूचना मिलते ही उन्होंने हमें बुलाया और बड़ा आदर-सत्कार किया। चार पैसे दिलाने का भी भरोसा हमें दिया गया।

शत्रुओं का नाश हो और राज्य सुरक्षित रहे, इस हेतु से बाई साहब अनेकों अनुष्ठान करा रही थीं। महालक्ष्मी में रोज नवचण्डी होती थी। गृहशान्ति के लिए अनेकों जप और दान होते थे। गणपति के देवालयों में रोज अथर्वशीर्ष के सहस्र आवर्त्तन होते थे। तभी यह भी निश्चय हुआ कि कुण्डमण्डप सहित गृह्य परिशिष्टोक्त सहस्र पक्ष काम्य गृह यज्ञ भी किया जाए। महलों के पास ही एक अच्छी जगह देखकर बिस्तीर्ण छाया मण्डप बनाया गया और देवी आदि का सब सरंजाम भी हुआ। काशी और ब्रह्मावर्त्त से बड़े-बड़े विद्वान् ब्राह्मण बुलाए गए और रोज होम के लिए सौ ब्राह्मणों की नियुक्ति हुई। मुहूर्त्त के दिन राज्याश्रित और बाहर से आए हुए सब ब्राह्मण विराजमान थे। स्वयं बाई साहब स्वच्छ वस्त्र परिधान करके अपने गोद लिए पुत्र के साथ बैठी थीं। कुलोपाध्याय लालू भाऊ देंकरे सब व्यवस्था कर रहे थे। वेद-शास्त्र सम्पन्न भैया उपासने उत्तम पीढ़े पर बैठे हुए सब देख-रेख कर रहे थे। उनके पास ही महारानी के पिता मोरोपन्त ताम्बे भी मौजूद थे। ऐसे ठाठ के साथ संकल्प का आरम्भ हुआ। सबकी राय में संकल्प बाई साहब के नाम से किया गया। फिर नान्दीश्राद्ध शुरू हुआ। उसमें लड़के के पितृगणों का उच्चार किया जाने लगा। उस समय मेरा विचार पड़ा कि मुख्य संकल्प तो बाई साहब के नाम से हुआ और नान्दीश्राद्ध में यह जिस-तिस का नामोच्चार कैसे हो रहा है, मैं बड़े सोच में पड़ा कि यहां तो सब बड़े-बड़े याज्ञिक शास्त्री और पंडित बैठे हैं, जब वे ही कुछ नहीं बोलते तो मैं क्या बोलूं? फिर सोचा कि यदि नहीं कहता तो अनुष्ठान में चूक होती है। बिना टांग अड़ाए साख भी न पुजेगी। यह सब सोच-विचार कर गुरु का नाम लेकर मैंने सभा बीच बोलना आरम्भ किया, ''अहो, ज़रा अनुष्ठान बन्द कीजिए। मुझे आपसे कुछ प्रश्न करना है। स्त्री वेदाधिकारिणी नहीं होती, इसलिए पुण्याहवाचन आदि कर्मों में उसका प्रतिनिधि उपाध्याय हुआ करता है। इसलिए क्या यहां भी आप लोग उपाध्याय के पितरों का नान्दीश्राद्ध करेंगे? मुख्य संकल्प यदि राव साहब के नाम से हुआ होता तो ठीक था; परन्तु यहां तो बाई साहब के नाम से ही संकल्प हुआ। इसलिए उनके ही पितरों का श्राद्ध करना उचित है, ऐसा मेरा मत है।''

भैया उपासने को मेरी बात जंच गई; परन्तु विनायक भट्ट जी याज्ञिक को

नहीं रुची। उन्होंने कहा, ''यों ही बोलकर टंटा खड़ा करने से न चलेगा। ग्रन्थ का आधार चाहिए।'' उनके यह कहते ही मैंने मयूख, हेमाद्रि वगैरह ग्रन्थों के नाम लिए। ग्रन्थ वहीं रखे थे। उन्हें देखने पर मेरी ही बात सत्य सिद्ध हुई। फिर सबकी अनुमति से यही निश्चय हुआ कि बाई साहब के ही पितरों का नान्दीश्राद्ध किया जाए। उस समय मुझे बड़ा आनन्द हुआ। मैं दूर बैठा था। भैया उपासने ने मुझे बुलाकर आगे बैठाया और प्रश्न किया कि नान्दीश्राद्ध में बाई साहब के पितरों का उल्लेख किस प्रकार हो। मैंने चट जवाब दिया कि ''गृह्यज्ञविधायिन्या मम मातु'' इस तरह करना चाहिए। मेरी इस बात पर सबने गर्दनें हिलाईं। इस तरह इस सभा में जय मिलने पर भैया उपासने ने मेरे ऊपर सब पोथी पत्र छोड़कर मुझे सदस्य का वर्ण दिया। मैंने भी गुरु कृपा से एक भी चूक न होने देकर कर्म चलाते हुए चौथे दिन पूर्णाहुति देकर समाप्त किया। अनुष्ठान के सिलसिले में हर रोज ब्राह्मण भोजन हुआ करते थे और चौथे दिन मुक्त द्वार होता था। सब ब्राह्मणों को दक्षिणा और बख्शीशें बांटी गईं। उसमें मुझे बारह रुपये वाली धोती-जोड़ा और बीस रुपये की पगड़ी बख्शीश में मिली। काका की बाई साहब से पुरानी जान-पहचान नई हो गई और फिर तो बहुत-सी बातचीत हुई। उसी बीच में उन्होंने यों भी दरसा दिया कि तुम्हारा लड़का अच्छा विद्वान् है और वह यदि यहीं राजाश्रय में रहे तो अच्छा होगा। इस पर काका ने कहा कि इसीलिए तो मैं इसे लेकर सरकार के पास आया हूं। उसके कुछ दिनों बाद यह निश्चय हुआ कि सप्तशती के साथ सप्तचण्डी का अनुष्ठान भी किया जाए। सब तैयारी हुई और मुहूर्त्त देखकर किले में ही एक बड़ी जगह में घट-स्थापना की गई। मूलमन्त्र जपने के लिए चौदह ब्राह्मण बैठे। हर एक के सामने घी का दीया, अगरबत्ती और सुगन्धित पुष्प रखे रहते थे और उन्हें दिन में क्षिप्रा भोजन और रात में फलाहार दिया जाता था। इस तरह अनुष्ठान हो जाने के बाद और उसमें भी कुछ शाबासी मिलने से मार्गशीर्ष शुद्ध पंचमी के दिन बाई साहब ने मुझे किले में बुलाकर हुक्म दिया कि आज से तुम और तुम्हारे काका शहर की सरकारी हवेली में अपना डेरा जमा लें। वहां कारकुन तुम्हारे लिए सब ज़रूरी चीज़-बस्त का बन्दोबस्त कर देगा और तुम्हें तीस रुपया महीना दिया जाया करेगा।

यह हुक्म होते ही मैंने केशव भट्ट मांडवगणे से जाकर मजकूर निवेदन किया और दूसरे दिन सरकारी हवेली में अपना डेरा जमाया। वहां सब तरह का उत्तम प्रबन्ध था। पहनने के लिए हमें ऊंचे से ऊंचे दामों के वस्त्र दिए गए और हम लोग बड़े आनन्द से रहने लगे। सरकार की आश्रित मण्डली के बड़े-बड़े लोगों से पहचान हो गई और हमारी आबरू भी बढ़ी। आगे चलकर कुछ ही दिनों बाद हुजूर आश्रय में ले लिया। किले में रहने के बाद से तो हमारे रुतबे का पूछना ही क्या ? रोज़ रेशमी किनारे की धोतियां पहनने को, दुशाले ओढ़ने को, और उत्तम पगड़ियां सिर पर लगाने को मिलती थीं। एक दिन बाई साहब ने मुझे बिना दुशाले के फिरते देखकर सांझ को अपने पास बुलिया और ज़री का कामदार हरा शाल बख्शीश में दिया। बाई साहब के पास सैकड़ों नजराने आते

थे। वे सब आश्रित मण्डली को ही मिलते थे। हमारा महत्त्व बहुत बढ़ गया था।

महालक्ष्मी के देवालय में चार बार ब्राह्मण-सहस्र-भोजन हुआ। वहां सबको चार आने दक्षिणा और एक मोतीचूर का लड्डू दिया जाता था। हर रोज़ ग्यारह बजे बारी-बारी से किले में कोई उपाध्याय पीताम्बर पहनकर पंचपात्री लेकर महालक्ष्मी के मन्दिर में जाता था। फिर उदक छोड़कर भात, भाजी, रायता, पकवान्न आदि की चौकसी कर किले में लौट आता था। दो-चार बार मैं भी गया। इस तरह अनेक सुख भोगते हुए बाई साहब के पास रहने लगा। दरबार और राज्य के सम्बन्ध में भी सब तरह की बातें मालूम हो गईं।

बाई साहब का नित्यक्रम इस प्रकार से था; कसरत आदि का शौक उन्हें बचपन से था ही, सो स्वतन्त्रता मिलने पर उन्होंने फिर से आरम्भ किया। तड़के ही उठकर व्यायामशाला में ज़ोर करना, जोड़ी फिराना वगैरह; फिर घोड़े पर सवार होकर घूमने के लिए जाना, घेरे में चक्कर लगाना, दीवार फांदना, खाई पार करना, घोड़े के पेट से चिपककर बैठना इत्यादि तरह-तरह की कसरत करना; कभी-कभी हाथी पर सवार होकर भी निकलती थीं। इस तरह सात-आठ बजे तक मेहनत करने के बाद जलपान करती थीं। फिर कभी तो घण्टे भर के लिए सो जाती थीं या वैसे ही स्नान करने चली जाती थीं। बाई साहब को नहाने का बड़ा शौक था। रोज़ गरम पानी के पन्द्रह-बीस हंडे लगते। आठवें-दसवें उत्तम सुवासिक द्रव्यों से इतनी देर तक स्नान किया करती थीं कि जो जल नल के द्वारा बाहर कुण्ड में जाता था, उससे बहुत-सी स्त्रियों का स्नान हो जाता था। स्नान के बाद स्वच्छ, सफेद चंदेरी साड़ी पहनकर भस्म धारण करके आसन पर बैठती थीं। पति के मरने के बाद भी उन्होंने सिर के बाल नहीं कटाए थे। इसके लिए तीन कृच्छृ प्रायश्चित्त होते हैं, पहले उनका उदक (जल) छोड़कर चांदी के तुलसी-वृन्दावन में तुलसी की पूजा करती थीं; फिर पार्थिवलिंग की पूजा आरम्भ होती थी। उस समय सरकारी गवैये गाते थे, पौराणिक लोग पुराण पाठ करते थे और सरदारों तथा आश्रित लोगों के मुजरे भी होते थे। बाई साहब चारों ओर का ध्यान रखती थीं; यदि किसी दिन डेढ़ सौ मुजरों में से कोई एक नहीं हुआ तो दूसरे ही दिन उससे पूछती थीं कि कल आप क्यों नहीं आए थे ? इस तरह बारह बजे तक देवार्चन हो जाने के बाद भोजन होता था। फिर कुछ देर इधर-उधर बिताकर या कभी थोड़ी देर तक सो चुकने के बाद नजराने में आई हुई वस्तुएं चांदी के थालों में रेशमी वस्त्रों से ढककर उनके सामने रखी जाती थीं। उसमें से जिस चीज़ पर उनका मन आ जाता था, उसे अपने पास रखकर बाकी चीज़ें आश्रित मण्डली में बांटने के लिए कोठीवाल को दे दी जाती थीं। तीन बजे के लगभग कचहरी करती थीं। उस समय कभी-कभी पुरुष वेष धारण करती थीं। पायजामा बण्डी, सिर पर टोपी रखकर तुर्रा बांधती थीं। कमर पर से जरी का दुपट्टा कसा हुआ; उसमें तलवार लटकती रहती थी। इस प्रकार गौरवर्ण की वह ऊंचे कद की मूर्ति साक्षात गौरी के समान लगती थीं। कभी जनाना वेश होता था; परन्तु पति के मरने के बाद उन्होंने नथ वगैरा अलंकार

कभी धारण नहीं किए। केवल हाथों में सोने की चूड़ियां और गोठ, गले में मोतियों की माला और उंगली में एक हीरे की अंगूठी के सिवा बाई साहब के अंगों पर दूसरा अलंकार मैंने कभी नहीं देखा। बालों का बड़ा-सा जूड़ा कसा रहता था, स्वच्छ सफेद चोटी और उस पर सफेद शालू ओढ़ती थीं; इस तरह कभी पुरुष वेश में तो कभी स्त्री वेश में दरबार में जाती थीं। एक कोठरी की तरह की आड़ की जगह थी, उसके दरवाज़े के बाहर सुनहरी महराब थी। उसके अन्दर गद्दी लगी थी, बाई साहब उस पर तकिये के सहारे टिककर बैठती थीं। सामने राजेश्री लक्ष्मण राव दीवान जी हाथ बांधे कागज लेकर खड़े रहते थे और दोनों तरफ श्री हुजूर के सात-आठ कारकुन बैठे रहते थे। लक्ष्मण राव देशस्थ ब्राह्मण था। वह एकदम अक्षर-शत्रु ही था। लिखना-बांचना उसे ज़रा भी नहीं आता था; परन्तु उसकी खोपड़ी बड़ी दूर तक चलती थी। कचहरी में दीवानी; फौजदारी, मुल्की सब काम होते थे। बाई साहब की बुद्धि बड़ी चपल थी, इसलिए तुर्तफुर्त हकीकत समझकर भराभर हुक्म देती चलती थीं। स्वयं लिखने-पढ़ने में होशियार थीं। इसलिए कभी-कभी आप ही कागज़ों पर हुक्म लिखने लगती थीं। न्याय के कामों में बाई साहब बड़ी दक्ष और कठोर थीं। और कभी-कभी तो खुद हाथों में छड़ी लेकर अपराधियों को सजा दिया करती थीं। हर शुक्रवार और मंगलवार को वह अपने दत्तक पुत्र को साथ लेकर सन्ध्या के समय नियमपूर्वक महालक्ष्मी के दर्शन करने जाती थीं।

लक्ष्मीबाई की सवारी का ठाट अब फिर कभी देखने को नहीं मिलेगा। बाई साहब कभी तो मियाने पर और कभी घोड़े पर सवार होकर दर्शनों के लिए जाती थीं। किनखाब में जरी के काम के बने हुए पर्दे दोनों तरफ पड़े रहते थे, जिससे मियाने की शोभा चौगुनी हो जाती थी। हुजूर स्त्री वेश में जाती थीं; उस समय सफेद साड़ी पर मोतियों के आभूषण खूब फबते थे। कभी पुरुष वेश में होतीं तो पायजामा, बण्डी और कलंगी टोपी सजी हुई, जरी की कमरबन्द,—उस वेश की शोभा का क्या वर्णन किया जाए ? जब मियाने पर चलती थीं तो उसके साथ ही साथ दो-चार सुन्दर दासियां दौड़ती हुई चलती थीं। बचपन से ही इन दासियों को यही काम सिखाया जाता था। दक्षिण से अच्छे-अच्छे घरों की लड़कियां खरीदकर लाई जाती थीं, और उन्हें उत्तम से उत्तम भोजन खिलाकर पन्द्रह-सोलह वर्ष की आयु में पालकी के साथ दौड़ने का काम दिया जाता था। अविवाहित होने के कारण वे तारुण्य मद में सराबोर होती थीं। पांच-छ: वर्ष इस काम में रहने के बाद अधिकतर यह रति के समान सुन्दर दासियां एकाध लुच्चे के भुलावे में फंसकर गर्भवती हो जाती थीं। एक बार गर्भ रहा तो इसका मतलब यह हुआ कि काम से हटाकर उन्हें महरियों में शामिल कर लिया जाता था। मियाने के साथ में दौड़ने वाली दासियों को महल में सोने, मोती, हीरे के गहने दिए जाते थे जिससे वे अपना नख-सिख सजाती थीं। उनकी चोलियां जरी से मढ़ी होती थीं; उन पर हरे या खाकी रंग के दुपट्टे पड़े रहते थे। पैर में तोड़े डालकर लाल रंग की जूतियां पहनकर हाथ में सोने या चांदी का चंवर लिए

हुए और दूसरा हाथ मियाने के दरवाज़े पर रखे हुए जब वे दौड़ती थीं; तब उन अविवाहिता सुन्दर सिंहकटि सर्वालंकार युक्त दासियों की ओर कौन ऐसा है जो टकटकी बांधकर न देखता रह जाता हो। सवारी के आगे डंका और निशान होता था। रणवाद्य हल्के-हल्के बजते चलते थे। निशान के पीछे दो सौ विलायती लोग होते थे और सवारी के आगे-पीछे भी इतने ही सवार होते थे। मियाने के साथ घोड़े पर कारगुजार मुसद्दी वगैरह तथा भैया साहब उपासने और कुछ आश्रित मण्डली भी रहती थी।

इस तरह नरसिंहे, डंके बजाते हुए और बन्दूकों की सलामियां दागते हुए जब सवारी किले से बाहर हो जाती थी तब किले के बुर्ज पर शहनाई बजनी शुरू होती थी। सवारी लौट आने तक शहनाई बराबर बजती रहती थी। उसी तरह महालक्ष्मी के देवालय के नक्कारखाने में भी शहनाई शुरू होती थी। किले से निकलकर सवारी भरे बाजार से होकर महालक्ष्मी जाती थी और वैसे ही लौटती भी थी। और जब हुजूर की सवारी घोड़े पर जाती थी, तब दासियां, आश्रित, कारकुन, प्यादे, कोई भी साथ नहीं होता था। बस, घुड़सवार और विलायती लोग ही होते थे। लौटने में रात हो गई तो मशालें जला ली जाती थीं परन्तु जब घोड़े पर होती थीं तब बिना मशाल के घोड़ा दौड़ाती हुई किले में आती थीं।

अपनी आश्रित (ब्राह्मण) मण्डली पर बाई साहब की बड़ी श्रद्धा थी। उन्हें अच्छे से अच्छा खाने-पीने को मिले; कपड़े-लत्ते बढ़िया हों, उन्हें सब तरह का सुख हो, इसके लिए वे बड़ी सतर्क रहती थीं। गुणियों का वे बड़ा आदर करती थीं। बड़े-बड़े शास्त्री, विद्वान्, वैदिक, याज्ञिक उनके पास रहते थे। पुस्तकों का संग्रह भी उन्होंने अपने यहां अमूल्य किया था। अच्छे पुराने गवैये, सितारिये और देश-देश के नामी-गिरामी कारीगर अपने यहां रखे थे। बाई साहब स्वयं बड़ी ही निष्कपट और निर्मल वृत्ति से रहती थीं, फिर भी हौसला उन्हें सब तरह का था। कोई उत्तम गवैया आया कि उसका गाना सुनकर विदाई दिए बिना रहती ही न थीं। होली में रंग की धूम मच जाती थी। उस वर्ष मैं दत्तक पुत्र राव साहब के साथ होली में शहर गया था। जगह-जगह मुसद्दी लोगों के यहां पान सुपारी लेकर, रंग खेलकर फिर किले वापस आया। उसी दिन ग्वालियर में कोंकण की एक नाटक मण्डली आई थी। शहर के लोगों ने पत्र भेजकर उन्हें झांसी बुलाया। जब शहर में उनके कई खेल हुए तब बाई साहब ने सरकार की तरफ से उनके खाने-पीने का प्रबन्ध कर दिया और किले में बुलाकर कई नाटक करवाए। एक बार हरिश्चन्द्र का आख्यान हुआ। उस समय सदोवा नाटक वाले ने कहा इस नाटक में डोम के घर हरिश्चन्द्र के सिर पर मटका फोड़ा जाता है। इसके लिए परवानगी मिलने पर मटका मंगा लिये जाएं। उस पर विचार करके बाई साहब ने परवानगी दे दी। परन्तु जब नाटक में मटकी फोड़ी गई तो नाटक-शाला में बैठी हुई वृद्धमण्डली को तुरन्त ही खटका। यह तो अपशकुन हुआ। नाटक बहुत ही अच्छे होते थे। सन्ध्या के समय नाटक वालों को किले में आने दिया जाता था। साज-सज्जा के लिए उनके सामने सरकारी खजाना खोल दिया

जाता था। खरे हीरे के अलंकार और जरी के वस्त्र पहनकर पात्र भले क्यों न खिल उठें; नाटक समाप्त होने पर सबकी तलाशी लेकर उन्हें किले से बाहर किया जाता था। नाटक तो केवल दरबारियों और किले में रहने वाली स्त्रियों के लिए ही खेले जाते थे। अन्त में नाटक वालों को बड़े ठाट के साथ विदाई दी गई। किसी को पगड़ी, किसी को धोती जोड़े, सदोवा मैनेजर को नकद चार हज़ार रुपये मिले।

अश्व परीक्षा करने में बाई अद्वितीय थीं। उस समय उत्तर हिन्दुस्तान में तीन ही आदमियों का नाम लिया जाता था। एक नाना साहब पेशवे, एक बाबा साहब आपटे ग्वालियर वाले और लक्ष्मी बाई झांसी वाली। एक दिन एक सौदागर दो घोड़े लेकर आया। घोड़े देखने में बड़े सुन्दर, गठे हुए और चतुर थे। बाई साहब ने दोनों पर सवारी की और चक्कर लगाकर एक की कीमत तो एक हज़ार ठहराई और दूसरे की पचास। उन्होंने कहा कि दूसरा घोड़ा देखने में तो बहुत उम्दा और चतुर लगता है, लेकिन उसकी छाती फूटी हुई है। इसलिए वह निकम्मा है। उसी समय सौदागर ने बाई साहब की कुशलता की तारीफ करके यह कबूल किया कि इस घोड़े को मैंने उत्तम मसाले देकर दिखाऊ बनाया है। इसकी परीक्षा के लिए मैं जगह-जगह घूमा; लेकिन कहीं न हो सकी। बाई साहब ने वे दो घोड़े ठहराई हुई कीमत पर खरीद लिए और सौदागर को बख्शीश देकर विदा किया।

अपनी प्रजा की बाई साहब बड़ी फिकर रखती थीं और राजकाज में खुद मेहनत करने में भी कभी आगा-पीछा नहीं करती थीं। झांसी के अमल में बरुआसागर नाम का एक छोटा-सा शहर है। यहां चोरों ने बड़ा उपद्रव मचाया और प्रजा को बहुत पीड़ित किया। तब उन्होंने स्वयं बरुआसागर जाकर वहां पन्द्रह दिन मुकाम किया और चोरों का पता लगाकर कुछ को फांसी दी, कुछ को कैद किया और इस तरह अपनी प्रजा को निर्भय किया। अनेक गुणों से सम्पन्न उस स्त्री-रत्न में उदारता और शौर्य, ये दोनों गुण तो निरुपम ही थे। कोई भी दरिद्र भिक्षुक कभी निराश होकर नहीं लौटा। एक दिन काशी का एक विद्वान ब्राह्मण उपाध्याय की मार्फत किले में नित्य दान के लिए आया। लाल भाऊ देंकरे ने उसकी विद्या और शील के बड़े बखान किए और कहा कि इन ब्राह्मण देवता की पहली स्त्री मर चुकी है, और इनकी अभी अवस्था भी वैसी नहीं है, इसलिए दूसरा विवाह करने की इनकी बड़ी इच्छा है; परन्तु इसके लिए बहुत पैसा चाहिए। इस कारण यह बहुत दु:खी हैं। यह सुनकर बाई साहब ने प्रश्न किया कि क्या कोई आदमी पैसा लेकर इन्हें अपनी लड़की दे रहा है ! इस पर ब्राह्मण देवता नम्रता के साथ बोले, ''हमारी जाती का एक देशस्थ ब्राह्मण काशी में रहता है। उनकी लड़की बारह वर्ष की हो गई है और देखने में भी अच्छी है। रास, घटित वगैरह सब जम चुके हैं, लेकिन उस लड़की के लिए चार सौ रुपये देने पड़ेंगे। मैं गरीब कहां से लाऊं? इसके सिवा विवाह खर्च के लिए भी कम से कम सौ रुपया चाहिए।'' बाई साहब ने तुरन्त ही पांच सौ रुपये तांबे के लोटे में

रखवाकर मंगवाये और संकल्प छोड़कर ब्राह्मण देवता के दुपट्टे में छोड़ दिया और कहा कि ब्याह के समय हमें कुंकुम पत्रिका भेजना न भूलिएगा!

बाई साहब के साथ एक दिन मैं महालक्ष्मी के दर्शन करने गया था। सवारी वापस लौटते समय दक्षिण दरवाज़े से होकर जब अन्दर आई तो हज़ारों भिखारी वहां खड़े हुए गुहार कर रहे थे। बाई साहब ने तुरंत ही दीवान जी से कारण पूछा। लक्ष्मण राव दीवान ने उनसे कहा कि महाराज, यह लोग गरीब भिखारी हैं; आजकल सर्दी बड़े कड़ाके की पड़ रही है और तन ढकने के लिए कपड़े न होने के सबब से इन सबका बुरा हाल हो रहा है। इसलिए यह लोग सरकार के चरणों में अर्जी लगाने आए हैं। बाई साहब को यह सुनकर बड़ा दुःख हुआ। छूटते ही हुक्म दिया कि आज से चौथे दिन सब भिखारियों को एक-एक रुई की टोपी, रुई की बण्डी और काली-सफेद कमली दे दी जाये। दूसरे ही दिन शहर के सारे दरजियों को जमा करके टोपियां और बण्डियां सिलाई जाने लगीं। और बाई साहब के हुक्म के अनुसार ही चौथे दिन डौढ़ी पिटाकर शहर की सरकारी हवेली के सामने भिखारी लोग जमा किए गए। सामान्य गरीब लोग भी उनमें आ गए थे। हरेक को एक टोपी, बण्डी और कमली दी गई। लगभग चार हज़ार टोपियां, बण्डियां बांटी गईं। अस्तु। इस तरह की अनेकों बातें हैं। ग्रन्थ विस्तार के भय से लिखी नहीं जा सकतीं। बाई साहब की शूरवीरता की गवाही तो सारी दुनिया देती है। और इस ग्रन्थ में भी आगे उसी का वर्णन होने वाला है। अस्तु।

ऐसी उदार, शूर, राजनीतिक स्त्री के प्रति अंग्रेज़ सरकार का व्यवहार बड़ा ही अन्यायपूर्ण था, इसमें ज़रा भी सन्देह नहीं। पहले जब उन्होंने अपने दत्तक पुत्र को राज्य देने के लिए सरकार में अर्जी दी कि हमारा घराना बहुत प्राचीन है और अंग्रेज़ सरकार के साथ हमारा व्यवहार सदा से बड़ी नेकनीयती और प्रेम का रहा है। हमारे सुलहनामे में भी गोद लेने के सम्बन्ध में निषेध नहीं है, इसलिए हमारे प्राचीन राजघराने, हमारी नेकी और सुलहनामे पर ध्यान देकर सरकार राज्य को अपने अधिकार में न ले और मेरे दत्तक पुत्र को कबूल करे। इस तरह के अनेक कारण उस अर्जी में दिखाए गए; परन्तु सरकार ने राज्य अपने अधीन कर ही लिया, केवल राज महल और उसके अन्दर की धन-दौलत रानी के पास रहने दी। बाई साहब ने बड़ी हिम्मत से काम लिया। अपने पति के पुराने नौकरों का वेतन कुछ कम करके उन्हें किले में रख लिया। उनके खर्च के लिए उन्होंने अंग्रेज़ सरकार से मिलने वाली अपनी पेन्शन की रकम में से ही काट-कसर करके प्रबन्ध किया। परन्तु जले पर नमक छिड़क जाने के समान ही अंग्रेज़ सरकार ने वह पेन्शन की रकम उनके स्वर्गीय पति के कर्जे के सिलसिले में कुछ दिन बाद बन्द कर दी। सिर के बाल उतारने के लिए बाई साहब ने काशी जाने की परवानगी मांगी, वह भी नहीं दी गई। इस तरह के सैकड़ो खुड़पेंच लगाए जाने के सबब से उस मनस्विनी के मन में अंग्रेज़ों के लिए द्वेष-बुद्धि उत्पन्न हो चुकी थी। परन्तु धर्म के अन्याय बढ़ने लगे तब तो बाई साहब के सिर से

पैर तक आग लग गई। हिन्दू-धर्म में गो-ब्राह्मण की बड़ी महिमा है और गाय के वध की बड़ी निन्दा की गई है। लक्ष्मी बाई ने अंग्रेज़ों से यह कहा कि झांसी में गौ-वध न किया जाय ! परन्तु उनकी इस बात पर इंग्लिशों ने ज़रा भी कान न दिया। एक दूसरी घटना यह भी घटी कि महालक्ष्मी की पूजा के लिए दो गांव अलग कर दिए थे। अंग्रेज़ सरकार का हुक्म हुआ कि वे गांव भी अंग्रेज़ी राज्य में मिला दिए जायं। लक्ष्मी बाई ने इसके लिए भी बड़ा यत्न किया, परन्तु अंग्रेज़ सरकार अपने घमण्ड और राज्य-लोलुपता के कारण अपने पूर्व निश्चय से ज़रा भी टस से मस न हुई। लक्ष्मी बाई कोई साधारण स्त्री तो थी नहीं, अंग्रेज़ों के लिए उसके मन में द्वेषाग्नि इतनी भड़की कि एकदम कल्पान्त ही हो गया। उसने अपने बचपन के धर्मभाई और समदुःखी नाना साहब पेशवा से पत्र व्यवहार करना शुरू किया। अंग्रेज़ों से बदला लेने की उसने ठान ली और उसी काम में लग गई।

गदर के लिए निश्चित की गई तारीख के एक दिन पहले गारदन साहब के साथ छावनी के गोरे लोग बाई साहब के पास आए और उनसे विनती की कि कल से हमारे बुरे दिन आएंगे, ऐसा देख पड़ता है। इसलिए आप अपने राज्य का भार संभालें। झांसी राज्य में जितना और मुलुक है, वह सब मिलकर पचीस लाख की आमदनी है। सो उसे फिर से अंग्रेज़ी अमल होने तक आपको ही संभालना होगा। और साथ ही जहां तक हो सके, आप ही हमारी रक्षा का भार ग्रहण करें तो बड़ा उपकार होगा। यह कहकर अंग्रेज़ों ने सारा दफ्तर बाई साहब के हवाले कर दिया। इस पर बाई साहब ने उत्तर दिया कि जब गड़बड़ी नहीं थी तब तो मेरे मांगने पर भी मेरा राज मुझे नहीं लौटाया और अब दंगे के डर से अपने हाथ से राज निकल जाने का डर हुआ तो उसे मेरे हाथों सौंपने आए हो। कलकत्ते वाली सभा में भी तुमने मुझे नहीं बुलाया। हमारे 'उन्होंने' मरते समय तुम्हारी इतनी विनती-खुशामद की कि मेरे बाद मेरी पत्नी को दत्तक पुत्र लेने देकर राज चलाने देना-सो भी तुमने नहीं मानी। मुझसे कह दिया कि आजकल ऐसा नया रूल बना है जिससे राजे लोग गोद नहीं ले सकते, लेने पर वे अपनी ही जायदाद के मालिक ठहरेंगे, राज नहीं दिया जाएगा। फिर मैंने अपने केश उतारने के लिए तीर्थ जाने का हुक्म मांगा, सो भी नहीं दिया। और अब मुझसे शरण मांगने आए हो ? इसके सिवा अगर मैं तुम्हें आश्रय दूंगी तो काली पलटनें आकर हमें भी मारकाट डालेंगी। जहां तुम्हारा सींग समाय वहां जाओ और अपनी जान बचाओ, मुझसे कुछ मतलब नहीं। यह कहकर बाई साहब उठकर चली गईं। फिर गोरे लोग भी निराश होकर चल दिए।[1]

---

1. कानपुर की तरह झांसी में भी काले सिपाहियों ने अंग्रेजों की औरतों, बच्चों का कत्ल किया। लेकिन यह दंगे के पहले दिन ही हुआ। इस हत्या में लक्ष्मी बाई का ज़रा भी हाथ नहीं था। गदर के सुप्रसिद्ध इतिहासकार मिस्टर 'के' के इतिहास से यह साफ जाहिर है। उन्होंने लिखा है, ''आइ हैव बीन इन्फार्म्ड आन गुड ग्राउंड्स दैट नन अव दि रानीज सर्वेंट्स वेअर प्रेजेंट। इट सीम्स टु हैव बीन मेनली दि वर्क अव अवर फौलोवर्स। दि इर्रेगुलर कवेलरी इश्यूड दि ब्लडी मैंडेट अंड
→

दस बजे के लगभग ठहरे हुए समय के अनुसार ही काले लोग बेदिल होकर दंगा करने लगे। छावनी में आग लगा दी गई। उस छावनी में जो थोड़े बहुत गोरे थे, उन सबको मारकाट कर काली पलटन ने गोला-बारूद की मैगजीन, खजाना, तम्बू वगैरह सब सामान अपने ताबे में करके छावनी जलाकर राख कर डाली। काली पलटन वहां से चलकर फिर बाई साहब के महल के सामने पहुंची और ज़ोर-ज़ोर से उनकी जयकार करने लगी। तब बाई साहब ने बाहर आकर अफसर लोगों से भेंट की और उन्हें वचन दिया। पलटन वालों ने भी उनसे कहा कि आप हमारी मालिक हैं। हम आपका हुक्म मानेंगे और हर महीने आप ही से अपना वेतन भी लेंगे।

इस तरह राज्य फिर अपना हो गया, और नगर में 'खलक खुदा का, मुलक बादशाह का, अमल लक्ष्मी बाई का' की डौंड़ी पिट गई और सब काम-काज शुरू कर दिया गया। किले के जिस भाग में साहब लोगों का अधिकार था, उसे गौमूत्र आदि से शुद्ध करवाकर बाई साहब शुभ मूहूर्त्त में वहां रहने के लिए गईं। नई बन्दूकों, तोपों और गोले-बारूद की तैयारी का काम झपाटे के साथ शुरू कर दिया गया। जो पुराने आदमी थोड़े वेतन पाकर भी बाई साहब के साथ ही रहे थे उनका वेतन बढ़ा दिया गया, और राज्य सम्बन्धी सब काम बड़ी अच्छी तरह से चलने लगा। शहर के परकोटे की मरम्मत शुरू की गई और राज्य की रक्षा के लिए गृहयज्ञ अनुष्ठानादि आरम्भ हुए।

झांसी का राज्य लक्ष्मी बाई के पास फिर से आ जाने के लगभग ग्यारह महीनों तक तो ऐसा लगता था मानो उत्तर हिन्दुस्तान में अंग्रेज़ बिलकुल थे ही नहीं। कालपी राज्य के आधीन छप्पन लाख का मुलुक था। तात्या टोपे ने उस पर अधिकार करके तहसीलदारों की नियुक्ति कर दी थी और दीवानी मुल्की काम बड़े ढंग से चला रहा था। फिर विलायत से इंग्लिश लोगों की पल्टनें आईं और उन्होंने मद्रास की काली पल्टनों को भी अपने साथ लेकर आगे बढ़ना शुरू किया, हैदराबाद के निजाम से पांच हज़ार सवार लिए; शिंदे, होल्कर, गायकवाड़, घोरपड़े वगैरह सरदारों की मदद लेकर कप्तान साहिब (सर ह्यू रोज़) बम्बई से जनरैली झण्डा फड़काता हुआ चला और खानदेश, सातपुड़ा वगैरह के मुल्कों का अंग्रेज़ी बन्दोबस्त भी करता चला। मऊ की छावनी में कुछ दिन रहकर इन्दूर के राज्य के सब दंगेवालों को छांट-छांट कर उसने कुचला।

झांसी के पश्चिम में वेत्रवती (वेतवा) नदी के पास बाणपुर नाम का एक छोटा-सा राज है। वहां के राजा को लक्ष्मी बाई ने अपना बड़ा भाई माना था। बाणपुर का राजा गदर वाली पल्टनों को अपने यहां आश्रय देता था। उसने सोचा

→ अवर जेल दरोगा वाज़ फोरमोस्ट इन द बूचरी।''

('के' का इतिहास, भाग 3, पृष्ठ 369)

मौलिसन ने अपनी पुस्तक में दूसरी ही बात लिखा है जो इससे उलटी पड़ती है। परन्तु मौलिसन 'के' के समान प्रामाणिक नहीं माना जा सकता, यह बात दोनों के लिखे इतिहासों को पढ़ते ही तुरन्त स्पष्ट हो जाती हैं।

प्रस्थान : 59

कि इस शहर में अंग्रेज़ों के साथ अपनी लड़ाई तो होगी ही, इसलिए शहर के लोगों को यहां से जहां तहां जाने का हुक्म देकर अपने कुटुम्ब और खजाने को झांसी भेज दिया जाए। जब यह खबर लगी कि कप्तान साहब की पल्टनें पास आने लगी हैं तो उसने तुरन्त अपनी रैयत को बुलाकर कहा कि यहां थोड़े दिनों बाद ही जंग होगी, इसलिए तुम लोग अभी से ही इधर-उधर गांवों में अपने रहने की व्यवस्था कर लो। इसके बाद राजा अपना खजाना और घर के लोगों को लेकर झांसी आए। लक्ष्मी बाई ने उन्हें रहने के लिए एक अलग महल दिया और उनके आराम का शाही बन्दोबस्त कर दिया। राजा फिर बाणपुर लौट गया। थोड़े दिनों बाद ही अंग्रेज़ी फौजें आकर बाणपुर में हल्ला करने लगीं। शहर को घेर कर सात दिन तक लड़ाई चली। अन्त में अंग्रेज़ बहादुरों ने शहर को जीतकर दोपहर तक हत्या और लूटपाट करने के बाद अपने नाम की दुहाई फिरवा दी। बाणपुर का राजा अपनी बची-खुची सेना को लेकर शहर से निकल गया और बेतवा की कछार में जाकर जम गया। बेतवा का कछार इतना बड़ा है कि उसमें हज़ारों पल्टनें समा जाएं।

झांसी में यह ख़बर फैल गई कि बाणपुर अंग्रेजों के ताबे में आ गया है। इस समाचार से झांसी में गड़बड़ मच गई। लड़ाई करने का दृढ़ निश्चय तो पहले से ही था; अब बाई साहब ने और भी ज़ोरों के साथ नाकेबन्दी करना शुरू कर दी। फौज में आये दिन नई भरती हो रही थी और उन्हें खूब तैयार किया जा रहा था। शहर के परकोटे पर लोहे की दीवार के समान फौजें लगा दी गईं। बुर्जी पर बड़ी-बड़ी तोपें चढ़ गईं। लालू बख्शी बारूद-गोले का सामान ज़ोरों से तैयार करने लगा। लड़ाई छिड़ने पर गरीब लोगों को खाने-पीने की तकलीफ हो जाएगी; इसलिए पहले से ही चने, मुरमुरे और मटर के भण्डार के भण्डार भर लिए गए। शहर में सब सामग्री अटूट भरी गई। मौका पड़ने पर भोजन का मुक्तद्वार खोलने के विचार से गणपति के मन्दिर में शक्कर-घी-चावल-कनकी आदि सब सामानों का प्रबन्ध हो गया। सबके लिए पूरा पड़े, इतना धन राजकोष में नहीं था। इसलिए महल में जितनी बड़ी-बड़ी परातें, पतीलियां, हण्डे, गगरे, डिब्बे, कण्डालें आदि चांदी के बर्त्तन थे, वे सब टकसाल में भेज दिए गए और हज़ारों रुपये राजकोष में आकर पड़े। लड़ाई में जय मिले, इसलिए मन्दिरों में अनुष्ठान शुरू हुए। पत्र लिखकर कालपी से राव साहब और तात्या टोपे की सहायता मांगी गई। इस तरह वह शूर स्त्री बिना किसी प्रकार की घबराहट के बड़ी शान्ति और चतुराई के साथ नगर का और युद्ध का बन्दोबस्त कर रही थी।

इधर अंग्रेज़ी फौजें सारे बुन्देलखण्ड पर अपना अधिकार जमाकर झांसी के पश्चिम में डेढ़ कोस पर आकर जम गईं। वहां अपने डेरे-तम्बू गाड़ देने के बाद कप्तान साहब ने एक सवार के हाथ बाई साहब को एक पत्र भेजा। दीवान जी उस पत्र को लेकर किले में आए और वहां चार-पांच मुसद्दियों के साथ बैठकर बाई साहब उस पत्र पर विचार करने लगीं।

पत्र का मजमून यह था कि बाई साहब खुद अपने साथ लक्ष्मण राव दीवान, लालू बख्शी, मोरोपन्त ताम्बे वगैरह आठ नाम लिखे थे, उनको लेकर मुझसे आकर मिलें। इनके अलावा और कोई भी साथ में न हो और सब लोग बिना हथियार के आएं। अंग्रेज़ों को युद्ध का निमंत्रण देने का निश्चय तो पहले ही हो चुका था। खाली यही सोचना था, कि इस पत्र के जवाब में क्या लिखा जाए, इस पर विचार हो जाने के बाद यह लिखा गया, ''क्यों मिलने के लिए बुलाया है, और वहां किसी तरह का दंगा तो नहीं होगा, इसका आपके पत्र में खुलासा नहीं दिया गया। राज नियम के अनुसार हथियारबन्द सिपाहियों को लेकर ही दीवान लक्ष्मण राव आपसे मिलने के लिए आयेंगे। मैं औरत ज़ात, मेरा आना नहीं हो सकता। इसके ऊपर आपकी मर्ज़ी।''

यह पत्र लिखकर बाई साहब ने सवार के हाथ भिजवा दिया। पत्र का जवाब देखकर कप्तान साहब की फौज दतिया वापस गई और वहां से झांसी पर चढ़ाई करने की तैयारी की। कालपी से दक्षिण डिंघाई के मुल्क की ओर दो-एक अफसरों के साथ फौज रवाना की गई। यह इसलिए किया गया कि ये फौजें पेशवा और तात्या टोपे को बराबर उलझाए रखें, जिससे कि वह लोग लक्ष्मीबाई की मदद करने के लिए न बढ़ सकें।

इधर बाई साहब ने एक चतुर और भरोसे के आदमी के साथ पांच सवार करके उसे राव साहब के पास कालपी भेजा। उनके साथ यह सन्देसा कहलाया कि बाई साहब आपके भरोसे पर ही जंग लड़ रही हैं। आप बाहर से आकर अंग्रेज़ों को घेरें और मैं इधर से अंग्रेज़ों को नाकों चने चबवा दूंगी। राव साहब ने लक्ष्मीबाई की बात कबूल की और अच्छी तरह से भरोसा दिलाकर सवारों को झांसी लौटा दिया।

अंग्रेज़ सरकार ने झांसी के अधीन गांव-गांव में जाहिर नामा लगा दिया कि झांसी पर धावा बोला जाएगा। इसलिए सब लोग अपने भले-बुरे से चेत जाएं। जीतने के बाद तीन दिनों तक अंग्रेज़ सरकार सारे मुल्क को विजन करेगी। और उसका यह नियम है कि पांच बरस से ऊपर और अस्सी बरस तक के बूढ़ों तक सबको मार डाला जाएगा। इसलिए जंग के दिनों में कोई झांसी न जाए।

गदर के समय

हतो वा प्राप्स्यसे स्वर्ग जित्वा वा भोक्ष्यसे महीम्।
तस्मादुत्तिष्ठ कौन्तेय युद्धाय कृतनिश्चय:।।

चैत का महीना आन पहुंचा, गर्मी के झोंके लगने लगे। वसन्त के जाने के बाद ग्रीष्म ऋतु का राज्य स्थापित हुआ। यह तो निश्चित हो ही चुका था कि झांसी में लड़ाई होगी; इसलिए कुछ सावधान नागरिक अपने औरत-बच्चों और धन-

दौलत को लेकर ग्वालियर चले गए थे। इसलिए शहर में 'हलद कूंकू'[1] की जैसी भीड़-भाड़ और चहल-पहल होनी चाहिए थी वैसी नहीं हुई। लोगों में उदासी छा रही थी। बाई साहब ने अपने मन में सोचा कि वह दिन सुदिन ही होगा जब फिर 'हलद कूंकू' करने का समय आएगा, इसलिए महालक्ष्मी की जो सेवा और वैभव है उसे पूर्ण करना ही चाहिए। यह सोचकर उन्होंने राजमहल में 'हलद कूंकू' की बड़ी जबरदस्त तैयारी की। चार हण्डी चने एक छोटे से हौद में भिगो दिए गए। शुक्रवार का दिन निश्चय करके सबेरे शहर की तमाम स्त्रियों को बुलवा भेजा। ब्राह्मण, क्षत्रिय, वैश्य, मराठे–सब जातियों की स्त्रियों को आमन्त्रित किया गया और उन्हें 'हलद कूंकू', सुगन्धित पुष्प, चन्दन लेप, मिठाइयां चांदी की तश्तरियों में चने, गुलाब, इत्र और पान-सुपारी देकर सन्तुष्ट किया। ऐसे समारम्भ का 'हलद कूंकू' मैंने कहीं भी नहीं देखा और आगे भी देखने की आशा नहीं। दिन के दो बजे से रात के नौ बजे तक सब जातियों की स्त्रियां उत्तम प्रकार के वस्त्र और अलंकार से सजकर किले में तांता बांधकर आती रहीं। उसमें सरदार लोगों की स्त्रियां मियानो और पालकियों में बैठकर, मालदार, चोबदार सिपाहियों के साथ शान से आती थीं। स्त्रियों को 'हलद कूंकू' बांटने के लिए लगभग सौ स्त्रियां खड़ी हुई थीं। लाखों फूल और मनों मिठाइयां बांटी गई। दीवानखाने में एक मंजिल जितना ऊंचा गौरी का सिंहासन बनाया गया। उसकी सीढ़ियां उतरते- उतरते ज़मीन पर आती थी और ऊपर ढेर का ढेर सामान सजा हुआ था। सब तरह के भोजन की जिन्स, फल-फूल, चांदी का सामान, झांसी का प्रसिद्ध पीतल का सामान, कागज़ के चित्र, तरह-तरह के मिट्टी के चित्र, लकड़ी का सामान, गमलों में फूलों के पौधे वगैरह सैकड़ों जिन्सें गौरी के सामने रखी गई थीं। जहां-तहां किमखाब के पर्दे पड़े हुए थे और जरी का चंदोवा बांधा गया था। झाड़-फानूसों से तो सारा दीवानखाना चकाचौंध हो रहा था।

चैत बीता बैशाख लगा। एक दिन शहर के दक्षिण की ओर मैदान में तम्बू गड़े दिखाई पड़ने लगे और इधर-उधर आग रोशनी भी दिखाई देती थी। सांझ के समय हम लोग किले के ऊंचे बुर्ज पर से देखने लगे तो शहर के चारों ओर जगह-जगह पर तम्बू गाड़कर पल्टनें उतरी हुई दिखाई दीं। चारों तरफ हलचल मच रही थी। लेकिन जैसा घेर दिखाई देता था उसके हिसाब से मनुष्य कम थे। रात में भेदिए ने आकर बताया कि जैसा सरंजाम दिखता है, उस हिसाब से तो आदमी कम ही हैं। लड़वैये बहुत तो बहुत साठ हज़ार होंगे। बाकी सब बाज़ारी और लगुये-भगुये हैं। चढ़ाई हो गई है यह देखकर रात में बाई साहब खुद किले पर और शहर की दीवालों पर घूम-घूम कर बन्दोबस्त करने लगीं। सब बुर्जों पर मोर्चे बांधकर तोपें चढ़ा दी गईं और वहां गोलन्दाज खड़े कर दिए गए। फाटकों के पास सिपाहियों की टुकड़ियां और उनके साथ एक-एक बहादुर और भरोसे के सरदार नियुक्त कर दिए गए।

यह पहले ही कह चुके हैं कि झांसी के बाहर चारों तरफ बड़े-बड़े मैदान हैं। दूसरे दिन सवेरे शहर की दीवाल के पास मोर्चा बांधने के लिए अंग्रेज़ों के

बीस-पचीस सवार दौड़ते हुए आए। किले के पश्चिम की तरफ आकर दीवार की तरफ बढ़ने लगे वैसे ही हमारी तरफ के दक्ष और होशियार गोलन्दाज ने तोप में पलीता रख दिया। दस-पांच मरे; बाकी भाग गए। इस तरह पहले दिन अंग्रेज़ी फौज शहर के चारों तरफ मोर्चे बांधने का प्रयत्न करती थी, लेकिन हमारे गोलन्दाज उनके चिथड़े उड़ाकर रख देते थे। दूसरे दिन भी इसी तरह मोर्चा बांधने के लिए अंग्रेज़ पिले पड़ रहे थे; लेकिन मोर्चा न बंध सका। शहर में जो बड़े-बूढ़े लोग थे, उन्हें यह मालूम था कि शहर या किले पर कहां से मोर्चा लागू होता है। लेकिन यह जानकारी भी बहुत थोड़े लोगों को थी। अन्दर के षड्यन्त्र के कारण कहो या बाहर ही अंग्रेज़ों को इस बात का जानकार मिला, यह कहो— तीसरे दिन अंग्रेज़ मौके समझ गए। फिर रात होने पर उन्होंने सब ठिकाने साध कर साधारण मोर्चे बांधे और चार घड़ी रात रहे किले के पश्चिमी बाजू पर अंग्रेज़ों की दक्षिण तरफ की गरनाली तोप चलने लगी। इधर वायव्य दिशा की ओर भी तोप गोले बरसाने लगीं। शहर पर वार चलने लगे। यह देखकर बाई साहब को बड़ा दु:ख हुआ और निराशा की पहली सीढ़ी से उनका पैर लगा। परन्तु वह ज़रा भी न डगमगाई। जगह-जगह पर और अधिक बहादुर तैनात किए और स्वयं भी खाने-पीने की चिन्ता छोड़कर किले और शहर की दीवालों पर खपने लगीं।

शहर पर तोप के गोले शुरू होने से रैयत को बड़ा त्रास हुआ। एकाध गोला रास्ते में पड़ा तो फूटकर दस-बीस-पचास को घायल करता और दस-पांच मारे जाते। किसी घर पर पड़ा तो वह तो भस्म हो ही जाता था; उसके धक्के से आस-पास के छोटे घर खण्डहर होकर गिर पड़ते थे। आग लग जाती थी। परन्तु बाई साहब ने शहर में बंबों का इन्तजाम बड़ा अच्छा कर रखा था। आग लगी नहीं कि बम्बे तुरन्त बुझाते थे। शहर में धन्धा-रोजगार बिल्कुल बन्द हो गया था। इधर-उधर आने-जाने से लोग घबराते थे।

केवल शहर में ही नहीं, किले के अन्दर भी यही हालत थी। किले में किसी छत पर गोला पड़ा तो वह फटकर बड़ी भयंकर आवाज करता था। छत टूटने से नीचे और आसपास के आदमी घायल हो जाते थे। फिर वही गोला दूसरी मंजिल का फर्श फोड़कर तीसरी में गिरता था, फिर उसी तरह मनुष्यों का संहार होता था। इस तरह मंजिलों पर मंजिलें फोड़ता हुआ तोप का एक गोला अन्त में फूट कर चारों ओर बिखर जाता था। उसके अन्दर भरे हुए छर्रे, छुरियां, कीलें एकदम लाल होकर चारों ओर उड़ते हुए मनुष्यों का नाश करते थे। किला तोड़ने के लिए अंग्रेज़ सरकार ने बहुत गोले खराब किए। उन गोलों के बनाने में उन्होंने बड़ा खर्च किया। दो-एक गोले बिना फूटे ही रह गए। हमने उन्हें वजन करके देखा तो पक्के साठ और पैंसठ सेर के निकले। इस तरह अंग्रेज़ों के चतुर गोलन्दाजों ने उत्तम गोला-बारूद के सामान से किले और शहर में त्राहि-त्राहि मचा दी। परन्तु बाई साहब ने यथाशक्ति गरीब-गुरबों का दु:ख मिटाने का प्रयत्न किया। दक्षिणी ब्राह्मणों के लिए गणपति के देवालय में अन्नछत्र शुरू हुआ। दूसरे लोगों के लिए सदावर्त चालू किया। गरीबों को मटर, चने, मुरमुरे बांटे जाने लगे।

इधर बाई साहब ने भी अपनी तरफ से अंग्रेज़ों की जबरदस्त नाकाबन्दी शुरू की। अंग्रेज़ों की तरफ के बहुत से लोग मारे गए। चौथे दिन दोपहर में अंग्रेज़ों ने किले के दक्षिण बुर्ज की तोप बन्द कर दी। उस तोप पर कोई गोलन्दाज टिक ही न पाता था। लोगों में बड़ी हौलदिली फैल गई। तभी पश्चिमी बुरुजवाले हमारे गोलन्दाज ने अपने मोर्चे की तोप दक्षिण की तरफ लगा दी, दुर्बीन से बेचूक निशाना साधकर तोप में पलीता लगाया और तीसरे धमाके में ही अंग्रेज़ों के उत्तम गोलन्दाज को ठंडा कर दिया। इस तरह दक्षिण की तोप फिर चालू करके उसने अंग्रेज़ों की तोप बन्द कर दी। गोलन्दाज की इस बहादुरी से प्रसन्न होकर बाई साहब ने उसे तत्काल अस्सी तोले चांदी का एक तोड़ा बख्शीश में दिया।

रात में शहर और किले पर गोले पड़ते थे। उसकी बड़ी भयंकर शोभा होती थी। पचास-साठ सेर का गोला जब तोप से उड़ता था तो एक छोटी-सी गेंद-सा दिखाई देता था। ये लाल भड़के गोले रात्रि के अंधकार में गेंद की तरह इधर-उधर आसमान में उड़ते हुए बड़े विचित्र लगते थे। दिन में सूर्य के प्रकाश में अप्रतिभ हो जाते थे। आदमी को ऐसा लगता था कि यह गोला मेरे ही ऊपर आकर पड़ेगा। लेकिन वह सात-आठ सौ कदम जाकर फूटता था। दिन-रात लगातार युद्ध होने से शहर जर्जर हो गया। पांचवें-छठे दिन भी इसी तरह युद्ध चलता रहा। कभी पहर-डेढ़ पहर तक बाई साहब की जय होकर अंग्रेज़ों का नाश होता था और उनकी तोपें बन्द हो जाती थीं। फिर कभी अंग्रेज़ों की जीत होने लगती थी–हमारी पल्टनें घबराने लगती थीं और तोपें बन्द हो जाती थीं। सातवें दिन सूर्यास्त के बाद पश्चिमी मोर्चे की तोप बन्द हो गई। वहां कोई ठहर ही न पाता था और शत्रुओं की तोपों ने हमारा वह मोर्चा भी तोड़ डाला। रात में कुशल कारीगरों को चुपचाप बुर्ज पर चढ़ाया गया। ईंटें और गारा वगैरह नीचे से ऊपर पहुंचाने के लिए मनुष्यों की नसेनी-सी खड़ी कर दी गई थी। कारीगर भी बड़े ही चतुर और अपने काम में निपुण थे। दुश्मनों को आहट भी न मिली और रातोंरात मोर्चा बांधकर तोप चालू कर दी गई। उस समय अंग्रेज़ लोग गाफिल पड़े थे। उनका बड़ा नुकसान हुआ और पहर भर तक उनकी दो तोपें बंद पड़ी रहीं।

आठवें दिन तड़के अंग्रेज़ी फौजों ने शंकर किले पर मार शुरू की। अंग्रेज़ सरकार के पास एक बड़ी ही मूल्यवान दुर्बीन थी। वह इतनी अच्छी थी कि उससे बड़ी दूर का दृश्य बिलकुल पास और स्पष्ट दीख पड़ता था। कौन आदमी कहां क्या कर रहा है, यह सब उससे दिखाई पड़ जाता था। दुर्बीन लगाकर उन्होंने किले में, जहां पानी की जगह थी, उस पर निशाना साधकर गोलों की झड़ी लगा दी। पहला गोला पड़ा, उस समय कुछ लोग वहां पानी भर रहे थे। उनमें से चार का तो वहीं देहान्त-प्रायश्चित हो गया, और बाकी सब अपने गगरे-मटके छोड़कर भागे। किले में पानी की बड़ी हांक पड़ी। पानी न मिलने के कारण स्नानादि सब कर्म अटक गए। तब पश्चिमी और दक्षिणी बुर्जों के गोलन्दाजों ने उस तोप पर दनादन गोले फेंकने शुरू किए, जो शंकर किले का निशाना लगा रही थी। अंग्रेजी

तोप बन्द हुई। तब कहीं जाकर पानी भरने को मिला। स्नान-भोजन की व्यवस्था होने लगी। भोजन के बाद थोड़ी ही देर हुई होगी कि एकदम बड़ा भारी धमाका हुआ और चारों तरफ धुवां ही धुवां छा गया। दसों दिशाएं गुम्म हो गयीं। सबके पेट में धस्स से लगा। दो घड़ी बाद जब धुंवा कुछ फटने-सा लगा तब चौकसी करने पर पता चला कि महल के सामने मैदान में जो गोलों का कारखाना था, उस पर अंग्रेज़ी गोला आकर पड़ा था। कारखाने के मैदान में तीन पुरुष और आठ स्त्रियों की लाशें पड़ी हुई देखीं। चालीस-पचास आदमी जलकर जख्मी हो गए थे। उस गोलों के कारखानों का कायदा यह था कि, जहां दो मन के गोले हो गए वैसे ही उन्हें बुर्ज के नीचे वाले तहखाने में भेज दिया जाता था। उस कारखाने पर गोला पड़ने से वहां जो गोला बारूद था; उसमें आग लग गई।

आठवें दिन बड़ी प्रलय मची और बड़ा ही घनघोर युद्ध हुआ। बहादुर लोग ज़ोर-ज़ोर से एक दूसरे को बढ़ावा दे रहे थे। बन्दूकों और तोपों की आवाज़ के सिवा और कुछ सुनाई ही न देता था। नरसिंहे, नगाड़े, बिगुल आदि बज रहे थे। धूल और धुआं, बारूद, गोले, बन्दूकें और बाजों की आवाज़, मनुष्यों के चीत्कार सब मिलकर बड़ा ही भयंकर वातावरण उपस्थित कर रहे थे। अंग्रेज़ी फौजों ने बड़ी तबाही मचाई। रात में आकाश से तोपों के लाल-लाल गोलों की शहर पर मूसलाधार वर्षा हो रही थी। शहर में हज़ारों लोग मर गए; अपने प्राणों की रक्षा के लिए कोई गलियारों में, कोई पैखानों में, घरों के पीछे दौड़-दौड़कर छिप रहे थे। परकोटे पर के सिपाही और गोलन्दाज एक के बाद दूसरे गिरते थे और उनकी जगह नए लोग खड़े किए जाते थे। बाई साहब को बड़ी मेहनत पड़ रही थी। चारों तरफ घूम-घूमकर सारा प्रबन्ध कर रही थीं। जहां ज़रा कमजोरी देखी वहीं आदमी बढ़ाए, आदमियों को हिम्मत दी परन्तु उन्हें बड़ी ही चिन्ता थी कि पेशवा की तरफ से मदद क्यों नहीं आ रही। इस चिन्ता ने उनको किंकर्त्तव्यविमूढ़ बना दिया। अन्त में लालू भाऊ देंकरे और भैया उपासने ने सलाह दी कि राव साहब पेशवे की ओर से जल्दी मदद आए, इसलिए गणपति के मन्दिर में सौ ब्राह्मणों को अनुष्ठान पर बैठा देना चाहिए। उसके लिए तुरन्त ही सब प्रबन्ध हुआ और उससे बाई साहब को कुछ आश्वासन मिला। कई दिन से चूर-चूर हो रही थीं और उस दिन तो उन्हें सांस लेने का भी अवकाश नहीं मिला। इसलिए दीवानखाने में जाकर ज़रा देर के लिए पड़ रहीं। वैसे ही एक भयंकर स्वप्न देखा। देखती क्या हैं कि एक गौरवर्ण की मध्यम वयस की सुवासिनी रूपवती स्त्री खड़ी है। उसकी नासिका सीधी, कपाल प्रशस्त, नेत्र काले और विशाल, शरीर पर मोती के अलंकार, लाल रंग की साड़ी और रेशमी चोली पहने हुए आंचल से कमर को कसकर किले के बुर्ज पर खड़ी है और बड़ी कठोर मुद्रा के साथ तोप के लाल-लाल गोले फैला रही है। गोले फैलाते-फैलाते उसके हाथों में काले-काले ठिक्कर पड़ गए हैं। बाई साहब को दिखाकर उसने कहा—''मैं भी यह गोले फैला रही हूं।'' स्वप्न देखते ही बाई साहब अचकचा कर उठ बैठीं और सबको यह स्वप्न सुनाया। सभी को आश्चर्य हुआ।

इधर कालपी से तात्या टोपे पन्द्रह हज़ार फौजें लेकर निकला और डबल कूच करता हुआ झांसी पहुंचा। रातोरात मोर्चा बांधकर उसने तोपों में पलीता लगाया। इधर कप्तान साहब भी अंग्रेज़ी फौज लेकर उससे लड़ने के लिए आ धमका। वह लड़ाई का दसवां दिवस था। झांसी के सब लोग इस लड़ाई पर ही झांसी के भाग्य का निर्णय समझते थे। सब लोग युद्ध देखने के लिए परकोटे की दीवार पर आकर जम गए। दोनों ही ओर के सिपाही अपनी जान होमकर लड़ रहे थे। किसी को भी अपना भान नहीं रहा। आमने-सामने की लड़ाई थी प्यादे से प्यादा, सवार से सवार जूझ रहा था। बिगुल, नरसिंघों, बन्दूकों, तोपों इत्यादि की आवाज हवा में धुन्ध सी बनकर छा गई थी। झांसी वाली बाई और उसके सरदार लोग दुर्बीन लगाकर देख रहे थे। परन्तु झांसी के दुर्भाग्य से कहो, या तात्या टोपे की अकुशलता से कहो, या हिन्दी सिपाहियों के नादान और अशूर होने से कहो, तात्या टोपे की फौज टूटने लगी। सिपाही लोग भागने लगे। अंग्रेज़ी फौजों ने मोर्चों पर से तोपें निकालकर भागने वालों पर निशाना साधा। रिसाले सवारों ने एक दम हल्का बोल दिया। यह देखकर स्वयं तात्यां टोपे भी चौबीसपने और छत्तीसपने की तोप वहीं छोड़कर से भाग गया। विजय मिलने से अंग्रेज़ों की हिम्मत दुगनी-चौगुनी हो गई। उन्हें लड़ाई का सामान भी मिला। झांसी वालों में हाहाकार मच गया। सब लोग दु:ख, भय और निराशा से टूट गए।

परन्तु निराशा की शक्ति भी कुछ विलक्षण ही होती है। सिपाहियों को अब यह विश्वास हो गया था कि झांसी अंग्रेज़ों के हाथ लगेगी और वे हमारे ऊपर जरा भी दया न करेंगे। इस विचार से उनका हौसला और दूना हो गया। बाई साहब ने सब सरदारों को इक्ट्ठा करके कहा कि आज तक झांसी लड़ी, तो कुछ पेशवा के बल पर नहीं और आगे भी उसे किसी की मदद की ज़रूरत नहीं। ऐसा निश्चय करके सरदार लोग और स्वयं बाई साहब परकोटे की दीवालों पर फिर से मेहनत करने लगीं। उसी दिन रात में अंग्रेज़ी गोलन्दाजों ने फिर भयंकर हमला किया। शहर और किले पर लाल-लाल गोलों की झड़ी लगा दी। किले के सब लोग रातभर जागते हुए बैठे रहे।

रात गई और युद्ध का ग्यारहवां दिवस आ पहुंचा। बाई साहब तलवार बांधे हुए चारों ओर सबको हिम्मत बंधा रही थीं। गोलन्दाजों को बख्शीशें दी गईं। जो तोपें बन्द हो गई थीं, वे फिर शुरू हुईं। अंग्रेज़ों ने अपनी सारी गरनाली तोपें किले पर ही लगा दीं। तब तो महलों में हाहाकार मच गया। इतने में ही एक दिगन्तव्यापी सुस्वर ध्वनि सुनाई पड़ी। देखा तो दूसरी मंजिल पर गणपति में जहां नवरात्र में कथा-कीर्तन इत्यादि बड़े हौसले से किए जाते थे और जो एक तरह से शीशमहल ही था, वहां गोला पड़ा था। उसमें चारों ओर लखनऊ के आरसे लगे हुए थे। छत भी शीशे की ही बनी हुई थी। झाड़, फानूस इत्यादि अनेक तरह के मूल्यवान झांच के पदार्थों से वह कमरा ठसाठस भरा हुआ था, उसके ऊपर तीन मंजिलें और थीं। गरनाली तोप का गोला भयंकर आवाज़ के साथ हर मंजिल को फोड़ता हुआ कीलें और छर्रे उड़ाता हुआ इस शीशमहल में सुस्वर

ध्वनि के साथ आकर गिरा था। कांच का एक भी सामान न बचा। चार मनुष्य मरे और नौ जख्मी हुए।

उस दिन महलों पर ही अंग्रेज़ी तोपों की शनि-दृष्टि थी; परन्तु खास महल को कोई नुकसान नहीं पहुंचा। बादशाही जमाने का चूने से बना हुआ मज़बूत महल कुछ यों ही टूट सकता था ? जहां गोला पड़ता वहां उतना बड़ा छेद हो जाता। यों दो-तीन छतों में भंबक हो जाते थे और गोला नाकाम हो जाता था। परन्तु ऐसा नुकसान भी कुछ कम न हुआ था। महल के हरेक दालान पर गोले पड़ने लगे। तब तो सब लोग घबराकर नीचे की एक कोठरी को निर्भय स्थान समझकर उसमें भरने लगे। उस कोठरी के ऊपर पांच मंजिलें थीं। भरते-भरते उसमें चौंसठ आदमी जमा हो गए, और वह ठसाठस हो गई। मैं भी उस कोठरी में था, दासियां भी थीं। गर्मी और भीड़ तथा प्राणों के भय के कारण शरीर से बड़ा पसीना छूट रहा था। सांस छोड़ने की भी जगह न थी। मैं तो बिल्कुल घबरा गया था। पूरी चार घड़ी उसमें काटी। मृत्यु के भय से बढ़कर दूसरा कोई भय नहीं। सबके ही जीव कसमसा रहे थे। परन्तु बाई साहब के गोलन्दाजों ने बड़ी दिलेरी और फुर्ती दिखाई। अंग्रेज़ों की तोपों को खाली कर दिया। तब कहीं जाकर महल में गोले पड़ना बन्द हुए और सब लोग उस कोठरी से बाहर निकले।

इस तरह पहर-दोपहर के लिए भयंकर घड़ी आ उपस्थित होती थी। उस दिन रात में अकेले बिस्तर पर पड़े-पड़े मेरे मन में अनेकों विचार उठने लगे। मैं यहां से अपने प्राण लेकर निकल सकूं, घर के लोगों से क्या फिर कभी भेंट हो सकेगी,–इस उधेड़बुन में लगा था कि हरिपन्त और उनकी प्रतिज्ञा याद आई। बड़े-बड़े विचार आने लगे। फिर यह सोचा कि ऐसे घोर संकट में से बैजनाथेश्वर के सिवाय और किसी में छुड़ाने की सामर्थ्य नहीं। इसका पक्का भरोसा करके मैं निश्चिन्त हो गया।

इस तरह लगातार ग्यारह दिन तक लड़ाई चली। फिर शाबाश है उस स्त्री को; उस रात को रोज़ की तरह बाई साहब शहर के और किले पर गश्त लगाकर जब बन्दोबस्त कर रही थीं। इतने में ही एक भेदिए ने आकर खबर दी थी कि दो ढाई लाख रुपयों का गोला-बारूद खर्च करके भी अंग्रेज सरकार को जय मिलती नहीं दिखाई देती। उनका गोला-बारूद भी अब चुक गया है। इसलिए कल पहर भर लड़ाई लड़ने के बाद उनका लश्कर उठ जायेगा। यह सुनकर बाई साहब को कितना आनन्द हुआ होगा, यह तो उनका मन ही जानता होगा। उनके चेहरे पर और भी दमक आ गई और उनकी शक्ति और हिम्मत दोगुनी हो गई। उस रात को दो बजे के लगभग निश्चिन्त होकर वह गहरी नींद में सो गईं। लेकिन बाई साहब के ग्रह अच्छे नहीं थे। लगभग पौ फटने के समय शहर के दक्षिण बाजू की तोप एकाएक बन्द पड़ गई। यह खबर लेकर एक आदमी आया और बाई साहब को जगाकर उसने सारा हाल कहा। सारी हकीकत उससे सुनकर सबके पेट में पानी हो गया और हमारे प्राण भीतर ही भीतर घुटने लगे। हर ! हर ! अट्टासी पहर तक बड़ी बहादुरी के साथ लड़ने के बाद अन्त में अंग्रेज़ों ने शहर

को सर कर ही लिया। छठी मंजिल पर जाकर मैं देखने लगा। उस समय सवेरे का धुंधला प्रकाश पड़ रहा था। देखा, हज़ारों मजदूरों के सिर पर घास के गट्ठर रखाए उनके पीछे-पीछे गोरे सिपाही शहर की दीवाल पर चढ़े आ रहे हैं। देखते-ही-देखते वे ऊपर आ पहुंचे। घास वालों ने दीवाल के पास पहुंचते ही अपने सिर के गट्ठर एक पर एक फेंककर सीढ़ी-सी बना दी और उसके ऊपर से होकर गोरे सिपाही झराझर उतरने लगे। दीवार पर बाई साहब के सिपाहियों में से कुछ तो भाग निकले और जो शूर थे, उन्होंने यथाशक्ति गोरों को रोका। परन्तु वे बेचारे बहुत थोड़े थे, इसलिए मार डाले गए। दस-बारह मिनट के अन्दर ही अन्दर हजारों गोरे शहर की दक्षिण दीवाल पर दिखाई देने लगे।

बाई साहब ने जैसे ही हकीकत को समझा वैसे ही सहस्र बिच्छुओं के डंक मारने के समान उन्हें दु:ख हुआ। चेहरे की आब उतर गई। अक्ल गुम्म हो गई। सोने से पहले जो खबर सुनी थी, वह क्या थी ! और अब यह खबर ! इसका अर्थ क्या है ? भय, दु:ख और आश्चर्य से चित्त ऐसा उद्विग्न हुआ कि क्या करना चाहिए, उन्हें सूझता ही न था ! बाहर आकर शून्य दृष्टि से वे दक्षिण दिशा की ओर देखने लगीं। जहां हजारों गोरे सिपाही बढ़े चले आ रहे थे। परन्तु बाई साहब हम भ्रष्ट भिक्षुकों की तरह कुछ नादान थोड़े ही थीं, भय और विचार-शून्यता का क्षण दूर गया; तुरन्त ही बाई साहब को शूरत्व का आवेश आ गया। पन्द्रह सौ विलायती अर्थात् मुसलमान अरब, जो बहुत दिनों से उनके यहां नौकर थे उन्हें लेकर तलवार खींचकर वे तुरन्त ही किले से नीचे उतरीं और बड़े दरवाज़े से दक्षिण की ओर चल दीं। गोरे लोग शहर में आ गए थे। उनकी तलवारें भी म्यानों से बाहर निकल आई थीं। सबके पीछे से चलते हुए बाई साहब सेना के मध्य से होकर तलवार लिए आगे बढ़ रही थीं। गोरे और विलायती लोगों की तलवारों में गांठ पड़ते ही चारों ओर भीषण दृश्य उपस्थित हो गया कि उसकी उपमा केवल महाभारत के युद्ध से ही दी जा सकती है। सौ तक गिनती गिनने में देर लगेगी, परन्तु जोश में भरे हुए, विलायतियों को सैंकड़ों गोरे मारने में उतनी भी देर न लगी। बाकी जो बचे थे, वे शहर में इधर-उधर भागकर घरों और पेड़ों की आड़ से बन्दूकें तानने लगे। पीछे से जो गोरे लोग आ रहे थे, उन्होंने भी तलवार न चलाकर दूर से ही गोलियां मारनी शुरू कीं। उस समय बाई साहब के साथ एक पचहत्तर वर्ष का वृद्ध और पुराना सरदार था। वह आगे आकर बाई साहब का हाथ रोककर कहने लगा, ''महाराज, इस समय आपको आगे जाकर गोली का शिकार होना व्यर्थ है। गोरे लोग इमारतों की आड़ लेकर गोलियां चला रहे हैं। सैकड़ों गोरे शहर के अन्दर आ गए हैं। इसलिए शहर के सब फाटक उन्होंने खोल दिए हैं। इस समय लड़ने से कुछ हासिल नहीं। आप किले में जाकर दरवाज़ा बन्द करके फिर कोई युक्ति सोचें। हमें समय को फिर से लौटा लाना है।'' यह कहकर उसने बाई साहब को वापस भेज दिया और हांक मारकर विलायतियों से भी लौटने को कहा, सब लोग किले में पहुंचकर फाटक बन्द करके बैठ गए।

इधर चारों ओर के फाटकों से गोरे अन्दर आने लगे और विजन करना शुरू किया। पांच बरस से लगाकर अस्सी बरस तक जो पुरुष भी दीखा, उसे गोली या तलवार से पार उतार दिया। शहर के एक भाग में आग भी लगा दी। आग पहले हलवाईपुरे से लगाई गई। उस समय शहर में ऐसा आर्त्तनाद फैला कि जिसका पार न था। भेड़िये जब भेड़ों के झुण्ड पर झपटते हैं, तब भेड़ों के प्राणों की जो दशा होती है; वही इस समय लोगों की थी। भय से आतुर होकर लोग बुद्धिहीन से इधर-उधर भाग रहे थे। भागते-भागते में ही बहुत से गोलियां खाकर मुर्दे हो गए। कोई इस गली में लपका, कोई घर के तहखाने को भागा, कोई दाढ़ी मूछें साफकर स्त्री का वेश धारण करके बैठ गया; कोई खेतों में जा छिपा। इस तरह अपने प्राण बचाने के लिए जिसे जो जुगत सूझी, वही वह करने लगा। गोरों का विजन भयंकर रूप से चल रहा था। शहर के मध्य भाग में भिंडे का बाग था। उसमें हज़ारों लोग जा बैठ रहे। जब गोरे वहां पहुंचे तो सब लोग दीन होकर ज़मीन पर साष्टांग नमस्कार करके करुण स्वर में कहने लगे–''साहब, हम निरपराधी रैयत हैं। हम लड़वैये नहीं। हम पर दयालु होकर प्राणों का दान दें, हमें न मारें।'' ऐसी करुण पुकार सुनकर उन सबके नसीब से गोरों के प्रधान अफसर को दया आ गई। उसने सबको अभय वचन देकर बाग के चारों ओर पहरा बिठा दिया, और दरवाजों पर ताले लगाकर हुक्म दिया कि न तो कोई बाहर से अन्दर जाए और न कोई अन्दर से बाहर जाए।

इस तरह उस बाग में लगभग बीस हज़ार स्त्री, पुरुष और बच्चों की जानें बच गईं।

दूसरी ओर गोरे लोग घरों में घुसकर मनुष्यों की हत्या और सोने-चांदी की लूट करने लगे। उनके घरों में घुसते ही जो दिखाई दिया उस पर सीधी बन्दूक तन जाती थी, यदि उसने चटपट अपना माल-असवाब गोरों के हवाले कर दिया, तब तो भली-भला, नहीं तो प्राण यमलोक में। बहुतों को पैसे का मोह प्राणों से भी अधिक होता है; ऐसों के तो वे बुरे हाल करते थे। कितनों के गले में उन्हीं की धोतियों का फन्दा देकर वे उनको ज़ोर-ज़ोर से झटका देते हुए रास्ते में घसीट लाते थे। घर की दीवालें और फर्श फोड़कर जो कुछ पैसा मिलता, उसे लेकर फिर उस मनुष्य को भी मार डालते थे। कभी-कभी तो ऐसा भी होता था, कि पुरुष अपने घर का माल-असबाब गोरों की एक टोली को देकर अपने को मुक्त समझता था कि तब तक दूसरी टोली आ धमकती थी, इस बार सामान न मिलने पर निर्दयी गोरे यमदूत की तरह उसके प्राण ही लूट ले जाते थे। परन्तु गोरे लोगों ने एक बड़ी बुद्धिमत्ता का काम यह किया कि उन्होंने स्त्रियों को नहीं मारा। यह बात दूसरी थी कि उन्हें आते देखकर कुलीनों की तरुण स्त्रियां घबराकर अपने सतीत्व की रक्षा करने के लिए कुओं में कूदकर अपने प्राण दे देती थीं। कहीं ऐसा भी हुआ कि गोरा घर में घुसकर पति पर बन्दूक तानता है और तभी उसकी पत्नी सामने आकर गोरे लोग की गोली अपनी छाती पर झेल लेती है। दूसरी गोली फिर उसके पति का भी काम तमाम कर देती है। इस तरह कितनी

ही स्त्रियां मरीं। परन्तु गोरे लोगों को इसके लिए दोष नहीं दिया जा सकता। इतना उत्तम व्यवहार इन पशुतुल्य सोल्जर लोगों में भला कहां से आ सकता था–यह ठीक है, परन्तु अंग्रेज़ सरकार ने उन्हें दबाव में रखने के लिए हर सोल्जर के साथ दो-दो काले सिपाही भी दिए थे। कप्तान साहब का यह हुक्म था कि कोई गोरा अगर स्त्रियों का अपमान या घात करे तो उसे वहीं गोली मार दी जाए ! अंग्रेज़ सरकार की इस दूरदर्शिता से स्त्रियां बहुत नहीं मरीं। घरों में घुसने पर सामने जो स्त्री दिखाई देती, तो गोरे लोग उससे दूर खड़े होकर डरा-धमका कर सब छीन लेते। इस प्रकार सायंकाल तक विजन और लूट करके वे यमरूपी गोरे सिपाही रात के लिए शहर का बन्दोबस्त करके अपने डेरों में पहुंच गए।

इधर बाई साहब किले में आकर बड़ी शोक विह्वल होकर दीवानखाने में बैठ गईं। उस तेजस्वी स्त्री की उस समय की स्थिति और इसके अतिमानवीय पराक्रम का यह अत्यन्त दुख:कारक परिणाम देखकर हम सबके हृदय भर आये। सब लोग इधर-उधर चिन्ताक्रान्त होकर धीरे-धीरे यही बातें करने लगे कि अब बाई साहब को क्या करना चाहिए, परन्तु बाई साहब के पास कोई भी नहीं जाता था। एक पहर के बाद शहर के हाल-चाल लेने के लिए बाई साहब छत पर आईं। उस समय शहर का जो अति दीन दृश्य उनकी आंखों के सामने आया, उसे देखकर उसके आंसू न रुक सके। हलवाईपुरा शहर का एक बड़ा और सम्पन्न भाग था। उसमें से आग की लपटें निकल रही थीं। भरी गर्मी के दिन मध्याह्न का समय और आकाश तक ऊंची उठने वाली ज्वालाओं का ताप, दु:सह हो गया। जहां-तहां चीख-पुकार और रोने-पीटने का कुहराम मचा हुआ था। बन्दूकों की आवाज़ एक के बाद दूसरी लगातार कानों के पर्दे फाड़ रही थी। मरते समय का दु:खकारक शब्द करते हुए हज़ारों कुत्ते रो रहे थे। बैल, घोड़े, खच्चर, ऊंट आदि के विभिन्न स्वर मिलकर एक करुण हाहाकार बना रहे थे। उस भयंकर स्थिति की याद आने से रोंगटे खड़े हो जाते हैं। बाई साहब को यह लगा कि मेरे कारण इन बेचारे निरपराध प्राणियों की जानें जा रही हैं। स्त्रियों का हृदय बड़ा कोमल होता है। उन्हें तुरन्त ही दूसरों पर दया हो जाती है। पुरुषों की तरह उनका मन कठोर नहीं होता। बाई साहब का हृदय दु:ख और करुणा से इतना ओत-प्रोत था कि उन्हें यह लगने लगा कि मैं महापातकी हूं, यह निश्चय उनके मन में कायम हो गया। सब लोगों को बुलाकर उन्होंने कहा, ''मैं महल में गोला-बारूद भर कर इसी में आग लगाकर मर जाऊंगी, लोग रात होते ही किले को छोड़कर चले जाएं और अपने प्राण की रक्षा के लिए उपाय करें।'' जिस वृद्ध सरदार ने सवेरे बाई साहब को किले लौटाया था, वही इस समय भी आगे बढ़ा और बाई साहब को दीवानखाने ले जाकर कहने लगा, ''महाराज आप ज़रा शान्त हों। ईश्वर ही शहर पर यह दु:ख लाए हैं; मनुष्य उसका कोई इलाज नहीं कर सकता। सारी बातें पूर्व संचित कर्मों के अनुसार ही होती हैं। आत्महत्या करना बड़ा पाप है। अपने पूर्व पापों के कारण इस जन्म में तो ये फल पड़े; सो अब और पातक बढ़ाने से लाभ ही क्या ? दु:ख में धैर्य धारण करके गम्भीरतापूर्वक

सोचना चाहिए कि उससे बचने के लिए आगे कोई रास्ता निकल सकता है या नहीं। आप शूर हैं, रात में तैयारी करके शहर के बाहर निकल चला जाय। मौका पड़ने पर शत्रु से दो हाथ लड़ते हुए घेरा तोड़कर पेशवा से मिला जाय। इस बीच में यदि मृत्यु आ गई तो बहुत अच्छा। यहां आत्महत्या करके पाप संचय करने की अपेक्षा युद्ध में स्वर्ग जीतना उत्तम है। इसलिए आप ज़रा भी दु:ख न करें स्वस्थ चित्त होकर स्नान-भोजनादि करें और रात में शत्रुओं की आंखों में बत्तियां जलाकर बाहर चलने की तैयारी करें।'' इन शब्दों से बाई साहब को बहुत कुछ धीरज बंधा और वे स्वस्थ हुई। पिता के समान दो बार सुमार्ग दिखलाने वाले उन वृद्ध सरदार के चरण छुए। इसके बाद सब लोगों ने उन वृद्ध सरदार के कहने के अनुसार ही स्नान-भोजन आदि नित्यकर्म निपटाये। दीया जले हमारी ऐसी भिक्षुक मण्डली को बख्शीशें देकर बाई साहब ने बड़े प्रेम से विदा किया। जो लड़वैये नहीं थे, उन्हें और दास-दासियों को भी सब तरह से सन्तुष्ट करके जाने की परवानगी दी। इस तरह सब लोग किले से निकलकर शहर में आए। काका के साथ मैं फिर मांडवगणे के वहां पहुंचा।

इधर बाई साहब रात के बारह बजे सब तैयारी करके किले के बाहर निकलीं। मोरोपन्त ताम्बे आदि जितने सगे-सम्बन्धी थे, वे सब भी हथियारबन्द होकर घोड़े पर सवार होकर साथ हो गए। हरेक की कमर से मोहरें बंधी थीं। खजाने में जो कुछ अर्थ था, वह सब एक हाथी पर लादा गया और उसे बीच में किया गया। साथ में दो सौ पुराने और जान पर खेल जाने वाले सरदार थे। इसके अलावा सवेरे अंग्रेज़ों के छक्के छुड़ाने वाले एक हज़ार दो सौ विलायती बहादुर भी चल रहे थे। बाई साहब पाजामा, स्टाकिन बूट वगैरह पुरुष वेश धारण किए हुए थीं और हरबे-हथियार से पूरी तरह लैस थीं। बाई साहब जिस घोड़े पर सवार थीं, वह एकदम सफेद था, ढाई हज़ार रुपये में खरीदा गया था और राजरत्न के समान ही उसका आदर था। उस घोड़े पर बैठकर पीछे रेशमी दुपट्टे से अपने बारह वर्ष के दत्तक पुत्र को बांधकर, और साथ में केवल एक रुपये की रेजगारी लेकर महारानी बाहर निकलीं। शाबास है उस स्त्री को !

इस तरह सब तैयारी होने पर 'जयशंकर' की हांक मारकर मण्डली किले से नीचे उतरी और बीच शहर से होकर दरवाज़े से बाहर निकली। सैकड़ों लोग बाई साहब का अन्तिम सन्देश लेने के लिए रास्ते पर खड़े थे। उस समय अंग्रेज़ों की ज़रा भी परवाह न करते हुए मौत के मुंह में हाथ देकर झांसी की प्रजा अपनी महारानी से मिलने के लिए खड़ी हुई थी। उन्हें देखकर यह पक्का भरोसा हुआ कि ये वीर अपनी जान पर खेल जाएंगे। परन्तु महारानी पर आंच न आने देंगे। जैसे ही बाई साहब शहर से निकलीं कि अंग्रेज़ों को खबर मिली। तुरन्त ही हल्ला-गुल्ला करके सबको सावधान किया और तोप चालू की। बाई साहब के पास बन्दूक थी। वे उसे दागती हुई घोड़ा फेंककर भागीं। उस हुल्लड़ में दोनों तरफ के बहुत से कट गए। जो बचे, वे अंधेरे में रास्ता, भटककर जहां सींग समाया, वहां भागे। चारों ओर सवार ही सवार थे। उसमें अंग्रेज़ों को यह पता

नहीं लग पाया कि बाई साहब का घोड़ा कौन-सा है। बाई साहब ने जो घोड़ा फेंका तो वह पल भर में अंग्रेज़ी फ़ौज़ों का घेरा तोड़कर उन्हें बहुत पीछे छोड़ता हुआ आगे निकल गया। उनके साथ ही दूसरे घोड़े पर एक दासी थी। इस तरह बाई साहब और उनकी दासी दुश्मन के डेरे पार करके कालपी के रास्ते पर चल दीं। एक कोस तक अंग्रेज़ों ने इनका पीछा किया। परन्तु उन्हें बाई साहब के पैरों की धूल भी न मिली। रात का समय था, अंधेरे में कुछ सूझा नहीं। निराश होकर लौट आए। परन्तु इसमें भी अंग्रेज़ों को कुछ धोखा-सा ही रहा। कभी सोचते कि बाई साहब कहीं निकलकर जा नहीं सकतीं; यहीं कहीं होंगी। इसलिए बड़ी देर तक अपनी बारूद खराब करते रहे। सबेरा होने पर लाशों में देखा तो सब सिपाहियों की ही थीं; उन लोगों का कहीं भी पता न था।

इधर बाई साहब सवेरा होते-होते झांसी मुलुक की सरहद पर एक गांव में जा पहुंची। वहां उन्होंने अपने दत्तक पुत्र को पीठ से खोलकर महालकरी के यहां भोजन कराया और महालकरी से सब हाल कहा फिर आप मुंह में एक दाना भी न देकर लड़के को पीठ से बांधकर कालपी की ओर चल पड़ीं। दिन भर बिना रुके घोड़े दौड़ते ही रहे और आधी रात के लगभग कालपी जा पहुंचे। चौबीस घंटे बिना खाए-पिए पीठ से बोझ बांधकर भर दांव भागते हुए घोड़े पर काट दिए। इससे उस स्त्री की शक्ति, हिम्मत और धीरज का कमाल दिखलाई पड़ता है। अस्तु। रात बहुत हो चुकी थी, इसलिए गोदाम पहुंचकर बाई साहब ने श्रीमन्त को अपने आने की खबर नहीं की। सवेरे प्रातः कर्मों से निपट कर यह विचार कर ही रही थीं कि पेशवा से किस तरह मिला जाय, किसी स्त्री धर्म के अनुसार वे अस्पर्श दशा को प्राप्त हुईं। उस समय बाई साहब के अन्तःकरण में पहले से भी दस गुना अधिक दुःख हुआ–स्त्रियों ने यदि अति शौर्य भी किया तो उसका उपयोग ही क्या ? मौके पर घात करने वाला उनका शारीरिक धर्म उनके साथ लगा हुआ है ही। आग में घी इस प्रकार से पड़ा कि बाई साहब के पास स्त्रियों का एक भी वस्त्र नहीं था। नए वस्त्र खरीदने के लिए पास में पैसा भी नहीं था। केवल एक रुपये की रेजगारी और हाथ में हीरे की एक अंगूठी ही थी। दासी के पास भी कोई साधन न थे। अब किसका मुंह देखा जाय ? पेशवा के यहां कोई स्त्री नहीं, सब पुरुष ही थे; उनके यहां जाकर यह सब कहने का विचार करते ही उनके प्राणों पर बन आती थी। हर ! हर ! इस विपत्ति के प्रसंग में अबला के मनोधर्म के अनुसार ही उनकी आंखों से आंसू बहने लगे। दासी भी रोने लगी। तभी किसी तरह राव साहब को खबर लगी। उन्होंने तुरन्त ही तात्या टोपे को बाई साहब के लिए योग्य बन्दोबस्त करने के लिए भेजा। तात्या ने बाजार से कीमती लुगड़ी और मुगटा लाकर दिया। भोजन के लिए सोने-चांदी के बर्तन, बिस्तर-बिछौना, तम्बू-कनाती, सब उचित प्रबन्ध करके पहरे पर सिपाही तैनात किए। फिर लक्ष्मीबाई ने तात्या टोपे और राव साहब से मिलकर सब हाल हकीकत कही। बाई साहब के घोड़े ने अच्छी नौकरी बजाई थी। परन्तु गोदाम पर पहुंचकर वह थककर गिर पड़ा। बाई साहब उसे बहुत ही

चाहती थीं। दूसरे दिन सात आठ मजूरों ने मिलकर घोड़े की दोपहर तक मालिश की। घोड़ा फिर उठकर चगा हो गया।

अस्तु ! इस तरह मृत्यु के मुंह से छुटकारा पाकर बाई साहब अपनी मित्रमण्डली में जा मिलीं; परन्तु झांसी की याद उनके मन को कचोटती ही रही। दूसरे दिन उजाला होते ही विजन शुरू हुआ। झांसी के प्रत्येक मनुष्य को यह अनुभव हो रहा था, जैसे वह टिकटी से बंधा हुआ शमशान भूमि पर रखा हो। इस संकट से कैसे बचा जाय, इसके व्यर्थ विचार करके मनुष्य घबरा रहा था। हम माण्डवगणे के घर आने के बाद बड़ी उत्कण्ठा से कल की उधेड़बुन में पड़े थे। केशवभट्ट माण्डवगणे से भी इस विषय को लेकर बातचीत हुई। उन्होंने कहा, ''तुम ज़रा भी मत घबराओ, अपने सामने ही जो हवेली है, उसके पिछले भाग में एक बखर है। वह दीवाल के अन्दर बनी हुई है। उसमें आगे अनाज और घास-भूसा वगैरह भरा हुआ है। वहां जानवर या मनुष्य को जाने का रास्ता नहीं। पहले हवेली में जाने के लिए सुरंग से एक मार्ग था। दस-पन्द्रह वर्ष पहले एक रंगरेज ने सुरंग के मुंह पर एक छोटा-सा घर बनवा लिया था। इसलिए उस सुरंग के मार्ग की अब किसी को खबर ही नहीं। उस सुरंग में जाकर हम लोग दीवाल के अन्दर बनी हुई बखर में जायेंगे।'' मैंने माण्डवगणे से पूछा, "यह बखर क्या होती है।'' उन्होंने बताया कि बुन्देलखण्ड में चोरों का बड़ा डर था। इसलिए घर की दीवालें बड़ी मोटी बनाई जाती थीं और उनके बीच में चीज़-बस्त और मनुष्यों के छिपने-छिपाने के लिए जगह रखी जाती थी। उस हवेली में अपने लोगों के छिपने के लिए ऐसी ही जगह है। उसमें घनघोर अन्धेरा है और हवा बिलकुल नहीं पहुंचती। परन्तु बाहर जीव जाय, उससे अच्छा है कि इतना कष्ट हम लोग सहन कर लेंगे। यह सुनकर मेरे जी में जी आया। मैंने सोचा कि यह सब रक्षा का उपाय भी हरिपन्त की तपस्या का ही प्रभाव है। अस्तु !

उस रात को ज़रा स्वस्थ चित्त से सन्ध्या-भोजन आदि कर सके। फिर मैं छत पर जाकर शहर के हाल-हवाल देखने लगा। सारा शहर प्रेत भूमि के समान दिखाई पड़ता था। शहर में भयंकर आग लगी होने के कारण रात्रि के अन्धकार में भी सब कुछ स्पष्ट दीख रहा था। सगे-सम्बन्धी शोक से पागल होकर अपने स्वजनों के प्रेतों के पास बैठे हुए गली में बड़ा करुण आर्त्तनाद कर रहे थे। गरीब लोग अन्न के लिए भटकते और रोते फिरते थे। जानवर भी दाने-पानी के लिए इधर-उधर फिर रहे थे। हलवाईपुरे में बड़े-बड़े श्रीमान लोगों की हवेलियां आग की लपटों से घिरी हुई थीं। ज्वालाएं आकाश को छू रही थीं और उस आग को बुझाने का कोई उपाय नहीं था। वे विशाल भयंकर ज्वालाएं इधर-उधर लपक कर दूसरे घरों को भी समेटती जाती थीं। झांसी का यह महाभयंकर अन्त देखकर मुझे सिर से पैर तक कंपकपी छूटने लगी, बड़ा डरने लगा और हृदय में जो आग भड़की, उसकी उपमा नहीं दी जा सकती। प्राणों का भय बड़ा भयंकर होता है। मुझे नींद न आई। वह रात वैसे ही जागकर काट दी। तड़का होते ही सब लोग उठकर स्नान, सन्ध्या, भोजन आदि से निपट कर उस हवेली के सुरंग-द्वार

की ओर जाने के लिए निकले। हम चाचा-भतीजे, केशव भट्ट और उनके चिरंजीव दामोदर भट्ट, जैसे ही निकलने के लिए बढ़े, वैसे ही घर में बन्दूक की आवाज़ सुनकर, हमारे प्राणों पर आ बनी। अभी सवेरा नहीं हुआ इसलिए तुम्हें मारने का कोई अधिकार नहीं, यह उन यमकिंकरों से कौन कहे ? दरवाज़े पर उन्हें खड़ा देखकर हमें विश्वास हो गया कि अब हम इस जगत में नहीं रहेंगे। मेरे शरीर से कंप और पसीना छूटने लगा। कण्ठ सूख गया और जिह्वा अकड़ कर रह गई। कमर के नीचे पैर है या नहीं, इसका भान ही न था। वे दोनों बाप-बेटे तो घर में भागकर कहीं अंधेरे में छिप रहे, परन्तु हम चाचा-भतीजे आगे ही खड़े थे इसलिए पीछे भागने का भी कोई मार्ग न था। दो गोरे बन्दूक लिए धमककर आगे आये। उस समय परमेश्वर ने ही हमें बुद्धि दी, इसमें ज़रा भी संशय नहीं। हम दोनों ने चट से पृथ्वी पर साष्टांग नमस्कार किया और मैं हिन्दुस्तानी में बोला, ''साहेब, हम बम्बई के पास ठाणें जिले के रहने वाले हैं। इधर यात्रा के लिए आए थे। आप हमें न मारें। हम लोग अंग्रेज़ सरकार की रैयत हैं। हम पिता-पुत्र गरीब भिक्षुक हैं, अपने एक यजमान के यहां दान-दक्षिणा के लिए आए थे। साहब, हमें न मारें !'' इस तरह मेरे बोलने से मेरी भाषा को देखकर उन्होंने यह समझा कि हम लोग इस देश के रहने वाले नहीं हैं। वे हमसे रुपये मांगने लगे और चारों ओर उसकी खोज करने लगे। किले से हमें ढाई सौ रुपये मिले थे। वे एक थैली में बांधकर बिछौने के नीचे रखे थे। हमारे आयुष्य की डोरी मजबूत होने के कारण वे यमदूत उन रुपयों को लेकर ही सन्तुष्ट होकर चले गए। इस मृत्यु संकट से छुड़ाने के लिए बैजनाथेश्वर की स्तुति करके हम और माण्डवगणे पिता-पुत्र, तुरन्त ही सुरंग की ओर चल पड़े। वहां जाकर देखा, सारी जगह स्त्रियों और पुरुषों से ठसाठस भरी हुई है। हम भी उस बखर में जाकर किसी तरह समा गए। एक घंटे बाद दिन निकल आया और बन्दूकों की आवाज़ें सौ गुनी हो गईं। हर आवाज़ पर मैं यह सोचता था कि एक मरा होगा। हर ! हर ! अंग्रेज़ सिपाहियों की यह कैसी दुष्टता थी; निरपराध दीन लोगों को दूसरों के पापों के लिए कैसी भयंकर सज़ा मिल रही थी। इन मारने वाले सिपाहियों में से क्या किसी को भी इन गरीबों पर दया न आई होगी ? ऐसे ही विचार करता हुआ मैं उस बखर में किसी तरह दबा घुसा बैठा था। बारह बजे के लगभग बड़ी प्यास लगी—बैसाख के दिन, उस पर हवा बिलकुल नहीं। भीड़ से दम और भी घुट रहा था। इसके अलावा बैठे-बैठे भी देह अकड़ गई थी। सो प्यास ऐसी उमड़ी कि शरीर का सब रक्त मानो सूखने लगा। ऐसा लगा कि अब तो प्राण जाते ही हैं। दूसरों ने पहले ही तजबीज कर रखी थी। मैं अन्दाज़ लगाने लगा कि अपने मुहल्ले में अब बन्दूकों की आवाज़ नहीं सुन पड़ रही। बाहर निकल आया। पास ही कुआं था। देखा, कुएं की रहट पर लोटा-डोर लगा हुआ है और पास ही मटका भी रखा है। इधर-उधर देखकर चट से मटके में डोरी फांसी और उसे कुएं में छोड़ दिया। पानी निकालकर जैसे ही घूंट-दो घूंट गले के नीचे उतारे होंगे कि पास ही हवेली में बन्दूक की आवाज़ सुनाई पड़ी।

जीव की आशा मनुष्य से कभी नहीं छूटती। मटका वैसे ही पटककर बड़ी घबराहट में भागा, सो अपनी बखर का रास्ता भूल गया। मेरे तो हाथ-पांव फूल गए, बुद्धि नष्ट हो गई और घबराकर इधर-उधर दौड़ने लगा; तभी एक बखर का मुंह दिखाई पड़ा। मैं जैसे ही सिर डालकर उतरा, तो अन्दर दो तरुण स्त्रियां दिखाई दीं। मैं हतबुद्ध हो गया। परन्तु मृत्यु का भय क्या नहीं करता ! उन बेचारियों ने भी तुरन्त ही अन्दर आने को कहा। यह बखर बहुत छोटी थी। उन दोनों स्त्रियों के बैठने के लिए भी पूरी जगह न थीं। परन्तु उन कोमल अन्त:करण वाली स्त्रियों ने अपनी अड़चन का ध्यान न करके संकट में पड़े हुए मुझको शरण दी। उनके मुंह पश्चिम की तरफ थे। अन्दर मुड़ने की जगह न थी इसलिए पूर्व की ओर मुंह करके बैठा। हमारे मुंह से मुंह लगा हुआ था और उर से उर। मेरे सामने जो स्त्री बैठी थी, वह पसीना-पसीना हो रही थी। उस समय मेरी आयु तीस बरस की थी और वह स्त्री भी अठारह से अधिक की नहीं रही होगी। ऐसे तरुण स्त्री-पुरुष एक-दूसरे से आलिंगन में बंधे हुए बैठे थे और तब भी काम-वासना उत्पन्न नहीं हुई ? इसे भयंकर मृत्यु भीति का प्रभाव ही कहना चाहिए। यों छ: या सात घड़ियां बीत गईं। जब आसपास कहीं आवाज़ न सुनाई दी तो मैं उस बखर से बाहर निकला और अपनी बखर में जाकर बैठा। मुझे सकुशल लौट आया देखकर काका को बहुत आनन्द हुआ। तब तक उन्हें यह पक्का विश्वास हो गया था कि मैं मारा गया और वे बड़ा ही शोक कर रहे थे। इस तरह परमेश्वर की दया से और हरिपन्त के पुण्य से वह दिन पार पड़ा।

रात होने पर हम लोग अपनी गुफा से निकलकर घर आए। वैसे ही पड़ोस के करकरे की पत्नी और पतोहू हमारे यहां आकर रोने लगीं। बेचारा ब्राह्मण, करकरे, साठ-पैंसठ बरस का बूढ़ा, उसका जवान-जहान लड़का,—निर्दयी गोरों ने दोनों को ही गोली मार दी थी। दिन भर तो दोनों सास-बहुएं अपने-अपने पतियों की लाशों को लेकर छिपी हुई बैठी रहीं; परन्तु जब रात पड़ी तो उन्हें डर लगने लगा। वे हमारे यहां आकर प्रेत-शुद्धि करने के लिए हाथ-पैर जोड़ने लगीं। उस समय हम सबको ही बड़ी भूख लग रही थी। फिर भी तुरन्त ही उठकर अड़ोस-पड़ोस के सात-आठ लोगों को जमा किया और करकरे के घर गए। तुलसी के मण्डप के पास आंगन में ही चिता सजाकर प्रेतों का दहन किया। पूरी-पूरी लड़कियां भी नहीं थीं, घर के दरवाज़े, पटरे, पालना आदि जो कुछ भी लकड़ी का सामान मिला, सब किसी तरह से रखकर चिता बनाई। दोनों का दहन संस्कार हो जाने के बाद उन बेचारी औरतों को हम अपने घर ले आए। ऐसे दुर्दिन में किसी को किसी प्रकार का भी अशौच नहीं लगता।

दूसरे दिन पिछली बातें याद करके हम लोग रात बीतने से पहले ही बखर में जा बैठे। उस दिन बहुत आदमी मरे। गोरे कहीं दूर से भी दिखाई पड़ते थे, तो जान बचाने के लिए लोग घास के गट्टरों में छिप जाते थे। गोरे आकर घास में आग लगा देते थे और उन्हें जल-जलकर मरने पर मज़बूर करते थे। किसी ने उनके डर से कुएं में कूदकर अपनी जान बचानी चाही तो वे लोग बन्दूकें

ताने कुएं पर ही आकर जम गए। अब या तो बेचारा बिना सांस लिए पानी में ही घुटकर मर जाए, या सिर निकाले तो गोरों को गोली से अपनी कपाल-क्रिया कराए, कितने ही खेतों में जा छिपे। उन्हें भी ढूंढ़-ढूंढ़कर मारा गया। हमारे पड़ोस के अग्निहोत्री जी होम करके बाहर आ ही रहे थे कि घर में दो गोरे और उनके साथ चार काले सिपाही घुस पड़े। गोरे सीधे होमशाला ही में पहुंचे। यज्ञ की अग्नि को लोहे के टोप से ढंक दिया था। गोरों ने सोचा कि इसमें कुछ अर्थ है। टोप हटा कर देखा, तो राख थी। यह सोचकर कि राख के नीचे माल होगा, उन्होंने जैसे ही हाथ डाला, त्यों ही होम की अग्नि से हाथ जल गया। फिर तो गोरे जलकर लाल भभूका हो गए। अग्निहोत्री, उनके लड़के और भाई को मारकर सोने-चांदी के जो गहने थे, उन्हें लूटकर चले गए। अग्निहोत्री जी के घर में उन्हें मिलाकर ग्यारह आदमी मारे गए। उनका सारा कुटुम्ब ही नष्ट हो गया। गोरे जहां जिसको देखते थे, खून की प्यास बुझाते थे। भिंडे के बाग में जो लोग बन्द थे, वे बेचारे दो-दिन से भूखे छटपटा रहे थे। तीसरे दिन गोरे पहरेदारों ने उनसे कहा कि तुम लोग अपने-अपने घरों से भोजन का सब सामान ले आओ और यहीं भोजन करो। यह सुनकर सबको ही बड़ा आनन्द हुआ और वे अपने-अपने घरों से सीधा ले आए। उनके साथ-साथ कुछ दूसरे लोग भी घुस आए और इस तरह अपने सौभाग्य के ज़ोर से तीसरे दिन के विजन से बच गए।

इस तरह तीन दिन तक विजन हुआ। शहर में जितना सोना, चांदी, हीरा, मोती, मूंगा, मानिक मिला, वह सब गोरे लोग ले गए। गोरों को लूट में कम से कम करोड़ से ऊपर रुपया तो मिला ही होगा। पुरुषों का भाग्य ही कैसा चमत्कारी होता है। तीसरे दिन अंग्रेज़ लोग शहर की सरकारी हवेली में गए और वहां भी बड़ा माल मारा। वहां उन्होंने ज़रा-सा चिथड़ा भी नहीं छोड़ा। पोथियों को भी खोलकर ले गए। झांसी की पुस्तकशाला बहुत बड़ी थी। उसकी व्यवस्था भी बड़ी ही अच्छी तरह होती थी। झांसी में जो लोग भी राज्य करते रहे, उन्होंने पुस्तकों की देखभाल बड़े उत्साह से की। चारों वेद, उनके भाष्य, सब शाखाओं के सूत्र, भाष्य सहित और परिशिष्टों तक के भाष्य मौजूद थे। स्मृति, पुराण, ज्योतिषशास्त्र, आयुर्वेद और ऐसे ही पृथ्वी पर रचे जाने वाले सब प्रकार के उत्तम ग्रंथों का वहां संग्रह था। अगर झांसी से चार सौ-पांच सौ कोस तक भी किसी नए ग्रन्थ की खबर मिलती थी, तो तुरन्त ही एक सुलेखक भेजकर उस ग्रन्थ की नकल मंगा ली जाती थी। आवश्यकता पड़ने पर काशी तक के पंडित झांसी की पुस्तकशाला में आया करते थे। सब ग्रन्थों को बड़े ही सुन्दर और मजबूत ढंग से बंधाकर रखा जाता था। मूर्ख अंग्रेज़ सरकार ने पुस्तकों की पुश्त और बेठने खोलकर तीसरे मंजिल से उन्हें धड़ाधड़ रास्ते में फेंकना शुरू किया। हवा से उन अमूल्य पोथियों के पन्ने-पन्ने उड़ाकर गली-गली में नष्ट हो रहे थे। फर्राश-खाने से जाजिमें, तोशक-तकिए, तम्बू सब ले जाकर अपने डेरे में रखे। नक्कारखाने में जाकर सब नगाड़े फोड़ दिए और उनके तांबे के मेंढरे बगल में दबाकर चल दिए। दुष्टों ने लक्ष्मी जी के मन्दिर तक को नहीं छोड़ा। देवी के

अलंकार, वस्त्र आदि सब लूट ले गए। मुझे तो ऐसा लगता है कि महालक्ष्मी स्वयं अपने ही पर क्रुद्ध होकर अपने वैभव से विरक्त हो गई थीं। कल से विजन बन्द हो जाएगा, इसलिए अंग्रेज़ लोग उस दिन बड़े उत्साह और तेज़ी से विजन का काम कर रहे थे। घर के अन्धेरे कोनों, तहखानों से भी आदमियों को ढूंढ़-ढूंढ़ कर मारते थे। धर्मशालाएं और मन्दिरों तक इन महापातकियों के हत्याकाण्ड से भर गए। कोष्ठीपुरे में तो बड़ा ही भयंकर प्राणनाश हुआ। वहां तो बेचारी अनेक स्त्रियां भी मारी गईं।

विजन का तीसरा दिन बीता तो जैसे छाती के ऊपर से भय का पहाड़ उतर गया। हमें बड़ा ही आनन्द हुआ और बखरी से निकलकर मुक्त मन से घर में आकर बैठे। आनन्द से स्नान-भोजन हुआ। तीन दिन तक तो घर में जो कुछ नाज था उसे भिगोकर वैसे ही चबा लेते थे। लोगों ने अपने चौके का नाज और नमक वगैरह नालियों में छिपाकर रखा था। किसी ने तो जमीन में गाड़ रखा था। जिनके पास कुछ नहीं था, वे बेचारे भूखे ही रहे। हमने भी माण्डवगणे के पास नाली में थोड़ी जुंधरी और बाजरा छिपा रखा था। बेचारे माण्डवगणे का चावल आदि भी सब चुक गया था। भोजन तो जैसे-तैसे चल गया, हमें कोई विशेष दुःख नहीं हुआ। परन्तु मेरी तमाखू चुक गई थी, उसके कारण तो मुझे उपवास का कष्ट होने लगा। बड़ी विचित्र बात तो यह है कि विजन के दिनों में तमाखू की ज़रा भी याद नहीं आई। कभी रात में घर आकर एकाध फंकी मार लिया करता था, परन्तु प्राणों के भय से मुक्त होते ही ऐसा लगने लगा कि तमाखू के बिना तो काम चल ही नहीं सकता। बाज़ार तो खुले ही न थे, इसलिए वह रात तमाखू की तलब में बड़ी उलझन में काटी। सबेरे एक अंगोछा पहनकर गली की मौज देखने के लिए चबूतरे पर बैठा तो देखा कि काले मन्दराजी लोग शहर में तांबे-पीतल की लूट के लिए आ रहे हैं। उन्होंने कुओं तक से बर्तन निकाल-निकालकर जमा कर लिए। बेचारे बहुत से लोगों ने अपने बर्तन भंडे बचाने के लिए कुएं में डाल दिए थे। परन्तु मन्दराजी जिन्हें केवल तांबा-पीतल ही लूटने की आज्ञा थी, वे भला बर्तनों को कैसे छोड़ देते। जब हमारे घर पहुंचे तो मैंने बड़ी नम्रता से सब हाल-चाल पूछना शुरू किया। तब उन्होंने बताया विजन के तीन दिनों में सोने-चांदी की लूट गोरों को बख्शिश में मिली। अब चार दिन और लूट होगी; लेकिन इसमें किसी की जान को धोखा नहीं होगा। लूट के ये चार दिन हिन्दुस्तान के राजे-रजवाड़ों की तरफ से मदद के लिए आई हुई पल्टनों और काली पल्टनों में बांट दिए गए। आज हम तांबा-पीतल लूटेंगे, कल सवेरे से बारह बजे तक हैदराबाद वाले लूटने आएंगे। इस तरह इनसे सब हाल-चाल मालूम करने के बाद मैंने उनसे तमाखू खाने का मांगी, उन लोगों ने खुशी से बहुत सी दे दी। फिर घर में जो बर्तन-भाड़े मिले, उन्हें लेकर चलते बने। रात में खाना बनाने के लिए दो-चार बर्तन हमने ज़मीन में गाड़ रखे थे। बाकी सब वे लोग ले गए। घड़ी-घड़ी पर काले मन्दराजियों की दूसरी टोलियां आती थीं। इसलिए सांझ तक भूखे ही मरना पड़ा। रात में वे सब लोग जब शहर

के बाहर गए, तो मैंने सालिगराम, बाण और नर्मदी गणपति की पूजा की। बाकी सब धातुमूर्तियां और पूजा के बर्तन वगैरह तो लोग ले ही गए थे। हां, मेरी पार्थिव लिंग-पूजा में ज़रा भी अड़चन नहीं पड़ी। बेलपत्र चाहिए था, सो भी दरवाज़े से लेकर पूजा कर ली। फिर नाली में रखी हुई जुंधरी और बाजरा को निकालकर दला और आग जलाकर एक बर्तन में उन्हें चढ़ा दिया। नमक चुक गया था, इसलिए अलोना भोजन ही कर लिया। घर की दीवटें तक वे लोग ले गए थे। मिट्टी का दीया ढूंढ़-ढांढ़ कर रोशनी की और फिर आस-पास के पांच-सात आदमी हमारे यहां आ गए, सो उनके साथ शहर देखने के लिए चला गया।

जगह-जगह पर लाशों को लांघकर जाना पड़ता था। आग की लपटें अभी भी ज़ोरों पर थीं जो घायल बेचारे मर नहीं पाए थे; वे भूख और पीड़ा से तड़प-तड़प कर रो रहे थे। गली-गली में लोग अपने प्रियजनों के शव खोज-खोजकर उनके पास बैठे हुए रो रहे थे। यह सब देखकर मेरा जी भर आया। मैं तुरन्त ही घर लौट आया।

दूसरे दिन हैदराबाद वाले लूटने आए। उन्हें वस्त्रों की लूट मिली थी। ऊंचे दामों के पीताम्बरों से लेकर चिथड़े-गुदड़े तक बटोर ले गए। बड़े-बड़े व्यापारियों के यहां उन्हें लाखों रुपये की लूट मिली। मैं अंगोछा पहने निःशंक मन से चबूतरे पर बैठा रहा और जो काले सिपाही उधर से निकले उनसे चार मीठे बोलकर अपनापन जताते हुए तमाखू मांग लेता था। तीसरे दिन रियासती पल्टनें आईं। वे अनाज लूटने लगीं। वे लोग अपने साथ बड़े-बड़े बैल लाए थे। दरवाज़ों पर बैलों को खड़ा करके वे घरों से गेहूं, दाल, चावल, जुंधरी, बाजरा जो मिलता था, उसे ही लाकर लाद लेते थे। अनाज लेकर मटकियां फोड़ डालते थे। चौथे दिन पंचमेल लूट शुरू हुई। जिसे जो लेने लायक मिला, वही ले गया। कुओं के रहंट, उन पर पड़ी हुई डोरियां-दरवाज़े, कुण्डी-कुलफ, पेड़ों पर से आम और दूसरे फल, लकड़ियां, कुर्सियां...कुछ नहीं छोड़ा। उस दिन हमारे पास खाने को कुछ नहीं था। बाज़ार में कुछ मिलता ही नहीं था। वेशाख के दिन सांझ तक बिना खाए कुड़मुड़ाते रहे तो प्राणों पर बन आई। सांझ को ठण्डे पानी से स्नान करके भूख और प्यास के कारण पानी से पेट भरकर मन को सन्तुष्ट किया। हर ! हर ! यह कैसे दुःख का प्रसंग था। शहर में हजारों लोग भूखे थे। लाखों मर गए थे। शहर जल रहा था। और लोग नंगे हो रहे थे। किसी के घर में भी साबित एक चीज़ नहीं बची थी। परमेश्वर के घर का न्याय बड़ा ही विचित्र है। जिन गरीबों ने अंग्रेज़ सरकार का कोई भी अपराध नहीं किया था, उन्हें कैसी भयंकर सजा मिल रही थी; परन्तु इसके लिए परमेश्वर या अंग्रेज़ सरकार को क्या कहा जाय ! शुक्रनीति में यह लिखा है कि शत्रुओं की प्रजा के साथ भी ऐसा ही व्यवहार करना चाहिए। और परमेश्वर को भी क्यों दोष दिया जाए ? झांसी वालों के पापों का यह दुष्परिणाम है। बुंदेलखण्ड में व्यभिचार की महामारी फैली हुई थी। भर्गिन का इतिहास तो पिछले परिच्छेद में वर्णन किया ही है। मुझे ऐसा लगता है कि उस घोर पातक के कारण ही लक्ष्मीबाई के निमित्त से सारे नगर को देहान्त

प्रायश्चित करना पड़ा है। इस प्रकार ईश्वर ने भूमि शुद्धि की। यह सब सोचकर मन को समाधान किया। फिर यह विचार करने लगा कि कल क्या होगा ? घर से निकलने के बाद झांसी और ग्वालियर में चार-पांच सौ रुपये कमाए; परन्तु पल्ले झंझी कौड़ी भी नहीं पड़ी। घर में तीर्थरूप पिता और मातुश्री को छोड़कर पैसा कमाने के लिए ही परदेश में आया। अनेकों कष्ट सह कर पैसा कमाया भी। परन्तु दैव के विपरीत होने के कारण पैसा एक नहीं बचा और प्राणों पर बीतने की नौबत भी आ गई। उस समय मुझे राजनीति का एक आर्याछन्द स्मरण हो आया—

''अबला यत्र प्रबला बालोराजा निरक्षरोमंत्री।
नहि नहि तत्र धनाशा जीविताशापि दुर्लभा भवति।।''

झांसी की अक्षरश: यही स्थिति थी। ऐसी राज्य व्यवस्था में पैसा मिलने की आशा तो बड़ी दूर की बात है; प्राणों तक की आशा नहीं की जा सकती। वह दिन हमारे लिए महत्त्वपूर्ण और सुकृतकर ही होगा, जिस दिन इस घोर संकट से हम बचेंगे !

अस्तु, आठवें दिन पौ फटते ही शहर में 'खलक खुदा का मुलक बादशाह का अमल अंग्रेज़ सरकार का' की डौंड़ी पिटवाकर अंग्रेज़ों ने सब लोगों को निर्भय किया। सबको अपने-अपने सगे-सम्बन्धियों की लाशें फूंकने-गाड़ने का हुकुम फर्माया और शहर में हज़ारों भंगी तैनात करके रास्ते शुद्ध कराने शुरू किए। हलवाईपुरे से कोष्ठीपुरे तक शहर जल रहा था। पानी के बम्बे लगा कर आग बुझाने का प्रयत्न किया गया। जिन लाशों का कोई वारिस नहीं था, उन्हें एक जगह इकट्ठी करके घरों में जितनी लकड़ी मिली, वह सब लाकर उन पर रख दी। खिड़कियों के पल्ले, तखत, पालने, चारपाइयां और लकड़ी का जो कुछ सामान मिला, वह सब इकट्ठा करके अनन्त प्रेतों की महान चिता प्रज्वलित की गई। उस समय नगर महाश्मशान-सा दीखता था। इसके सिवा जो हज़ारों बैल, ऊंट, हाथी, घोड़े, कुत्ते, भैंसे आदि जानवर मरे पड़े थे, उन्हें उठाकर शहर के बाहर बड़े गहरे गड्ढों में तोप दिया गया। इस तरह शहर शुद्ध होने के बाद अंग्रेज़ सरकार ने सरकारी हवेली के सामने सब तरह के जिन्सों की दूकानें खुलवाईं। अपनी-अपनी ज़रूरतों के सामान लेने के लिए हज़ारों की भीड़ लग गई। लोगों के पास जो कुछ थोड़ा बहुत पैसा दबा-दुका रह गया था, वह खर्च होने लगा। मेरे पास हाथ के दो तोले के कड़े और बटुए में पांच रुपये थे। मैंने भी बाज़ार से पान-तमाखू, चावल, नमक, गरम मसाले वगैरह सब चीज़ें खरीदीं और उस दिन यथेच्छ भोजन किया। उस समय मन में सब तरह की चेतनता आई और बड़ा आनन्द हुआ। परन्तु शहर में जो लाशें जल रही थीं, उनकी दुर्गन्ध लेकर आती हुई हवा बड़ी दुखदायी हो उठी थी फिर अंग्रेज़ सरकार ने जितनी मूल्यवान चीज़ें लूटी थीं, उनका शहर के बाहर नीलाम करना शुरू किया। हाथी, ऊंट, घोड़े इत्यादि लड़ाई के लिए उपयोगी सामान शिन्दे सरकार ने खरीदा। दूसरे राजे-रजवाड़ों ने भी बड़े-बड़े सामान खरीदे। पूर्वजों से प्राप्त किसी बड़े ही गुणी

कारीगर का बनाया हुआ एक अति उत्तम पीतल का पालना झांसी वालों के महलों से लूटा गया था। शिन्दे सरकार ने उसे नीलाम में खरीद लिया।

इस नीलाम की बिक्री से अंग्रेज़ सरकार ने अनन्त द्रव्य कमाया। शहर का पैसा तो उन्होंने बिलकुल चूस लिया, यह कहने में ज़रा भी अत्युक्ति नहीं है। इस तरह झांसी की प्रजा निर्द्रव्य होकर अपने पूर्व कर्मों के लिए प्रायश्चित करके फिर से नया संसार बसाने के लिए उद्योग करने लगी।

यह ठीक है कि नगरवासियों को निर्भय कर दिया गया था। परन्तु जो लोग राजनीति में विशेष भाग ले रहे थे, उनका अरिष्ट अभी टला न था। अंग्रेज़ सरकार ने बाई साहब के आश्रित सरदारों, मुसद्दियों को ढूंढ़ना शुरू किया। जो-जो सरदार गदर में शामिल थे और जो-जो पकड़ में आते रहे, उन्हें शहर की सरकारी हवेली के सामने फांसी दी जाती थी। लड़ाई की ग्यारहवीं रात को बाई साहब अंग्रेज़ सरकार के लश्कर में से व्यूह तोड़कर गईं थीं। उस समय उनके साथ के सवार सरदार और प्यादे विलायती लोग अधिकतर तो मर चुके थे। कुछ लोग इधर-उधर भाग गए थे। उनमें से जो पकड़े गए; उन्हें झांसी लाकर फांसी दे दी गई। लक्ष्मी बाई के पिता मोरोपन्त ताम्बे का पैर उस रात में किसी शत्रुपक्षीय की तलवार के वार से कट गया। फिर भी वह वैसे ही घोड़े की रकाब पर मार देकर घोड़ा दौड़ाते हुए दतिया पहुंच गए। उन्होंने देखा कि यह तो शत्रुओं का है; परन्तु सारा शरीर खून से लथपथ हो रहा था। कपड़े लाल हो गए थे और उस वृद्ध ब्राह्मण का शरीर जवाब दे रहा था। बेचारे ताम्बे निरुपाय होकर शहर के फाटक के पास गए। वहां एक तंबोली अपनी दुकान लगाए बैठा था। उसे देखकर वे किसी तरह घोड़े पर से उतरे और उस तंबोली को कुछ मोहरें देकर उससे शरण मांगी। तंबोली ने मोरोपन्त को अपने घर में लाकर रखा और उसके बाद राजा से जाकर सब हाल कह आया। राजा के लोग आकर मोरोपन्त को पकड़ ले गए। बाद में दतिया वाले राजा ने उन्हें अंग्रेज़ सरकार के हवाले कर दिया। अंग्रेज़ सरकार उन्हें डोली पर लादकर झांसी लाई और सरकारी हवेली के सामने उन्हें फांसी दे दी गई। इस तरह खोज-खोज कर फांसियां दी जा रही थीं। किले में काला जनरैली झंडा गाड़ दिया गया था।

विजन और लूट होने के बाद हम लोग पन्द्रह दिन तक झांसी में ही रहे। फिर एक दिन रात में हम काका-भतीजे बैठकर विचार करने लगे और यह निश्चय किया कि जब इतनी दूर आए हैं तो श्री गंगा जी का स्नान करके काशी देखकर ब्रह्मावर्त क्षेत्र में चार महीने बिताए जांय। घर से चले थे धन की लालसा में, सो तो मिला नहीं; मात्र महासंकटों को प्राप्त हुए। यह सब हमारे दुर्भाग्य का ही फल है। परन्तु काशी यात्रा के लिए भी कुछ पैसों की आवश्यकता थी; घर कमाकर ले जाने के लिए अगर न मिले तो कोई हर्ज नहीं; परन्तु यात्रा के लिए तो कहीं न कहीं से जुगाड़ करनी ही चाहिए। सोचते-सोचते यह ध्यान में आया कि श्री क्षेत्र चित्रकूट में अपने यजमान बराईकर हरिपन्त तात्या जो पेशवे सरकार के आश्रित होकर बहुत दिनों से इधर ही रहने लगे हैं, उनके यहां चला जांय।

यात्रा भी हो जाएगी, कुछ पैसा भी मिल जाएगा। कहते हैं, यहां से डाक जाती है। पहले तो राजी-खुशी की एक चिट्ठी लिखकर घर भेजी जाय और फिर मुहूर्त्त देखकर यहां से चित्रकूट को प्रस्थान किया जाय।

यह सब विचार पक्का करके दूसरे दिन मैंने पिताजी को एक पत्र लिखा। उसमें झांसी का थोड़ा-बहुत हाल लिखकर यह भी लिख दिया कि हम लोग मार्गशीर्ष या पौष के अन्त तक वरसई लौट आवेंगे। अभी ब्रह्मावर्त्त क्षेत्र जा रहे हैं; खुशाल हैं, चिन्ता न करें, वगैरह मजमून लिखकर पत्र को डाक मार्ग से रवाना किया। फिर मुहूर्त्त देखकर ब्रह्मावर्त्त के लिए निकले। उस समय हमारे पड़ोसियों को हमारी स्थिति देखकर बड़ा बुरा लगा। ब्राह्मण यहां आकर महासंकट में पड़े, अर्थ, पात्र, वस्त्र आदि सब गंवाकर अब यहां से जा रहे हैं, यह देखकर माण्डवगणे के यहां के सब लोगों की आंखों में पानी भर आया। मैंने और काका ने कमर से एक छोटा-सा अंगोछा लपेटा और लंगोटे में सोने के कड़े छिपाकर बांध लिए। तमाखू का बटुआ हम दोनों के बीच में एक ही रह गया था। वह भी बाहर से फट गया था और उसकी चिन्दियां उड़ रही थीं। हमने उसे ही अपने साथ ले लिया। तीन रुपये और एक रुपये की अंग्रेज़ी रेजगारी—बस हमारी यही कुल सम्पदा थी। एक फटी बनियान और दुपट्टा भी पहने हुए थे। लगभग पछहत्तर हाथ लम्बी डोरी और मिट्टी की एक छोटी-सी मटकी पानी पीने के लिए ले ली। ऐसे अवधूत वैभव के साथ सबको नमस्कार करके घर से चले। माण्डवगणे शहर के फाटक तक पहुंचाने आए। वहां उन्होंने हमसे यह करार करवाया कि यात्रा करके जब देश को वापस जाओ तो इधर से होकर भेंट करते हुए ही जाना। हमने कबूल किया। माण्डवगणे लौट गए और हम दोनों ने कालपी का रास्ता पकड़ा।

कालपी

मा धाव मा धाव विनैव दैवम्।
श्वा धावमानो लभते न लक्ष्मीम्।।

कालपी का रास्ता पकड़कर मंजिल दर मंजिल मारते हुए एक दिन सांझ को एक खेड़े में जाकर बस्ती की। कालपी वहां से लगभग छ: कोस रहा होगा। गांव के बाहर ही एक वृक्ष के नीचे उतरकर भोजन बना-खाकर हम लोग सो गये। प्रत्यूष बेला में एकाएक हल्ला सुनकर आंख खुल गई। उठकर देखता हूं तो सैकड़ों सवार रास्ता उधेड़ते हुए चले आ रहे हैं। हम जल्दी-जल्दी अपना सामान लपेट-लपाट कर, यह सोचते हुए कि भगवान्! अब जाने कौन-सा संकट आयेगा ? सिपाही लोगों के साथ ही साथ भागे। थोड़ी देर बाद समझ में आया कि चरखारी में पेशवों की अंग्रेज़ों से मुठभेड़ हुई थी, तो उसमें पेशवा की हार हुई। उनके साथ झांसी वाली रानी भी थीं, वह फौज लौटकर अब फिर कालपी जा रही थी। तब हम ज़रा निश्चिन्त हुए। पौ फटते-फटते एक कुएं के पास जाकर बैठ गये। डर तो निकल ही गया था। पानी खींचकर शौच, मुखमार्जन आदि करके स्वस्थ हुए। हम लोग बैठे ही थे कि चार-पांच सवार कुएं की तरफ से होते हुए निकले। उसमें झांसी वाली रानी भी दिखाई दीं। सारी पोशाक पठानी थी और शरीर धूल से भर रहा था। मुख किंचित आरक्त, म्लान और उदास था। उन्हें बहुत प्यास लगी थी और घोड़े से उतरकर हमारे पास आकर पूछने लगीं, ''आप कौन लोग हैं ?'' मैंने तुरन्त ही आगे बढ़कर हाथ जोड़कर कहा, ''महाराज ! हम ब्राह्मण हैं। आप ही की प्रजा हैं।'' वैसे ही बाई साहब भी हमें पहचान गईं। मैं मटके को जैसे ही कुएं में छोड़ रहा था कि बाई साहब बोलीं, ''आप विद्वान् ब्राह्मण हैं; आप मेरे लिए पानी न खींचे। मैं ही खींचे लेती हूं।'' उनके ये उदारता से भरे हुए शब्द सुनकर मुझे बड़ा बुरा लगा। परन्तु निरुपाय होकर रस्सी और मटका रख दिया। बाई साहब ने पानी खींचकर उसी मिट्टी के पात्र से अंजली बांध कर पानी पिया। दैवगति बड़ी विचित्र है। फिर बड़ी निराश मुद्रा में कहने लगीं, ''मैं आध सेर चावल की हकदार, मेरी ऐसी रांड़मुड़ को विधवा धर्म छोड़कर यह सब उद्योग करने की कुछ ज़रूरत नहीं थी, परन्तु धर्म की रक्षा के लिए जब इस कर्म में प्रवृत्त हुई हूं तो इसके लिए ऐश्वर्य, सुख, मान, प्राण सबकी आशा छोड़ बैठी हूं। न जाने कौन से पाप के फल से ईश्वर हमें यश

नहीं देते। चरखारी में बड़ी लड़ाई हुई; परन्तु जय शत्रुओं को ही मिली। अब वे कालपी की तरफ बढ़े आ रहे हैं। जल्दी ही वहां भी जंग होगी। जो कुछ लिलार में लिखा होगा, सो तो होगा ही।'' यह कहकर बाई साहब उठीं। हम भी खड़े हो गये। बाई साहब घोड़े पर सवार हुईं। तभी एकाएक उन्होंने पूछा, ''आप गरीब भिक्षुक ब्राह्मण, आपको घोड़े पर चढ़ना भी नहीं आता, कालपी क्यों जा रहे हैं ?'' उनके पूछने पर मैंने कहा, ''कालपी में बहुत से दक्षिणी हैं। उनसे कुछ दक्षिणा लेकर यमुना पार करके गंगा स्नान के लिए ब्रह्मावर्त्त क्षेत्र जाना चाहते हैं।''

''अच्छा तो तुम कालपी में गोदाम पर आना !'' यह कहकर बाई साहब ने घोड़ा बढ़ाया।

हम भी धीरे-धीरे डगरते हुए नौ बजे तक कालपी जा पहुंचे। अब कहां जायं ? इसका विचार करते हुए एक पेड़ के नीचे आसन जमाया। इतने में काका के परिचय का एक ब्रह्मावर्त-ब्राह्मण सहज ही बाज़ार में दिखाई पड़ गया। दक्षिणी लोगों के लिए यमुना के किनारे एक बड़ा विस्तीर्ण मंडप बना हुआ है। यहां स्नान-सन्ध्या, भोजनादि करने की सब सुविधा है। वह ब्राह्मण हमें पहुंचा आया। फिर हम भी स्नान, सन्ध्या करके बना-खाकर शहर देखने चले।

यमुना के किनारे कालपी एक छोटा-सा सुन्दर शहर है। यमुना उत्तर-दक्षिण बहती हैं। इसलिए कालपी का किला पश्चिमी किनारे पर बांधा गया है। उसके तीन ओर बड़ा मजबूत कोट है और चौथी ओर यमुना बहुत गहरी बहती है। इसलिए यह किला, जैसा देखने में भव्य है, वैसा ही सुदृढ़ भी है। किले के पश्चिम में मैदान छोड़कर आगे शहर बसा है। यहां चीनी का बड़ा भारी व्यापार होता है; इसलिए बड़े-बड़े धनी व्यापारियों की हवेलियां शहर में बनी हुई हैं। रास्ते भी बड़े अच्छे और मजबूत हैं। यमुना गहरी है, इसलिए शहर में कुएं भी बहुत गहरे हैं। शहर के पश्चिम में लड़ाई के योग्य एक बड़ा विस्तीर्ण मैदान भी है। उसे चौरासी गुमटियों का मैदान कहा जाता है। यहां पहले बादशाही में एक बड़ी भारी लड़ाई हो चुकी थी। बादशाह की विजय हुई; लेकिन उनके चौरासी बड़े-बड़े खेत रहे। बादशाह ने उनके लिए चूने पत्थर की मजबूत और सुन्दर कब्रें बनवाई थीं। उस कब्रिस्तान की ऊंची गुमटियों से मैदान की शोभा और बढ़ जाती है।

इस तरह सायंकाल तक सारा शहर घूमकर देखा। दूसरे दिन यह विचार था कि दक्षिणा का जुगाड़ करके यमुना पार निकल जाएंगे; लेकिन लोगों ने कहा, ''अंग्रेज़ सरकार के लोग बहुत नजदीक आ गए हैं और एक-दो दिन में ही कालपी पर हल्ला होने वाला है। काले लोग शहर के बाहर बड़े मजबूत मोर्चे बांधकर तैयार हो चुके हैं। यमुना उतरकर दूसरी ओर जाने का रास्ता नहीं।'' उस पार अंग्रेज़ों का पक्का बन्दोबस्त है। एक बार निकलकर पैसे के लोभ में अब फिर उसी में जा पड़े। अन्त में हमने यह सोचा कि झांसी वाली बाई से मिलकर बचने का कोई उपाय निकाला जाय। बाई साहब से मिले तो उन्होंने कहा, ''लड़ाई

तो बहुत करके आज ही रात को शुरू हो जाएगी, तुम यहां रहोगे तो व्यर्थ ही प्राण संकट में पड़ेंगे। यह ठीक है कि यमुना पार अंग्रेज़ों का पक्का बन्दोबस्त है। परन्तु यहां से चार कोस उत्तर में यमुना का घाट रोके हम बैठे हैं। तुम अभी के अभी निकल जाओ और मेरा नाम लेकर नदी पार कर लेना। बड़े रास्ते पर न जाकर पगडंडी-पगडंडी ब्रह्मावर्त्त जाना।'' यह कहकर उन्होंने राह खर्च के लिए हमें कुछ रुपये भी दिए। बाई साहब का हमारे ऊपर बड़ा स्नेह था। उनका अति उपकार मानकर रुपये लेकर डेरे पर आये और निकलने की तैयारी में लगे। सवेरे चलने वाले थे, सो उसके पहले ही आधी रात से तोपों और बन्दूकों-मृत्यु यन्त्रों– का घनघोर शब्द होने लगा। फिर तो हमें निरुपाय होकर कालपी में ही रहना पड़ा।

कालपी में तीन दिन लड़ाई चली। पेशवा की फौजें लड़ाई के लिए बेकार हो चुकी थीं। दिल्ली, लखनऊ, झांसी वगैरह में अंग्रेज़ों की जय होने से गदरवाले बहुत कुछ निराश हो चुके थे। इसलिए बहुत से पुराने तजुर्बेकार पल्टनी लोग अपने प्राणों के भय से पल्टनें छोड़कर चले गए थे। अंग्रेज़ सरकार ने उनके नाम पहले से ही जगह-जगह जाहिरनामे में लगा रखे थे। इसलिए भेष बदलकर वे लोग दूसरे-दूसरे काम-धन्धे करने लगे। जो नये लोग रखे गए थे, वे बिलकुल नौसिखिये थे। उन्हें ढंग की कवायद भी न आती थीं; इसलिए टिकाऊ नहीं थे। इतना ही नहीं, गदर में अच्छे और दमदार लोग जब मिलने को राजी नहीं हुए, तो नये सिपाहियों, चोरों, लुच्चों और लुटेरों की भर्ती होने लगी। उनका लक्ष्य लड़ाई न होकर लूट अधिक थी। तीसरे दिन जब उन सिपाहियों को लगा कि जीत अंग्रेज़ों की ही होगी और पेशवा टूटेंगे तो वे लोग सैकड़ों की तादाद में लड़ाई का मैदान छोड़कर शहर में आ घुसे और दंगा, लूट, अनीति करनी शुरू कर दी। अच्छे-अच्छे घरों को फोड़कर घुस गए और खूब लूट मचाई, चीनी की तो सड़क पर बिछायत बिछ गई। अनाथ स्त्रियों की बड़ी ही दुर्दशा की गई। ये लोग लूटपाट कर ही रहे थे कि इतने में अंग्रेज़ लोग सारे मोर्चे जीतकर शहर में आ गए। उन्हें देखते ही ये डाकू काले सिपाही जहां सींग समाया, उधर ही भाग निकले। सैकड़ों की हत्या हुई। तात्या टोपे, राव साहब और झांसी वाली बाई तो अपना रंग फीका देखकर पहले ही जंगलों में भाग गई थीं।

लड़ाई में पेशवा की पराजय होने से हम अपनी जान बचाने के लिए व्याकुल हो उठे। कुछ दक्षिणी ब्राह्मण शहर छोड़कर भाग रहे थे, हम भी उनके साथ हो लिए। परन्तु उस समय नगरवासियों की महादुर्दशा देखकर मैं एक क्षण के लिए दुःख भूल गया। कालपी की सड़कों पर चीनी धूल-सी बिखरी हुई थी। जगह-जगह पर सिपाही लोग साहूकारों को तरह-तरह के कष्ट देकर उनका मालमता लूट रहे थे। अंग्रेज़ न जाने कैसे-कैसे अत्याचार करेंगे, इसकी कल्पना से प्रजा के भय और घबराहट का ठिकाना न था। कहीं-कहीं पर गांव के लुच्चे, अन्यायी और गुण्डे लोग भी लूटपाट और अत्याचारों से रैयत पर तबाही ला रहे थे। कहीं बेचारी अबलाओं पर जुलुम होते देखा। नगर की ऐसी भयंकर स्थिति

देखकर हमारा दु:ख और भय दूना हो गया। लुकते-छिपते किसी तरह शहर से बाहर आए और बाई साहब के बताए हुए घाट की ओर चले। वहां पहुंच कर देखा कि सारा हाल-हवाल समझकर नाव वाले पहले ही भाग चुके थे। इस बेबसी और दु:ख ने हमें पागल बना दिया। सौभाग्य से एक सरदार वहां आया। उसके हाथ-पैर जोड़कर हमने उसके द्वारा एक नाव वाले को बुलाया और किसी तरह यमुना पार करके अन्तर्वेदी में पहुंचे।

उस पार पहुंचकर किनारे पर पैर रखते ही हमारे जी में जी आया। कुलदेवी और परमेश्वर की महिमा का ध्यान करते हुए हम लोग सीधे रास्ते से यात्रा न करके आड़ी-तिरछी पगडंडियों के सहारे लुकते-छिपते आगे बढ़े। गर्मी के दिन थे। सूरज सिर पर आग की तरह तपता था, एक-एक कदम भारी था। एक दिन चलते-चलते हम लोग विश्राम करने के लिए एक घने पेड़ की छाया में जाकर बैठ गए। दुर्भाग्य हमारे साथ-साथ चल ही रहा था, चार-पांच चोर हमारे सामने आकर खड़े हो गए। उनकी धमकियों से हम बड़े व्याकुल हुए। मैंने उनसे गिड़गिड़ाकर कहा कि चोर भाई, हम गरीब भिक्षुक ब्राह्मण, हमें लूटकर क्या पाओगे ! लूट कालपी में हो रही है। हमें तो तुम फतहपुर पहुंचा दो तो बड़ा उपकार होगा। परन्तु चोर भला क्यों मानने लगे थे। मुझे पकड़कर उन्होंने मेरी नंगा झोली ली और सब रुपए छीन लिए। उन्होंने पांच रुपये हमारे हाथ में रख दिए कि ये राह खर्च के लिए लेते जाओ ! और चलते बने। इस चोरी से तो हमारा मन एकदम टूट गया। कड़ाह से निकले तो भट्टी में गिरे। झांसी से बचकर निकले तो कालपी में यह हाल हुआ। वहां से किसी तरह थोड़ा पैसा जुटाकर चले, तो इन दुष्टों ने एक क्षण में ही फिर हमें कौड़ी-कौड़ी का मुहताज बना दिया। इससे मन में बड़ी ग्लानि हुई। अन्त में हमने 'सरोम्भश्चातकेनान्तं गलरंध्रेण गच्छति', इत्यादि सुभाषित से मन का समाधान किया।

अस्तु ! ईश्वर पर भरोसा रखकर फिर आगे बढ़ने लगे। चलते-चलते ब्रह्मावर्त्त से तीन कोस इधर खिरगाड़ेश्वर (क्षीरगर्त्तेश्वर) नामक एक शिवस्थान पर पहुंचे। महादेव के दर्शन करके फिर आगे को ध्यान किया। उस दिन सवेरे से ही मन में एक विलक्षण प्रकार का आनन्द और उत्साह था। जिस स्वर्गंगा को भगीरथ ने भगीरथ-प्रयत्न करके अनन्त तपों के प्रभाव से पृथ्वी पर अवतरित किया था, जिसके पावन स्पर्श से सारे पापों का तत्काल नाश होता है, जिसकी महिमा के गुणगान से वाल्मीकि, व्यास, जगन्नाथ इत्यादि के काव्य भरे पड़े हैं, ऐसी ही भागीरथी देवी के दर्शन होंगे, उस पवित्र जल से स्नान-पान होगा। यह सोचकर मन की स्थिति बड़ी चंचल हो रही थी। हमने उस दिन सवेरे से ही व्रत रखा था। सांझ के चार बजे हम लोग ब्रह्मावर्त के निकट जा पहुंचे। क्षेत्र में न जाकर सीधे गंगा जी पर ही गए। गंगा महारानी के दर्शन करते ही आनन्दातिरेक से रोमांच हो आया। नमस्कार करके हमने जी भरकर स्नान किया और आज तक के भोगे हुए सारे दु:खों और क्लेशों को सार्थक मानकर जन्म-जन्मान्तर के पापों से मुक्ति पाई।

ब्रह्मावर्त्त क्षेत्र में भागीरथी की शोभा देखते बनती है वहां लगभग डेढ़ मील चौड़ा पाट है, मूल नदी की धारा का प्रवाह बीच के आधे मील से शुरू होता है। अयोध्या के पास ढलुआं जमीन पर होकर बहने के कारण जल का यथेच्छ प्रसार हुआ, परन्तु अन्तवद की भूमि ऊंची होने से वहां गंगाजी के बीच में जगह-जगह विशाल चन्द्राकार दूह बन गए हैं। ब्रह्मावर्त्त के निकट भूमि समतल होने से सुन्दर ताल-तराई बन गए हैं। इसलिए नदी के सब गुण और सुन्दर दृश्य तथा सरोवर की रमणीयता एक ही स्थान पर संघटित हैं। जगह-जगह पर श्वेत, रक्त और नील कमल प्रफुल्लित होकर गंगाजी की शोभा को और भी बढ़ा रहे हैं। किनारे पर कुश, काश, दर्भ, वेतस आदि ब्रह्म कर्मोपयोगी तृणों की समृद्धि है। सरोवर के जल में अनेक प्रकार की जल-बेलों के पत्ते शोभा पाते हैं। इन सरोवरों का जल भी नित्य प्रवाहित होने के कारण नदी के समान ही निर्मल होता है, उसमें रंग-बिरंगी मछलियां खेलती हैं। जगह-जगह पर बगलों की शुभ पंक्तियां मोंगरे की कलियों के गज़रों की तरह मन को लुभाती हैं। किनारे पर बड़े-बड़े पुराने वृक्ष हज़ारों की संख्या में लगे हुए हैं। जगह-जगह पर ऊंचे सुरम्य देवालयों के शिखर उनके बीच में झलकते हैं। कलियुग के आरंभ से लेकर अब तक न जाने कितने ही राजाओं ने वहां पर घाट बंधवाए हैं, जो बड़े दृढ़ और सुदीठ हैं। उन पर सैकड़ों स्त्री-पुरुष सहर्ष कर्म करते हुए दिखाई पड़ते हैं। सारांश यह कि भागीरथी के दर्शन करते ही उसके पावन, स्वच्छ और शुभ्र जल में भजन करते ही और उसके चारों ओर महार्ष धर्मानुकूल वातावरण को देखते ही एक प्रकार का विलक्षण आनन्द होकर विस्मय हुआ। अधिक क्या वर्णन करूं, 'त्वत्तीरे वसत: त्वदंबु पिवत: त्वदीक्षुष प्रेक्षत:। त्वन्नाम स्मरत: त्वदर्पितदृश: स्यान्मे शरीर व्यय:,' मेरे मन की ठीक यही स्थिति हो गई। इसमें ज़रा भी अतिशयोक्ति नहीं।

अस्तु ! स्नान हो चुकने के बाद किंचित फलाहार किया और रात भर गंगा तीरे ही रहने का निश्चय करके वहीं एक देवालय में शयन किया। तड़के उठकर फिर चले और सवेरे आठ बजे के लगभग श्रीक्षेत्र ब्रह्मावर्त्त आ पहुंचे। वेदशास्त्रसम्पन्न राजे श्री बाबा कर्वे की हवेली का पता लगाकर मामा साहब वाक्नीस के घर पहुंचे। वहीं डेरा जमाया। फिर तीर्थविधि करके क्षेत्र सम्बन्धी श्राद्धादि कर्म निपटाये। वहां के लोगों ने नाना साहब और बिठूर की लड़ाई का सब हाल बताया, जो पहले भाग में हम लिख चुके हैं। भूतेश्वर से लगाकर ध्रुवघाट तक सारा क्षेत्र घूमकर देखा। एक दिन सुना कि चित्रकूट में श्रीमन्त नारायणराव पेशवे वा माधवराव पेशवे के यहां कुछ अनुष्ठान हो रहे हैं। दक्षिणा पान की आशा से ब्रह्मावर्त्त के कुछ ब्राह्मण वहां जाने वाले हैं। हमने भी सोचा कि इस अनुष्ठान से कुछ द्रव्यलाभ हो जाए, तो काशी यात्रा के लिए खर्चा निकल जाए। साथ-ही-साथ अपने यजमान राजेश्री हरिपन्त तात्या भावे वरसईकर, जो बहुत दिनों से श्रीमन्त के नौकर हैं उनसे भी भेंट हो जाएगी। चित्रकूट जाने का निश्चय किया और वहां जाने वाली ब्राह्मण मंडली का पता लगाकर उनके साथ ही प्रस्थान भी किया। रास्ते में एक जगह सर्दी-गर्मी का विकार होने से मुझे

अतिज्वर हो आया। उसके साथ ही कै और दस्त भी आने लगे। वह ब्राह्मण मंडली काका की पूर्व परिचित थी। हमारे साथ सब लोग वहीं दो दिन तक ठहरे रहे, तबीयत संभलने पर हम फिर चल पड़े। चित्रकूट में हरिपन्त भावे के घर पर ही उतरे। राजेश्री हरिपन्त से काका की जान-पहचान थी। उस समय उनकी अवस्था लगभग पचासी वर्ष की थी, फिर भी बूढ़े के दमखम नहीं गए थे। उनके घर में से मर चुकी थी। पुत्र-कन्या भी कोई नहीं था ! इसलिए उन्होंने एक लड़का गोद लेकर उसका ब्याह भी किया। वह भी चार-पांच वर्षों में ही चल बसा। उसकी विधवा पत्नी यहीं रहती थी। हरिपन्त तात्या ने इसके बाद अपने सगे भाई को जो वरसाई में ही रहते थे, पत्र लिखकर उनके पुत्र काशीनाथ राव को गोद लेने के विचार से चित्रकूट बुलाया था। उसे यहां आए भी तीन वर्ष हो गए थे। परन्तु दत्तक विधान अभी नहीं हुआ था। काशीनाथ राव के वरसई से आने के बाद उसके पिता मोरापन्त भावे का देहान्त हो गया। इस दंगे झगड़े के कारण डाक की व्यवस्था ठीक नहीं थी; इसलिए यह दु:सम्वाद उन्हें अभी तक नहीं मिल सका था। हम लोग जब ग्वालियर ही में थे, तभी शिन्दे सरकार के लश्कर में यह खबर सुनी थी कि मोरोपन्त आश्विन बदी नवमी को कैलाशवासी हो गए। जब हम चित्रकूट में हरिपन्त से मिले तो दोनों पक्षों को ही बड़ा आनन्द हुआ। परस्पर कुशल समाचार पूछने के बाद यह खबर भी मैंने उन्हें सुनाई। काशीनाथ को तुरन्त ही पयोशरणी गंगा पर ले जाकर उसके क्षौरादि कृत्य कराए। औद्र्व्य दैहिक कृत्य हो चुकने पर हमने चित्रकूट के आसपास की यात्रा की। रामायण के प्रसिद्ध पर्वत पर कामतानाथ की यात्रा के लिए गए। पयोषिणी गंगा शहर के निकट पश्चिम में बहती हैं। उसे पारकर राघो ने प्रयागी स्नान करके कामतानाथ के दर्शन किए और पर्वत प्रदक्षिणा के लिए गए। इस पर्वत पर बन्दर और लंगूर हज़ारों की संख्या में रहते हैं। उनके लिए भुने हुए चने साथ ले जाने पड़ते हैं। उनकी हदें बटी हुई हैं। हद तक लंगूर और बन्दर साथ चलते हैं और उन्हें चने दिए जाते हैं। इस पर्वत के लिए शाप दिया गया है कि उस पर कोई न चढ़े और ऐसा भी सुना है कि राम और सीता इस पर्वत पर एकान्त में रहते हैं, इसीलिए वहां कोई नहीं जाता। लक्ष्मण भी उस पर्वत पर कभी नहीं गए। उसके निकट ही एक दूसरा पर्वत है जिस पर केवल लक्ष्मण ही रहते हैं। वहां भी जाकर हम यात्रा कर आए। इस पर्वत पर पारिजात के वृक्ष बहुत हैं। पयोषिणी गंगा में रोज स्नान करने से शरीर में खुजली हो जाती है। इसका कारण यह है कि उसके किनारे बचनाग के पेड़ बहुत हैं और पानी उनकी जड़ों से छनकर बहता है।

अस्तु ! यात्रा करके फिर चित्रकूट शहर में आए। हरिपन्त तात्या ने मुझसे कहा कि वेदमूर्ति चिमणभट्ट से मेरे बारे में कह दिया है और मुझे उनसे जाकर मिल आना चाहिए। इससे नित्य दानों में मेरा नाम भी चढ़ जाएगा और अनुष्ठान में भी लगा दिया जाऊंगा। यह सुनकर मैं उसी दिन सांझ को चिमणभट्ट जी से जाकर मिला, उन्होंने कहा अनुष्ठान के लिए तुम्हारी एक महीने की नियुक्ति की है; परन्तु तुम कल सबेरे आठ बजे आ जाना। यह सब शुभ संवाद तो ठीक

ही ठीक था; परन्तु घर से निकलते ही दैव हमसे विमुख हो गया था, उसका कोई क्या करे ! पैसे फिर मिलें तो क्योंकर ? अनुष्ठान शुरू होने के पहले ही शहर में बखेड़ा शुरू हो गया। और सब बातें वहीं की वहीं धरी रह गईं।

श्रीमन्त नारायणराव और माधव राव पेशवे ने अंग्रेज़ों से बिगाड़ नहीं किया था। परन्तु उनका दीवान राधा किशन नामक एक परदेशी (हिन्दुस्तानी) था, जो अंग्रेज़ों से कांटा रखता था। जब अंग्रेज़ सरकार पर गजब पड़ा तो यहां के कलक्टर वगैरह साहब लोगों ने चित्रकूट के अधीन पचास लाख की आय का मुलक और डंघाई का मुलक श्रीमन्त नारायणराव पेशवे को देकर दफ्तर उनके पास कर दिया। साहब लोग अपनी जान लेकर भाग गए। यह इलाका आने पर दीवान जी ने उसके बदोबस्त के लिए नए सिपाही रखे। गदरवाली पल्टनों को आश्रय दिया, इतना ही नहीं, उस परदेशी दीवान ने वहां गोला-बारूद और तोपें वगैरह सामान तैयार करने का कारखाना भी खोल दिया। परन्तु नारायणराव पेशवे के मन में किसी तरह की अगर-मगर नहीं थी। ये सब बातें हमने चित्रकूट आने पर ही सुनीं।

अनुष्ठान का आमन्त्रण पाकर मैं घर लौटा तो, वैसे ही सुना कि कप्तान साहब[1] दो पल्टनें लेकर पयोषिणी के उस पार दो कोस पर अपना डेरा तम्बू तान चुके हैं। साहब ने सवार के साथ श्रीमन्त के पास एक पत्र भेजा और उसमें लिखा कि मैं तुमसे मिलना चाहता हूं; सो कल सायंकाल तक तुम दोनों भाई दीवान जी के साथ हमारे डेरे पर आकर मिलो। अपने साथ कोई हथियार और सिपाही न लाना।

श्रीमन्त के मन में कोई चोर तो था ही नहीं। उन्हें अपनी निर्दोषिता और अंग्रेज़ों के न्याय पर भरोसा था। उस पत्र के जवाब में श्रीमन्त ने तुरन्त ही एक कलम यह लिख दी कि कल आकर मिल लूंगा। फिर भी जाने क्या हो, क्या न हो, इसकी चिन्ता के कारण दोनों भाइयों को रात भर नींद नहीं आई।

यह समाचार जब शहर में फैला तब लोगों में खलबली बच गई। जहां-तहां इसी की चर्चा होने लगी। कुछ लोगों का कहना था कि श्रीमन्त को नहीं जाना था; जाने से कैदखाने में पड़ेंगे और ईश्वर न करे, उनके प्राणों पर भी आ बने। फिर तो सारा शहर लूटा जाएगा। कुछ लोग कहते थे, जब कर नहीं तो डर किस बात का ? रात के बारह बजे परदेशी दीवान श्रीमन्त से मिलने आया और साहब के डेरे में न जाने के लिए बड़ा उपदेश देने लगा, ''कल अगर आप न जाएं, तो बहुत अच्छा हो। जाने से एक मुट्ठी बारूद खर्च किए बिना ही अंग्रेज़ों का मतलब सिद्ध हो जाएगा और कदाचित् आपके प्राणों पर भी आ बने। आपकी सारी धन-दौलत लुट जाएगी। आपके पास गोला-बारूद भी है; लड़वैये सिपाही भी हैं; हम लोग जंग करें तो मन की भी निकल जाएगी और यश भी मिलेगा कभी न कभी तो मनुष्य को मरना ही है; परन्तु रांड़मरण आपके शूर और प्रतापी कुल को शोभा नहीं देता।'' ऐसी बहुत-सी आवेशपूर्ण बातें कहीं। परन्तु श्रीमन्त

---

1. मौरिसन लिखता है कि 6 जून सन् 1858 को जनरल ह्विटलौक चित्रकूट आया।—सं.

पर उसका कोई प्रभाव नहीं पड़ा। अन्त में राधा किशन परदेसी ने कहा—''मैं आपके साथ नहीं जाऊंगा। मैं तो दम के दम यहां से गोला-बारूद, तोप और फौजें लेकर जो राह सूझेगी, उसी पर चल दूंगा। खर्च के लिए आप हमें तुरन्त दो लाख रुपया दीजिए। राजी से नहीं दीजिएगा तो जबरदस्ती ले जाऊंगा।'' यह सुनकर श्रीमन्त ने सोचा, इस आदमी को जीना भारू हो रहा है। भारू तो हो ही रहा है, इसलिए हमने खुशी से रुपये नहीं दिए तो यह लूटकर ले जाएगा। इससे तो यही अच्छा है कि इसे चुपचाप रुपये दे दिए जाएं। यह विचार करके उन्होंने तुरन्त ही रुपये दे दिए। रुपये लेकर दीवान अपनी फौज के साथ उसी दम जंगलों में निकल गया। दस बारह कोस पर एक पहाड़ी किला था। उसमें पहले से ही बंदोबस्त कर रखा था। इसलिए वहीं जाकर रहने लगा। इधर श्रीमन्त ने ज्योतिषी को बुलाकर यह पूछा कि कल सायंकाल तक साहब से मिलने के लिए कौन-सा मुहूर्त शुभ होगा। ज्योतिषी जी ने बताया कि तड़के साढ़े पांच बजे ही लग्न शुद्धि ठीक है। बाकी दिन अच्छा नहीं। जैसी मर्जी हो वैसा करें। इस पर नारायणराव और माधवराव पेशवों ने सबेरे साढ़े पांच बजे ही जाने का निश्चय किया।

मैं हरिपन्त तात्या के यहां ही सोता था। झुटपुटे में उठकर हम लोग बोलचाल रहे थे, तभी घोड़ों की टप-टप, कानों में पड़ते ही, काहे की धूमधाम है, यह जानने के लिए खिड़की खोलकर देखने लगे। श्रीमन्तों की सवारी साहबों से मिलने जा रही थी। उनके साथ लगभग दो सौ शरीर रक्षक भी थे; परन्तु सब बिना हथियार के थे। खुद श्रीमन्त माधवराव और नारायणराव मियाने पर बैठे थे और मालदार आगे पुकारता चलता था। उजाले के लिए सैकड़ों मशालें भी साथ थीं। इस बिना हथियार की सवारी का ठाट देखते ही तुरन्त मुझे उस समय की याद आई जब झांसी वाली बाई किले से बाहर आकर शत्रुओं का व्यूह तोड़कर निकल गई थीं। मुझे बड़ा बुरा लगा। यह लोग केवल अपमानों और दुःखों का ही आश्रय लेने जा रहे हैं, ऐसा मुझे लगा। सवारी झराझर चलती हुई पौ फटे के लगभग पयोषिणी पार कर गई। जब पेशवे, साहब के तन्बू के पास पहुंचे, तो छः घड़ी दिवस आ चुका था। तम्बू की तरफ ज्यों ही आगे बढ़े कि गोरों ने आकर उनसे यह कहा कि सब लोग यहीं रहेंगे। केवल नारायणराव और माधवराव मियाने से उतरकर पांव-पैदल साहब से भेंट करने जाएंगे। उस समय पेशवों को बड़ा दुःख हुआ। परन्तु यहां तक आने के बाद अब दूसरा उपाय न था। उन्हें अपनी निर्दोषिता पर विश्वास था, इसलिए लाचार होकर मियाने से नीचे उतरे और तम्बू की तरफ चले। पेशवों के साथ छत्री लेकर चलने वाला एक मनुष्य होता है, उसे भी नहीं आने दिया। ऐन गर्मी के दिन, सूर्य का प्रखर ताप चढ़ रहा था। गर्मी में श्रीमन्त को इस प्रकार जाने का अवसर जीवन में पहले कभी न आया। इससे उन्हें बड़ा क्षोभ हुआ और उनके मुख-कमल आरक्त हो गए, आंखें लाल हो गईं। श्रीमन्त के तम्बू के सामने पहुंचे, तब उस वक्त साहब खाना खाने बैठा था। इसके बाद भी चार घड़ी तक श्रीमन्त वहीं खड़े रहे। कोई

पूछने भी नहीं आया। दोपहर हो गई, फिर भी पेशवों को छत्री के बिना तम्बू के सामने वैसे ही खड़ा रहना पड़ा। बैठने के लिए कुर्सी तक न दी। उनकी ऐसी दीन दशा देखकर उनके दूर खड़े हुए शरीर रक्षकों को बड़ा क्षोभ होने लगा और उस क्षोभ के कारण उनकी आंखों से आंसू बहने लगे। परन्तु कोई उपाय नहीं था। इस कष्ट और अपमान के कारण पेशवे धरती माता से ठौर मांगने लगे। अपनी बेबसी में वे आप बंधे हुए थे। शरीर से पसीना छूट रहा था। भूख और प्यास बड़ी ज़ोर की लगी थी, परन्तु 'जिस मार्ग पर चल पड़े उस पर चलते ही जाएंगे' इस सिद्धान्त के अनुसार वे सत्वशील पुरुष सारे कष्ट और अपमान को पीकर भी वैसे ही धीर भाव से खड़े रहे। अन्त में साहब बाहर आकर एकदम बोलने लगा, ''सरकार के हुक्म से तुम कैद किए जाते हो।'' और तुरन्त ही उंगली उठाकर अपने गोरे पहरेदारों को हुक्म दिया कि इन्हें पहरे में ले लो। इस तरह कैदी बनकर दोनों पेशवे गोरे सिपाहियों से घिरे हुए एक पेड़ के नीचे गए और उन्होंने उनकी निगरानी में ही स्नान, भोजन आदि कर्म किसी तरह निबटाए।

दूसरे दिन सवेरे चार बजे चित्रकूट शहर में पांच-छ: सौ गोरे और कुछ काले लोग खभड़-खभड़ करते हुए घोड़ों पर आए। आते ही उन्होंने पेशवों के महल में प्रलय मचाई। सामने दिल्ली दरवाज़े पर नक्कारखाना था; उस पर चढ़कर नौबत, नगाड़े नरसिंघे फोड़-फाड़कर रास्ते पर फेंकने लगे। फिर महल के सब नौकरों-चाकरों को पकड़कर कैद कर लिया। नारायणराव पेशवे की पत्नी पास के बंगले में जाकर कमरा बन्द करके बैठ गईं। गोरे लोग महल से गाड़ियां भर-भरकर सामान अपने डेरे पर पहुंचने लगे, छोटे-मोटे बर्तन-भांडे तक घर ले गए। महल से एक कोस तक दौलत से लदी हुई गाड़ियों की कतार जा रही थी। सोना-चांदी, हीरे, मोती, मानिक, मोहरें, रुपये जब लूट ले गए। खजानों में एक झंझी कौड़ी भी नहीं छोड़ी। सारे कपड़े, बिछौने, शतरंजियां, जाजिमें, तोशक, तकिए, वगैरह सारा फरासखान लूट लिया। महल में हथियार के नाम पर छुरी तक नहीं रहने दी। दही-दूध, घी, चीनी, गुड़, चावल, गेहूं की कोठियां लूट ले गए। ज्यादा क्या लिखूं। सूप, चलनी, कम्बलें, रजाइयां, लकड़ी की छोटी-छोटी चीज़ें, पीढ़ा, बेलन, कथरी, चिथड़े तक उठा ले गए। दोने और पत्तलें भी नहीं छोड़ीं। फिर नारायणराव पेशवे की पत्नी के पास जाकर उनके शरीर के सारे गहने मांगे। एक नथ को छोड़कर बाकी सब आभूषण उन्होंने उतार कर गोरों को सौंप दिए। फिर उनसे कहा गया कि मियाना तैयार है, इसी दम महल छोड़कर अपने किसी नातेदार के यहां चली जाओ। बेचारी बाई साहब ईश्वर का स्मरण करती हुई चित्रकूट में रहने वाले अपने मायके के एक रिश्तेदार के यहां चली गईं। फिर सिपाही मन्दिर में घुसे। देवताओं और उनके सामान को भी लूटकर ले गए। चित्रकूट वाले पेशवों के पास बड़ा माल था। सुनते हैं, चार करोड़ से ऊपर के असामी थे। इसमें से गोरों ने कुछ नहीं छोड़ा। अस्तु, महल के कुछ रसोइये, खिदमतगार, हुजरे और शिष्यों वगैरह बिना हथियार वाले सौ मनुष्यों को छोड़कर बाकी सबको नौकरी से बरखास्त कर दिया। जो राजकर्मचारी थे, उनसे सब

हिसाब-किताब लेकर उन्हें भी विदा किया।

दूसरे दिन अंग्रेज़ सरकार ने पेशवों के महल के आसपास और जितने बड़े-बड़े लोगों की हवेलियां थीं, उन सबके मालिकों को हुक्म दिया कि आठ दिन के अन्दर तुम लोग अपनी इमारतें गिराकर जगह खाली कर दो, नहीं करोगे तो तोप से हम उड़ा देंगे। इसके बाद चित्रकूट के बन्दोबस्त के लिए कुछ फौजें वहीं छोड़कर कप्तान साहब नारायणराव और माधवराव पेशवों को लेकर धुलपुकार के मुलक में बांदा का बन्दोबस्त करने के लिए निकल गए।

चित्रकूट के खजाने में अंग्रेज़ करोड़ों रुपया लूटकर ले गए। उसमें हरिकर्ण रविकर्ण नामक एक भारी साहूकार का रुपया भी जमा था। जब पेशवे पूना से हिन्दुस्तान की तरफ आने लगे तब उन्हें अपने साथ एक साहूकार को भी लाने की आवश्यकता हुई। हरिकर्ण रविकर्ण ने कहा, हिन्दुस्तान में एक भी ऐसा नहीं; जहां हमारी हुण्डियां न चलती हों ! यह सुनकर पेशवा ने उन्हें अपने साथ ले लिया। उस साहूकार ने बांदा में अपनी बड़ी भारी कोठी बनवाई। उसके पुत्र-पौत्र भी अब इसी नाम से प्रसिद्ध होकर बहुत बड़ी साहूकारी चलाते थे। बांदा का नवाब जब अंग्रेज़ों से बिगड़ा तो साहूकार ने सोचा, शायद शहर लूटा जाएगा। इसलिए वह अपनी जमा-जथा की रक्षा का उपाय सोचने लगा। तभी उसके ध्यान में आया कि चित्रकूट में पेशवों ने अंग्रेज़ों से बिगाड़ नहीं किया। इसलिए वहां मेरी लक्ष्मी सुरक्षित रहेगी। यह सोचकर उसने लगभग एक करोड़ की मोहरें लाकर पेशवों के खजाने में जमा कर दीं। खजाने में चिवड़े कूटने वाली अनेकों विधवा स्त्रियों की जन्म भर की कष्ट की कमाई भी जमा थी। लूट के बाद हरिकर्ण रविकर्ण ने अंग्रेज़ सरकार में यह अर्जी लगाई कि हम लोग गदर से बिल्कुल अलग रहे हैं और हमने अंग्रेज़ सरकार के प्रति किसी प्रकार का भी अपराध नहीं किया। चित्रकूट की लूट में हमारा भी पैसा मारा गया है। खजाने की रसीद हमारे पास है। पेशवे सरकार से अंग्रेज़ सरकार ने जो बही-खाते पाए होंगे, उनमें भी हमारा नाम और जमा दर्ज होगी। सरकार हम पर दयालु होकर हमारा रुपया लौटा दे। उसके बिना हमारा काम-काज एकदम बन्द हो गया है और हमारा हर्जा हो रहा है। अगर सरकार अभी नहीं देती, तो उसे एक महीने के अन्दर ब्याज समेत हमारा रुपया लौटा देना चाहिए। अंग्रेज़ सरकार ने हरिकर्ण रविकर्ण के कागज-पत्तर देखकर उनकी जमा उन्हें दे दी। जब चित्रकूट की उन चिवड़े कूटने वाली विधवाओं को इसकी खबर लगी, तो उन्होंने भी चटपट अपनी अर्जियां भेज दीं परन्तु उन बेचारियों की दाद-फरियाद सुनने वाला कौन था ! हरिकर्ण रविकर्ण अंग्रेज़ सरकार का महाजन था; इसलिए उसका पैसा लौटा दिया गया। बेचारी गरीब विधवाओं की अर्जियां कचहरियों की पेटियों में चली गईं।

इस तरह मौजें सुनते हुए हम लोगों ने कुछ दिन और चित्रकूट में ही अपने यजमान हरिपन्त तात्या के यहां काटे। फिर आगे की सोचने लगे। चित्रकूट में हमें थोड़ा-बहुत पैसा मिला उसके वस्त्र पात्र न खरीद कर हमने नकद रुपये ही कमर से बांध लिये और कुछ लोग बांदा जा रहे थे, सो उनके साथ हम

लोग भी हो लिये।

बांदा शहर का नवाब अंग्रेज़ों से बिगाड़ कर चुका था। पहले जब गदर शुरू हुआ तब उसने धुलपुकार के नवाब के साथ मिलकर अंग्रेज़ों को बड़ा नुकसान पहुंचाया। फिर अंग्रेज़ों ने बांदा पर लड़ाई लड़ी और शहर पर अधिकार कर लिया। नवाब का महल लूटा-पाटा गया। यह देखकर शहर के लोग बड़े घबड़ाए, परन्तु उनकी पूर्व पुण्याई के प्रभाव से अंग्रेजी फौजों ने शहर में किसी को भी नुकसान नहीं पहुंचाया। बांदा का यह हाल सुनकर हमने उस शहर को सब तरह से सुरक्षित माना। हमारे साथ ब्रह्मावर्त्त के और चित्रकूट के सब मिलाकर नौ ब्राह्मण थे। हमने एक गाड़ी किराए पर कर ली। उसमें सब लोगों ने अपनी गठरी-मुठरी रख दीं और पैदल ही चल दिए।

एक दिन सवेरे उठकर हम लोग फिर आगे बढ़े। हमारे सामान की गठरियां गाड़ी में ही थीं। मैं बनियान पहने था, उसके ऊपर दुपट्टा, कमर में अंगोछा लपेटे हुए थे। हाथ में तम्बाकू का बटुआ था। उसमें सत्तू की पोटली, शक्कर, सूखी मैथी और पीतल का एक बड़ा कटोरा रखा। बस इतना ही ऐश्वर्य अपने पास था। गाड़ी सवेरे हमसे पहले ही रवाना हो चुकी थी। दस बजे के लगभग एक गांव में एक छायादार जगह में उतरकर स्नान-संध्या आदि से निवृत्त हुए और फिर चलने लगे। गर्मी के दिन तो थे ही; सूर्य का तेज अति प्रखर होकर बड़ा कष्ट दे रहा था। बार-बार पेड़ों की छाया में जाने की इच्छा होती थी। सब लोग बोलते-बतियाते चले जा रहे थे। हम चचा-भतीजे भी पीछ-पीछे बातें करते हुए चल रहे थे। बोलते-बोलते यकायक मैंने देखा कि काका कुछ हां-ना कर ही नहीं रहे हैं। मैंने उनको देखा तो उनका चेहरा और आंखें आग भभूका हो रही थीं और शरीर झुरमुरा गया था। उनकी यह दशा देखकर मैं घबरा गया और उनका हाथ पकड़कर चलने लगा। परन्तु पांच-दस मिनट के अन्दर ही गर्मी ने उन्हें बेहोश कर दिया और वे निर्जीव से होकर मेरे शरीर पर झुक गए। तब मैंने सब लोगों को गुहारकर बुलाया और काका की दशा दिखाई। सबने कहा पास ही में एक कुआं है; इन्हें वहां ले चला जाए। सब लोग मिलकर काका को उस कुएं के पास एक छायादार पेड़ के नीचे ले गए। मैंने अपना दुपट्टा जमीन पर बिछाकर काका को उस पर लिटा दिया, फिर दौड़कर कुएं से पानी ले आया और काका के सिर तथा आंखों पर छिड़कने लगा। बटुए से मैथी निकालकर पानी में मलकर काका के सारे शरीर पर लगा दिया। परन्तु उन्हें होश नहीं आया। उस समय मेरी दशा पागलों जैसी हो गई थी। साथ वाले लोगों से पूछा कि गांव कितनी दूर होगा। उन्होंने बताया, ''दो कोस आगे-पीछे कहीं कोई बस्ती नहीं है और हम लोगों को यहां बड़ी देर हो गई है। हमारी गाड़ी दूर निकल गई है, उसे सांझ तक मुकाम पर पकड़ना चाहिए। अगर हम सब लोग यहीं बैठे रहे तो गाड़ी का पता न चलेगा। इसलिए हम लोगों को चलना चाहिए।'' ये कहकर वे सब लोग उठ खड़े हुए।

यह सुनकर मैं सन्न रह गया। ये सब लोग मुझे इस जंगल में छोड़कर

सचमुच चले जाएंगे ? फिर मेरी और काका की क्या दशा होगी ? यह सोचकर मैं मन ही मन रो उठा और बड़े दीन भाव से उन लोगें के पांव पकड़कर कहने लगा, ''आप लोग ब्राह्मण हैं, काका के परिचय के हैं। इस दीन ब्राह्मण को यों संकट में छोड़कर न जाएं। मुझे यहां की भाषा साफ नहीं आती, और काका निर्जीव से पड़े हैं। खाली सांस ही चल रही है। आगे-पीछे दो कोस में कहीं बस्ती भी नहीं है। इसलिए काका को ऐसी दशा में छोड़ना उन्हें मृत्यु को ही सौंप देने के समान है। मेरे ऊपर कृपा करें। मुझे इस संकट से उबार लें; तो मैं आप लोगों का उपकार जीवन भर नहीं भूलूंगा। आप लोग सहारा देकर काका को अगले गांव तक ले चलें और फिर अगर आप चले भी जाएंगे तो हर्ज नहीं होगा।'' इस तरह मैंने अनेक तरह से उन लोगों से प्रार्थना की। परन्तु उन पत्थर के हृदयवालों को मेरे ऊपर दया नहीं आई। ''हमारी गाड़ी दूर चली गई है, इसलिए मुकाम पर पहुंचकर उसे पकड़ना ही चाहिए,'' कहकर सब लोग चलते बने। तब तो मैं रो उठा और रोते-रोते उनके पीछे दौड़कर उनसे कहने लगा कि गाड़ी आगे चली गई है तो दो जल्दी से चलने वाले लोग आगे जाकर उसे मुकाम पर रोक लें। बाकी सात आदमी यहीं ठहर कर मुझे इस संकट से उबार लें। इस अनाथ को यों जंगल में छोड़कर न जाइए। यह कहता हुआ मैं उन लोगों के पीछे-पीछे सौ-पचास कदम दीन भिखारियों की तरह रोता हुआ गया; परन्तु उन निर्दय ब्राह्मणों पर उसका तनिक भी प्रभाव पड़ा। अन्त में मैंने उन लोगों से कहा कि तुम हमारे जाति भाई होते हुए भी इस देश में रहने के कारण महानिर्दयी हो गए हो ! तुम लोगों को अपने जाति भाई और स्नेही पर भी दया नहीं आती ! अरे एक बार तो अपने मित्र का ध्यान करके यह कठोरता छोड़ दो। गाड़ी चली जाएगी तो कोई हर्ज नहीं। मैं यथाशक्ति तुम्हारा नुकसान भर दूंगा। तुम्हारे पापों के कारण ही ब्रह्मावर्त्त क्षेत्र लूटा गया और उस लूट में तुम्हारा क्या कुछ कम नुकसान हुआ ? अब मित्र-त्याग का घोर पाप मत करो, इत्यादि बहुत कुछ कहकर उन्हें पीछे लौटाना चाहा। लेकिन वे पाषाण-हृदय ब्राह्मण उलटे झराझर बढ़ते ही चले गए। तब तो मुझे बड़ा क्रोध आया। मेरे हाथ-पैर-ओठ थरथर कांपने लगे, मुंह से ठीक तरह से शब्द भी नहीं निकलता था। मैंने अन्त में निरुपाय होकर उन नराधम ब्राह्मणों को शाप दिया कि तुम लोग ब्राह्मण नहीं हो। इस घोर पाप के कारण तुम सबको, जब तक सूर्य और चन्द्रमा हैं, तब तक नरक भोगना पड़ेगा। तुम्हारे भरोसे मैं चित्रकूट से चला। अब इस बियाबान में हमें संकट में छोड़कर चले जा रहे हो। इसके लिए परमेश्वर तुम्हें दण्ड दिए बिना नहीं रहेंगे। मैं यह कहता ही रहा और थोड़ी देर में ब्राह्मणों की धूल भी न दिखाई देने लगी। रोते-रोते मैं काका के पास आकर बैठ गया। इस घटना के कारण मेरे हृदय में दु:ख का जो सागर उमड़ा उसके आगे वर्षा ऋतु के समुद्र का क्षोभ भी तुच्छ है। एक तो क्रूर ब्राह्मणों की निर्दयता से चित्त उद्विग्न था और अपनी परवशता पर आंसू आ रहे थे। दूसरे काका की इस दशा से चिन्ता मेरे मन को खाए जा रही थी। इन्हें होश में लाने के लिए मैं क्या करूं? और

अगर मुझे छोड़कर ये यहीं स्वर्गवासी हो गए तो मैं यहां उनकी मिट्टी कैसे ठिकाने लगाऊंगा ? अगर किसी गांव में मदद लेने जाऊंगा तो लौटते-लौटते रात हो जाएगी और मेरे लौटने से पहले ही काका गीदड़ों, कुत्तों आदि के भक्ष्य बनेंगे। इन निराली तरंगों से मेरा मन व्याकुल हो उठा। इस भयंकर जंगल में और गदर के दिनों में, इस रास्ते में कहां से मदद मिल सकती है ? यदि कोई मिल भी जाए तो मेरे ऐसे महापातकी को कोई सहारा देगा, इसका ठिकाना ही क्या ? यह सब सोच-सोचकर आंखों से आंसुओं की झड़ी लग गई। फिर एक बार मन में आशा आ गई और रस्सी-लोटा लेकर कुएं से पानी लाया। काका के सिर और आंखों पर छींटे दिए, मैथी मली; परन्तु सब अकारथ गया। दु:ख से पागल होकर मैं काका को ज़ोर-ज़ोर से पुकारने लगा। परन्तु वे बोलते कैसे ! इस तरह घंटे भर तक खटपट करता रहा। परन्तु कुछ न हुआ। तब तो मैं हर तरह से निरुपाय होकर ज़ोर-ज़ोर से रोने लगा। मुझे विश्वास हो गया कि अब ये आंखें नहीं खोलेंगे। मुझे पिछली बात याद आने लगी। काका के परिचय और विद्वत्ता के कारण ही उज्जयिनी, ग्वालियर, झांसी, ब्रह्मावर्त आदि स्थानों में कैसा सुख मिला, अनेक बार संकटों में से होकर निकले। परन्तु इसी को देखने के लिए ! पिछले संकटों से छूटने पर जो आनन्द हुआ था, उसकी परिणति यों होने को थी ! यह सोचकर तो मेरे मन में शोक की आग और भी भड़क उठी। बचपन से लेकर आज तक का सारा जीवन आंखों के सामने नाचने लगा, 'मेरा विष्णु जिस दिन मुझे फिर दिखाई पड़ेगा, वह तो सोने का दिन होगा,' मातुश्री के ये शब्द याद आते ही मेरा शरीर शोकावेग से जड़वत् हो गया। पिताजी, हरिपन्त, उनकी सौगन्ध आदि का स्मरण कर जी फड़फड़ाता था। पिताजी की वृद्धावस्था है। घर-संसार का सारा बोझ मेरे सिर पर है, अब उस सबका क्या होगा ? इस एक बनियायन के ऐश्वर्य को लेकर मैं कैसे घर लौटकर जाऊंगा ? इन दुष्टों ने गाड़ी पर से मेरा सामान और रुपये भी चुरा लिए होंगे ! इस लालच से तो वे नराधम हमें इस दशा में छोड़कर चले गए हैं ! इत्यादि सब सोचता हुआ इतना रोया कि आंखों में आंसू भी न बचे। सांझ की बेला आ लगी। सूर्य नारायण क्षितिज पर पहुंच गए। आकाश और पृथ्वी सूर्य की लाल किरणों से रक्तमय और उदास दीख पड़ने लगे। वृक्ष, निश्चल शव के समान लगते थे। मैं भी प्रेत की तरह निश्चल होकर काठ की तरह अकड़े पड़े हुए काका के पास बैठा था।

अब थोड़ी देर में रात हो जाएगी और सारा जंगल सांपों और जंगली जानवरों से भर जाएगा, तब मैं अपने काका के प्राण कैसे बचाऊंगा ? व्याकुलता के कारण मैं एकदम उठकर खड़ा हो गया और पश्चिम में सूर्य नारायण को हाथ जोड़कर प्रार्थना करने लगा कि प्रभो ! तू तो ब्राह्मणों का रक्षक है, तू ही मुझपर दया कर ! इस जंगल में मुझे अकेला छोड़कर न जा। उसके बाद पागलों की तरह शून्य दृष्टि से इधर-उधर ताकता खड़ा रहा। उस समय काका की पूर्व पुण्याई, हमारे कुटुम्ब के सौभाग्य और सर्वोपरि हरिपन्त की विलक्षण ईश्वराधना के प्रभाव से अचानक मुझे दूर पर एक गाड़ी जाती हुई दिखाई पड़ी। उसे देखते

ही मुझे बड़ा आनन्द हुआ और दौड़ते-दौड़ते गाड़ी के पास पहुंचा। मैंने गाड़ीवान से जाकर काका की सब दशा कही और बड़े दीन भाव से उससे सहायता मांगी। मैंने उससे कहा, तुम हमें अपनी गाड़ी पर अगर पास के किसी गांव में पहुंचा दोगे तो मैं तुम्हारा जन्मभर उपकार मानूंगा और दो आने पैसे मजूरी के दूंगा। वह बोला कि जाना तो मुझे दूसरी तरफ है; पर चलो तुम्हें गांव तक पहुंचा दूंगा। लेकिन मैं गांव के अन्दर नहीं जाऊंगा; क्योंकि वहां मेरे बहुत से सगे-सम्बन्धी रहते हैं। मुझे राजी होते देर क्या लगती थी ? तुरन्त ही हम दोनों ने आकर काका को गाड़ी पर उठाकर रखा और चल पड़े। गांव के निकट पहुंचकर नींबू के एक पेड़ के नीचे हम दोनों ने मिलकर काका को उतारा और मैंने अपना दुपट्टा बिछाकर उन्हें लिटा दिया। उनका सिर नीचा पड़ रहा था। इसलिए मैंने अपने अंगौछे की गुड़मुड़ी-सी बनाकर उसे सिर के नीचे टिका दी। इतने में ही वह गाड़ीवान भाड़े के पैसे के लिए बिना ही बैलों को हांक चला। यह देखकर मैं तुरन्त ही उसे पैसे देने के लिए भागा; लेकिन गाड़ी दूर जा चुकी थी इसलिए लौट आया। फिर मुझे ऐसा लगा कि हो न हो, ईश्वर ही गाड़ीवान का रूप धारण करके मुझे संकट से उबारने आए थे। उसे जाना कहीं और था और मेरे ज़रा-सा कहने पर इधर आने को राजी हो गया। फिर किराए के पैसे भी न लिए। सबसे बड़ी बात तो यह कि ईश्वर को पुकारते ही तुरन्त यह गाड़ी दिखाई दी थी। सब कुछ मुझे बड़ा चमत्कार-सा लगा। प्रत्यक्ष ईश्वर मेरे सामने आए थे और मैं ऐसा मूर्ख निकला कि उनके चरण पकड़कर अपना जीवन भी सार्थक नहीं किया ! इसके लिए बड़ी देर तक मेरे मन को पश्चात्ताप होता रहा। उसके बाद दो ब्राह्मण आते दीख पड़े। उनके पास जाकर मैंने इधर की भाषा में किसी तरह काका का सब हाल बताया और उनसे कहा कि तुम लोग अगर इन्हें गांव में पहुंचा दोगे तो मैं दो पैसे दूंगा, उन्होंने यह कबूल कर लिया और गांव में एक पीपल के पेड़ के नीचे लाकर अच्छी तरह काका को लिटा दिया।

दिन भर की मेहनत के बाद भूख बड़ी ज़ोर से लगी थी। काका की सांस चल रही थी और शरीर भी ठंडा नहीं पड़ा। यह देखकर मेरे मन में नये रूप आशा जागी। फिर सोचा कि काका जब होश में आयेंगे तो उन्हें तुरन्त ही कुछ खाने को देना चाहिए। इसलिए पहले से ही भोजन बनाने की खटपट में लगा। गांव में घूम-फिर कर कुम्हार का पता लगाया। एक घड़ा पानी के लिए और हांडी खिचड़ी बनाने के वास्ते ली। फिर बनिए की दूकान पर जाकर मूंग की दाल, चावल और नमक लिया। लौटकर पानी का ठिकाना खोजने लगा। पास में कुआं तो था; लेकिन उसका पानी खारा था। मीठे पानी का कुआं दूर है, यह सुना। किसी तरह जाकर मीठे कुएं से पानी लाया। प्रवास में कैसे-कैसे दु:ख झेलने पड़ते हैं ! इसी सब खटपट में घड़ी भर रात हो गई। फिर कण्डे जलाकर खिचड़ी की हंडिया उस पर रखी। उसी समय एक बैरागी वहां आया। काका को देखकर और सब हाल सुनकर उसने कहा कि तुम्हारे पास खारे पानी का कुआं है, दो-चार गगरे खींचकर सिर पर छोड़ो तो ब्राह्मण तुरन्त ही सावधान

हो जायेगा। मेरे पास एक ही गगरा था और उसमें मीठा पानी भरा हुआ था। आसपास मिट्टी के एक और घड़े की खोज में गया, तो एक बेचारी दयावान स्त्री ने मुझे एक घड़ा दे दिया। फिर मैंने काका के सिर पर पानी डालना शुरू किया। इधर खिचड़ी सीझ रही थी। चांदनी रात थी, इसलिए सब कुछ साफ दिखाई देता था। कुछ देर सिर पर पानी डालकर थपथपाता था और जब गगरी आधी रह जाती तो उनके सिर पर पानी की धारा बांध देता था। इस तरह चार घड़े पानी पड़ा तो काका होश में आकर बोले, ''अरे विष्णु मुझे सर्दी लग रही है। पानी बस कर।'' काका के मुंह से ये शब्द सुनकर मुझे जो आनन्द हुआ है, उसकी उपमा नहीं। फिर काका ने पूछा कि वे ब्राह्मण कहां गए ? तब मैंने उनसे सब हाल कहा। यह सुनकर रोमांच हो आया। मैं बोला, ''काका, तुम बचते नहीं तो मैं इस देश में अनाथ ही हो जाता। ईश्वर की कृपा से ही तुम मुझे फिर से मिले हो। अस्तु। ये बातें तो फिर होंगी, तुम्हें अब भूख लगी होगी, मैंने खिचड़ी बनाई है, थोड़ी-सी खा लो !''

काका के कपड़े अपवित्र हो गए थे। इसलिए कमर में डोरी बांधी और बटुए को थोड़ा-सा कपड़ा फाड़कर उसे डोरी से बांधकर लंगोट-सा पहन लिया। फिर अंगोछे को गीला करके उसी पर खिचड़ी परोस दी। मुंह मीठा करने के लिए पहले थोड़ी-सी चीनी भी दी। उन्हें खिला-पिलाकर अपने दुपट्टे पर सुला दिया और फिर मैंने भी आनन्द से भोजन किया। यह सब करते-धरते दस घड़ी रात हो गई। मैंने काका से कहा कि अब जब तक तुम अच्छी तरह संभल नहीं जाओगे तब तक यहीं रहेंगे। गाड़ी में हमारा जो सामान और रुपया था सो तो गया ही। अब उसका शोक करने से कोई लाभ नहीं। बटुए में दस रुपये हैं, सो अभी के खर्चे के लिए बहुत हैं। जीते रहेंगे तो सैकड़ों कमाएंगे। परमेश्वर ने तुम्हारी प्राणरक्षा की, यही सबसे बड़ा लाभ है। इस तरह बातचीत करके हम लोग सो रहे। सवेरे उठकर दूध, घी, चीनी लाकर मैंने काका के लिए झटपट भोजन बनाया। इस तरह सांझ सवेरा करके आठ दिन वहीं काट दिए। जब काका को थोड़ी-सी शक्ति आई तो रोज़ चार-चार कोस चलते थे और जब वे कहते थे, तो फिर आगे बढ़ते थे।

हमारा भाग्यचक्र राजा नल के दुर्दिनों की तरह चल रहा था। खजूर से गिरते थे, तो बबूल में आकर अटकते थे। चलते-चलते हम एक छोटे से खेड़े में पहुंचे। वहां दस-पन्द्रह घरों की बस्ती थी। एक पेड़ के नीचे आसन जमाया, तभी उस गांव का एक वृद्ध मनुष्य आकर हमसे कहने लगा, ''यहां से बीस कोस पर जलालपुर में अंग्रेज़ की जीत हुई और गदरवाले भाग गए हैं। इसीलिए हम लोगों को अंग्रेज़ सरकार का हुक्म है कि इस खेड़े में अगर कोई मुसाफिर या बैरागी आए तो उसे कैद करके जलालपुर भेज दिया जाय। जलालपुर में फांसी लगा रखी है। जो पकड़ा जाता है उसी को लटका दिया जाता है।'' यह सुनकर हमारे पैरों तले धरती खिसक गई। उस वृद्ध के हाथ-पैर जोड़कर हमने कहा कि हम गदर वाले नहीं, यात्री पिता-पुत्र हैं। दक्षिण देश से यात्रा करने आये थे,

सो इस भयंकर ताप यन्त्र में फंस गए। हमारे ऊपर दया करो। यह सुनकर वह वृद्ध सदय होकर कहने लगा, ''मैं अपनी तरफ से तुम्हें कोई दु:ख नहीं पहुंचाना चाहता; लेकिन चौकसी करते हुए अगर पल्टन के लोग इधर से निकल आए तो तुम्हारा नसीब !'' कहकर वह चला गया, हम जल्दी-जल्दी स्नान, भोजन में लगे। झटपट खा-पीकर निकल भागने का विचार किया।

न जाने कौन से कुमुहूर्त्त में घर से निकले थे, वह मेरी समझ में ही नहीं आता। उस मुहूर्त्त का योग ही ऐसा होगा कि एक संकट से निकलकर दूसरे में, उससे बचे तो तीसरे में पड़े, इस तरह दु:खों का तांता-सा बंधा ही रहा। भोजन बनाकर हम ठीक तरह से खाने भी नहीं बैठे थे कि अकस्मात् यमस्वरूप गंगापारी काली पल्टन के कुछ लोग वहां आ धमके। उन्होंने हमें देखते ही कहा–''ठीक है। तुम दक्षिणी गदर वाले हो। तुम्हारा नाम क्या है ? हम तुम्हें जलालपुर ले चलेंगे। फिर साहब तुम्हें तारें या मारें।'' यह कहकर उन्होने हमें कैद कर लिया। प्राणों के भय से व्याकुल होकर हमने उनकी बड़ी ही चिरौरी की। अपना सब हाल बताया। परन्तु उन्होंने एक न सुनी। बोले, ''हमें ऐसा आर्डर है कि तुम लोगों को जलालपुर ले चला जाय। अपनी सारी हकीकत वहां साहब को सुनाना।'' यह कहकर वे लोग अपने खाने-पीने की जुगाड़ में लगे और हम वहां पागल से बैठे रहे। उन लोगों ने दूसरे दिन सबेरे जलालपुर की ओर कूच करने का निश्चय किया। सांझ को भी खाने की इच्छा न हुई। जब जान पर आ बने तब भूख, प्यास, नींद सब हिरन हो जाती है। मन में अनेक विचार उठ रहे थे। जलालपुर पहुंचने पर साहब हमें छोड़ेगा नहीं। सब दु:खों से पार पड़े, लेकिन इसलिए कि जलालपुर की धरती हमें पुकार रही थी। यदि ऐसा न होता तो अचानक हम इसी खेड़े में क्यों आ पहुंचते !

'विवाहश्चार्थ अन्नं च जननं मरणं तथा।
कण्ठे बध्वा दृढं सूत्रं यत्रस्थं तत्र नीयते।।'[1]

हथेली पर सिर टेके हम सांझ तक उन यमदूतों की हंसी-ठट्टा और मगरमस्ती को बैठे-बैठे देखते रहे। हम दोनों के मन में निराले विचार चल रहे थे। हमारी फांसी होने की खबर घर कैसे पहुंचेगी ! कुछ देर तक तो इसी की चिन्ता रही। चार घड़ी रात होने पर ये सिपाही हमारे ऊपर पहरेदार तैनात करके सो गए।

जब मनुष्य के मन में विचार चलते हैं, तो कौन से कोठे से कहां तक जा पहुंचते हैं, इसका कोई नेम नहीं। विचार करते-करते मुझे अचानक सूझा कि शास्त्र में लिखा है कि ध्रुव नक्षत्र देख लेने से छ: महीने तक मृत्यु नहीं होती। इसलिए हम अगर ध्रुव नक्षत्र देख लेंगे तो, मृत्यु का कोई भय न रहेगा। यह

---

1. विवाह, धन, अन्न, जन्म और मृत्यु, जिसकी जहां बदी होती है, भाग्य गले में मजबूत डोरी
   बांधकर उसे वहां ले जाता है।

प्रस्थान : *97*

सोचकर मैंने काका को भी हाथ पकड़कर उठाया और ज़रा आगे बढ़कर ध्रुव नक्षत्र देखने लगा। उस समय दो गौड़ ब्राह्मण हमारे ऊपर पहरा दे रहे थे। उन्होंने हमसे पूछा, ''यह क्या कर रहे हो ?'' तो मैंने श्लोक सहित ध्रुवनक्षत्र देखने का फल उन्हें बतला दिया। हमारे सुदैव से उन ब्राह्मणों ने बचपन में थोड़ा-सा शास्त्राभ्यास किया था। इसलिए उनके अन्तःकरण में हमारे लिए किंचित पूज्यबुद्धि उत्पन्न हुई। उन्होंने हमसे धर्म सम्बन्धी अनेक प्रश्न किए। संभव है इससे अपना काम सध जाय, यह सोचकर मैंने भी बड़ा पाण्डित्य बघारा। तब उन सिपाहियों को विश्वास हो गया कि हम लोग गदर वाले नहीं, कर्मकाण्डी पण्डित हैं। उन्होंने कहा, ''हम तुम्हें कुछ ठिकानों के नाम लिखे देते हैं। यहीं से होते हुए तुम जालौन की तरफ निकल जाओ। नहीं तो फोकट में जान गंवाओगे !''

किस मनुष्य से किस प्रकार जान-पहचान होकर अपना उपकार हो जाता है, यह दैव चरित्र बड़ा अतर्क्य है। अस्तु ! उनके आश्वासन देने पर हम निश्चिंत होकर सोए। सवेरे उठकर उन सिपाहियों ने गांवों के नाम और रास्ता लिखकर दिया। उनका बड़ा उपकार मानकर हमने राम-राम की और चल पड़े। सिपाहियों के बताते हुए ठिकानों पर ही मुकाम दर मुकाम करते हुए जालौन पहुंच गये।

ग्वालियर और मध्य हिन्दुस्तान

इत्यां विचिन्तयति कोशगते द्विरेफे।
हा हन्त-हन्त नलिनीं गज उज्जहार ॥

जालौन पहुंचकर हम एक विष्णु-मन्दिर में उतरे। वहां मेरी भेंट ग्वालियर से आए हुए प्रामाणिक उपनाम के एक ब्राह्मण से हुई। उसने लश्कर में गदरवालों के सब कारनामों की हकीकत मुझे समझाई। वह इस प्रकार है।

ग्वालियर में शिन्दे सरकार के आश्रय में जो लड़वैये लोग थे वे तात्या टोपे के साथ चले गए थे यह तो पहले ही लिखा जा चुका है। कालपी में पेशवा की हार होने पर वे सब पल्टने ग्वालियर की ओर उलट पड़ीं। मुरार में शिन्दे सरकार की फौजी छावनी थी। उन्होंने वहां जाकर मोर्चा बांधा और शिन्दे को कहलाया कि या तो खर्चे के लिए हमें चार लाख रुपये दो, नहीं तो मैदान में आओ। उस पर दिनकर राव राजवाड़े, दीवान ने जवाब दिया कि हम लड़ाई के लिए तैयार हैं। जयाजी महाराज शिन्दे, उनके दीवान आदि मुड्ढ लोग थे, सब फौजें लेकर मुरार नदी के पार पहुंचे। शिन्दे की तरफ के बहुत पल्टनियों ने यह कहा कि हम लड़ाई का ठाट तो बांध देंगे; लेकिन पेशवा पर गोली नहीं छोड़ेंगे क्योंकि वे आपके और हमारे, दोनों के मालिक हैं। इतने में ही गदरवाली फौज की तरफ से तोप में पलीता दे दिया गया और मारू बाजे बजने लगे। शिन्दे और दीवान ने अपनी ओर के गोलन्दाजों को बहुत-बहुत कहा, मगर उन्होंने जवाब दे दिया कि हम नमकहरामी नहीं करेंगे। शिन्दे राजा और दीवान दोनों ही घोड़े से उतर पड़े और अपने हाथों तोप में बत्ती लगाई। परन्तु तोपों के अन्दर तो बाजरे की थैलियां भरी हुई थीं। तब तो शिन्दे राजा और दीवान राजवाड़े हक्का-बक्का हो गए और तुरन्त ही घोड़े पर सवार होकर आगरे का रास्ता पकड़ा।

इधर लड़ाई की चुटपुट तो हो ही चुकी थी, सौ-दो सौ आदमी मारे-काटे गए कि इतने में शिन्दे और उनके दीवान के भाग जाने की खबर चारों ओर फैल गई। शिन्दे के सिपाही यह सुनते ही इधर-उधर भाग खड़े हुए। लड़ाई बन्द हो गई। श्रीमन्त पेशवा की ओर शहनाई बजने लगी और उन्होंने लश्कर की ओर कूच किया। शिन्दे सरकार ने फूलबाग नामक एक बड़ा ही रमणीय बाग लगवाया था। श्रीमन्त वहां एक रात बंगले में ठहरे। गदरवालों ने सारा बगीचा उजाड़ डाला।

हाथी, ऊंट वगैरह इधर-उधर छोड़ दिए गए सो पेड़-फूलों की दुर्दशा हो गई। बंगले के अन्दर लगे हुए शीशे तक फोड़ डाले। शहर में सराफा और दूकानें पटापट बन्द हो गईं। सड़कों पर भूत लोटने लगा। फिर श्रीमन्त ने डौड़ी पिटवा कर सब दूकानें खुलवाईं और रीति मत फिर से व्यवहार शुरू हुआ। शहर के राजमहलों में पहले किसे भेजा जाय, श्रीमन्त राव साहब इसका विचार कर रहे थे तभी झांसी वाली रानी ने स्वयं वहां जाने की आज्ञा मांगी। राव साहब ने कहा कि शत्रु का शहर है, महलों में बड़े धोखे होंगे। बन्दोबस्त करके जाना। तब बाई साहब दो सौ सवारों को लेकर बड़े गम्भीर भाव से शहर में आईं। सवारी सराफे और प्रमुख बाज़ारों से चली जा रही थी। बाई साहब के सम्मान में सिपाही आगे बन्दूकों से हवा में फैर करते चलते थे। इस तरह सवारी महलों में पहुंची। महल के पीछे वाले हिस्से के लोग अभी नहीं गए थे। कारण कि वे सब बायजा बाई साहब शिन्दे के कारकुन थे। उन्होंने जाकर कहा कि इधर बायजा बाई साहब रहती हैं, अपने लोगों को इधर आने से रोक दीजिए। झांसी वाली रानी ने तुरन्त ही अपने लोगों की ताकीद कर दी, कि जहां-जहां बाई साहब के ताले पड़े हों, उधर तुम लोगों के जाने का कोई काम नहीं। बायजा बाई साहब चार-पांच दिन पहले महल छोड़कर परेड की तरफ चली गई थीं।

झांसी वाली रानी ने महल में जाकर पहले तो वहां की सब चीज़ें अपने ताबे में ले लीं और फिर राव साहब और तात्या टोपे को खबर भेजी कि यहां सब ठीक है, आप चले आइए। तब राव साहब की सवारी बड़े ठाट-बाट के साथ शहर के बड़े-बड़े बाज़ारों से होकर धीरे-धीरे आगे चलती हुई महलों में आई। शिन्दे सरकार के मुनीमों और कारकुनों ने उनको भेंट की। राव साहब ने कहा कि हम यहां ब्रह्मभोज कराना चाहते हैं, इसलिए कल से मुक्त द्वार भोजन का प्रबन्ध करो। बेसन के लड्डू और पकवानों के साथ एक-एक रुपया दक्षिणा बांटी जाय। जब तक हम यहां रहेंगे, तब तक रोज़ यह कायदा चलेगा। मुनीमों ने हाथ जोड़कर कहा कि महाराज के हुकुम के अनुसार ही सब सरंजाम हो जाएगा।

दूसरे दिन से मुक्त द्वार ब्रह्मभोजन आरंभ हुआ। हर ब्राह्मण को एक-एक रुपया दक्षिणा मिलने लगी। महादजी बाबा शिन्दे ने अपना खजाना रखने की एक गुप्त जगह बनवाई थी, जो गंगाजली के नाम से प्रसिद्ध थी। तब से शिन्दे सरकार का खजाना उसी में जमा होता था। राव साहब, तात्या टोपे और झांसी वाली रानी ने गंगाजली का पता लगाकर उसे अपने अधिकार में ले लिया। सोना, चांदी, मोती इत्यादि सब अर्थ देखकर तात्या टोपे ने प्रश्न किया कि जब महादजी बाबा के समय से यह गंगाजली भरती आ रही है तो इस समय इसमें उस हिसाब से ऐश्वर्य कम क्यों है ? इस पर शिन्दे सरकार के बड़े खजांची ने कहा, कि खर्च के बखत खर्चा भी तो इसी में से निकाला जाता रहा है और कभी-कभी नाश-नुकसान भी हुआ। यह सुनकर सबको समाधान हो गया।

अब ये सब बड़े-बड़े सरदार लोग इस सोच में पड़े कि अभी हम लोग

निर्भय तो नहीं हुए। राज के प्रबन्ध के लिए भी अपने पास अच्छी फौज नहीं। थोड़े दिनों में अंग्रेज़ यहां आ ही पहुंचेंगे और लड़ाई होगी। तब हमें जंगलों में जाना पड़ेगा, इसलिए जितना पैसा भी मिले सब बटोरना चाहिए और यहां से पश्चिम में जहां कहीं भी पानी की अच्छी व्यवस्था हो, वहां कुछ लोगों को तैनात करके यहां से सामान असबाब पहुंचाने का काम शुरू कर देना चाहिए। यह सोचकर उन्होंने शिन्दे सरकार के घर में जितना कीमती सामान था, उन सबका नीलाम शुरू किया। दरी बिछौने तक ला-लाकर बाहर पटक दिए। अपने राजा के मूल्यवान वस्त्रों को ग्वालियर की प्रजा में से किसी ने भी खरीदने का साहस नहीं किया। उस समय कोकण नाटक वालों ने, जिनका चौथे भाग में वर्णन किया गया है, थोड़े दामों में उन राजवस्त्रों को खरीद लिया। नाटक के लिए इससे बढ़कर सुन्दर वस्त्र उन्हें और कहां मिल सकते थे। जरी की बड़ी कीमती-कीमती साड़ियां पच्चीस-पच्चीस रुपये में खरीदीं, अस्तु। इस तरह शिन्दे सरकार की सारी दौलत अपने कब्जे में ली और हाथी, घोड़े, तोपें उनके घसीटने के लिए बैल भी ले लिए। शिन्दे की कुछ पल्टनें भी इनके साथ मिल गईं। इस तरह बड़ी राजी-खुशी से श्रीमन्त राव साहब ने वहां अठारह दिन बिताए।

रोज मुक्त द्वार होता था। शहर का प्रबन्ध बहुत अच्छा कर रखा था, मुरार में एक पल्टन तैनात थी। लेकिन अठारहवें दिन ग्यारह-बारह बजे के लगभग शहर में अचानक बड़ी खलबली मच गई। खबर पड़ी कि आगरे से अंग्रेज़ी फौज़ ने आकर मुरार पर हल्ला बोल दिया है। उसी दम झांसी वाली बाई, तात्या टोपे और राव साहब घोड़े पर सवार होकर एक फौज के साथ मुरार की ओर दौड़ गए। मुक्त द्वार के लिए ब्राह्मण लोग संकल्प छोड़कर पत्तल में हाथ डाल ही रहे थे कि गड़बड़ मच गई। कुछ ब्राह्मणों के सामने दक्षिणा रखी जा चुकी थी और कुछ के पास रखी जा रही थी। परन्तु उस राज्य-दक्षिणा, भोजन आदि से भी बढ़कर ब्राह्मणों को अपने प्राणों का लोभ था। सब लोग भराभर उठ खड़े हुए।

इधर मुरार में घमासान युद्ध छिड़ गया। झांसी वाली के गोली लगी, पर वह मानी नहीं। दूसरा तलवार का करारा हाथ उनकी जांघ पर पड़ा। उस समय वे घोड़े से गिरने लगीं। तात्या टोपे ने चट से उन्हें संभालकर घोड़ा आगे बढ़ा दिया। बाई साहब की मृत देह को एक जगह रखकर लोगों ने उसका दहन किया। अंग्रेज़ों की जीत रही। गदर वाले इधर-उधर भागने लगे। इस प्रकार रणांगण में उस मशहूर देवी स्वरूपिणी स्त्री ने मृत्यु पाकर स्वर्ग को जीता, परन्तु गदर वालों की सदा उत्साह और शूरता से चमकने वाली प्रत्यक्ष वीरश्री निस्तेज हो गई।[1]

---

1. श्री सुन्दरलाल के 'भारत में अंग्रेजी राज' में लक्ष्मीबाई के स्वर्गलाभ का बड़ा ही जानदार वर्णन किया गया है, ''रानी अपनी तलवार से मार्ग काटती हुई आगे बढ़ीं। अचानक एक गोली उसकी सहेली मन्दरा को आकर लगी! मन्दरा घोड़े से गिरकर समाप्त हो गई। रानी ने तुरन्त मुड़कर अपनी तलवार से उस गोरे सवार पर वार किया जिसकी गोली ने मन्दरा को समाप्त किया था। सवार कटकर गिर पड़ा। रानी फिर आगे बढ़ीं। सामने एक छोटा-सा नाला था। एक छलांग के बाद अंग्रेज़ सवारों का रानी लक्ष्मीबाई को छू सकना असम्भव हो जाता; किन्तु दुर्भाग्यवश रानी का घोड़ा नया →

दूसरे दिन जयाजी राव महाराज शिन्दे और दीवान दिनकर राव राजवाड़े जब शहर में अपने महलों में पहुंचे तो देखा कि वहां गद्दे शतरंजियां वगैरह भी नहीं थीं। तुरंत ही साहूकारों के यहां से सामान मंगाया गया और नये सिरे से बर्तन-भाड़ों तक का सब सरंजाम हुआ और फिर शहर में शिन्दे सरकार की दुहाई फिर गई। जिन-जिन लोगों ने नीलाम में राजा की चीज़ें खरीदी थी। उनका पता लगाकर बिना दाम दिए ही वापस मंगवा लीं। बेचारे नाटक वाले बड़े संकट में पड़े। उनके डेरे-तम्बू भी जब्त कर लिए गए और जो राजवस्त्र उन्होंने खरीदे थे, वह सब छीन लिए गए। इतना ही नहीं उन्हें पकड़कर कैद में डाल दिया गया और साहूकारों के पास उनका जो कुछ लेना था सो भी दण्ड के रूप में ले लिया गया। इस तरह उनकी बड़ी ही दुर्दशा हुई। दीवान दिनकर राव कोंकण के थे, इसलिए इतना रहम हुआ कि दो-चार दिन के बाद उन्हें और कोई सजा दिए बिना ही छोड़ दिया गया। शिन्दों को इस प्रकार ग्वालियर का राज्य फिर मिल गया और ये अंग्रेज़ों की सलाह से राज-काज चलाने लगे। गदर वाले लोग पश्चिम की तरफ भाग गए हैं और अभी वहीं हैं, इत्यादि सब हाल-चाल उस ब्राह्मण ने हमें बताए।

फिर हम काका भतीजे ने यह विचार किया कि चित्रकूट के पेशवे आजकल बांदा में कैद हैं और रोज़ ही वहां सौ सवा सौ रुपये दान दिए जाते हैं। इसलिए वहां चलकर थोड़ा पैसा जुटा लिया जाय, फिर जहां जाना होगा, जाएंगे। यह सोचकर हम लोग जालौन से बांदा गए। वहां पहरेदारों से परवानगी लेकर कैद में पेशवों से भेंट की। उन्होंने आज्ञा दी कि कल से नित्य दान के लिए आया करो। हम लोग वहां जाकर दान लेते रहे। बांदा में हरिकर्ण रविकर्ण नाम के गुजराती साहूकार की बड़ी भारी कोठी चलती है। उन्होंने अन्न छत्र खोल रखा है। दक्षिणी ब्राह्मण, विधवाएं, सुहागिनें जो भी बारह बजे तक पहुंच जाएं, सबको भोजन मिलता है। दक्षिणा एक पैसा मिलता है। इसलिए बांदा में दक्षिणी ब्राह्मणों की बहुत बड़ी बस्ती है। हम लोग वहां दस दिन रहे। फिर वहां से ब्रह्मावर्त्त जाने का विचार करके निकले। रास्ते में चार-पांच सवारों ने आकर हमारे पचहत्तर रुपये और गठरी-मुठरी सब छीन लिए। खर्चे के लिए दस रुपये लौटा दिए। हम लोग फिर शिन्दे के लश्कर की तरफ लौटे। सोचते थे रुपये मिलें तो

→ था। पिछले संग्रामों में उसके कई प्यारे घोड़े उसके नीचे समाप्त हो चुके थे। घोड़ा बजाय छलांग मारने के नाले के इस पार चक्कर खाने लगा। अंग्रेज़ सवार अब और अधिक निकट आ पहुंचे। रानी चारों ओर से घिर गई। रानी उस समय बिलकुल अकेली रह गई। उसने अकेले ही उन सबका अपनी तलवार से मुकाबला किया। एक सवार ने पीछे से आकर रानी के सिर पर वार किया। सिर का दाहिना भाग अलग हो गया, दाहिनी आंख भी निकलकर बाहर आ गई। फिर भी लक्ष्मीबाई घोड़े पर टूटी हुई तलवार चलाती रहीं। इतने में एक वार रानी के छाती पर हुआ। सिर और छाती दोनों से खून का फव्वारे छूटने लगे। बेहोश होते हुए रानी ने अपनी तलवार से उस गोरे सवार को, जिसने सामने से रानी पर वार किया था, काटकर गिरा दिया। किन्तु इसके बाद लक्ष्मीबाई की भुजा में और अधिक शक्ति न रह गई।''

(जिल्द तीसरी, पृष्ठ 1617–18)

काशी की यात्रा हो जाए। इसीलिए इतनी जान खपाई, लेकिन चक्र कुछ ऐसा चल रहा है कि या तो रुपये मिलते ही नहीं, और अगर मिलते हैं तो वे लूट ले जाते हैं।

ऐसे ही दु:ख-सुख झेलते हुए सूर्ययन्त्र नामक एक प्रसिद्ध क्षेत्र में पहुंचे। यह क्षेत्र बुन्देलखण्ड में है। कुष्ट रोगी यहां कुछ दिन रहने पर रोग मुक्त हो जाते हैं, ऐसा इस स्थान का माहात्म्य है। यह जगह बड़ी रमणीक है। देवालय के निकट ही एक बड़ी नदी बहती है। पूर्व पश्चिम में चालीस धनुष (ज़मीन की एक माप) जल है उसे सूर्यावर्त्त कहते हैं। यहां स्नान करने से पापियों के शरीर पर आठों प्रकार का कोढ़ नष्ट हो जाता है। श्री सूर्यनारायण का मन्दिर बड़ा विशाल है। देवालय के मध्य भाग में एक बड़ा चौकोर चबूतरा है। उस चबूतरे के मध्य भाग में दो-ढाई हाथ चौड़ा लाल पत्थर का एक गोल अर्शी शीशा गलाकर पक्का बैठाया गया है। उसके ऊपर सूर्ययन्त्र अंकित किया गया है। यन्त्र के मध्य भाग में केसर-कर्णिक स्थान है। वहां ऐन मध्याह्न के समय बड़े दीपक की बत्ती जैसी ज्योति जगमगाती हुई यन्त्र के मध्य भाग पर पड़ती है। यह अलौकिक ज्योति थोड़ी देर तक ही रहती है। इसलिए इस समय दर्शनार्थियों की बड़ी भीड़ होती है। कोढ़ के रोगी नदी में स्नान करके गीले वस्त्रों से खड़े उस समय की प्रतीक्षा किया करते हैं। फिर ज्योति के दर्शन करके लौट जाते हैं। मन्दिर के पास कई बड़ी-बड़ी धर्मशालाएं हैं, जो धनी कोढ़ी यहां से अच्छे होकर जाते हैं वे सेवा के लिए धर्मशालाएं भी बनवा जाते हैं। हम यहां चार-पांच दिन रहे फिर वहां से चले तो हमें दस-बारह सवार मिले। उनसे पूछने पर हमें मालूम हुआ कि वे लोग श्रीमन्त राव साहब के नौकर हैं। पास ही में राव साहब का पड़ाव पड़ा हुआ है। और उन सिपाहियों ने हमें यह भी आश्वासन दिया कि उनके साथ रहने से हम निर्भय रहेंगे। तब हम लोग भी उनके साथ ही श्रीमन्त राव साहब के दरबार में गए।

उस समय श्रीमन्त के साथ बड़ी भारी फौज थी। लगभग बीस हज़ार सिपाही और दस हज़ार दूकानदार लोग थे। आठ-दस दक्षिणी ब्राह्मण भी थे और रसोइए वगैरह भी थे। इसलिए हमें किसी प्रकार की भी चिन्ता नहीं रही। उन्हीं के साथ जगह-जगह घूमने लगे।

बरसात के दिन थे। जाते-जाते जयपुर के पास पहुंचे। गदर-वालों ने जयपुर वाले राजा से चौथ वसूली की। इसके अलावा रास्ते में और छोटे-मोटे राजे-रजवाड़े मिले जिनसे चौथ वसूल की गई। बूंदी कोटे वाले राजा के पास भी पहुंचे। बूंदी कोटे से आठ मील पर अच्छी जगह देखकर वहां पड़ाव डाला। फिर बूंदी कोटे के राजा के पास सवार के हाथ एक पत्र भेजा गया। उसमें यह लिखा था कि हम लोग धर्म के लिए अंग्रेज़ों से लड़ रहे हैं, इसलिए आपको चाहिए कि हमें दो लाख रुपया दें। नहीं देंगे तो हम तलवार से वसूल करेंगे। इस पत्र को लेकर सवार जब राजा के पास पहुंचा तो उसने अपने सब सरदारों को जमा करके विचार किया। फिर यह ठहरा कि यह लोग गदरवाले हैं, इन्हें

बिना कारण रुपया नहीं देना चाहिए। और सवार के हाथ मुंह-जबानी यह कहला भेजा कि अंग्रेज़ बहादुर चक्रवर्ती राजा हैं, उसे हमें चौथ देनी पड़ती है, तुम लोग उससे मुलुक ले लो तो हम तुम्हें देने लगेंगे। सवार से यह खबर सुनकर गदरवालों ने बूंदी कोटे वाले को चाल बताई।[1] मुझे उन दिनों दस्त लग गए थे, इसलिए मैं वहीं रहा। चार-पांच दिन बाद एक आदमी से बूंदी कोटे के सब हाल मिले। श्रीमन्त राव साहब की फौजों ने शहर के पास जाकर मोर्चे बांधे और तोपें दाग दीं। राजा के सरदार लोग भी मैदान में उतर पड़े। राजा के मराठी फौज थी और बन्दूकें तोड़ेदार थीं। पहर भर बड़ा घमासान मचा। गदरवाले बड़े लड़वैये थे। राजा की फौज टूटने लगी और उसके सिपाही दसों दिशा में भागने लगे। इस भीड़-भाड़ में राजा भी कहीं भाग गया। श्रीमन्त के लोग खुशी से हो-हल्ला मचाते हुए शहर में घुसे। यह तय हो गया था कि शहर की लूट में जो मिले सो पल्टनियों की बख्शीश रहे और सरकारी खजाने का माल राव साहब के खजाने में जाएगा। पल्टनियों की टोलियां सारे शहर में लूट-पाट मचाने लगीं। इस शहर के लोग बड़े पैसे वाले थे। सिपाहियों ने बड़ी जमा मारी।

राजमहल में राजा की रानी, उनकी मातुश्री और चार भोगांगनायें, यह छः स्त्रियां एक कमरे में अन्दर से कुण्डी लगाकर बैठी हुई थीं। राव साहब और तात्या टोपे ने खजाना अपने ताबे में किया और उसके बाद खुद राव साहब तीसरी मंजिल के उस कमरे के दरवाज़े पर आए, जिसमें राजा के घर की स्त्रियां अन्दर से कुण्डी लगाए बैठी थीं। राव साहब ने कहा, ''राजमाता को मैं प्रणाम करता हूं। राजा की स्त्रियां मेरी बहनें हैं। धर्म के लिए मैं प्राणों का संकल्प करके बुद्धिपूर्वक इस युद्ध में पड़ा हूं। अंग्रेज़ सरकार की काली पल्टनें भी धर्म के लिए ही अंग्रेज़ों से बिगाड़ करके मेरे साथ आई हैं। सब राजे-रजवाड़ों ने अपनी सामर्थ्य के अनुसार हमें मदद दी। उसी तरह हमने यहां भी दो लाख की मांग की थी, परन्तु राजा जब लड़ाई पर उतारू हो गए तो मुझे भी लड़ने पर बाध्य होना पड़ा। मेरा दोष नहीं। आप लोग ज़रा भी न डरें। मेरी ओर दरवाज़ा खोलकर भोजन पान करें। आपके छोटे लड़के को गद्दी पर बिठाकर मैं यहां से चला जाऊंगा। हमें राज्य की ज़रूरत नहीं। वहां की चीज़-बस्त को भी हम कोई नुकसान नहीं पहुंचाएंगे।''

इतना कहने पर राजमाता ने द्वार खोल दिया। राव साहब क्षण भर वहां बैठकर अपने डेरे में लौट आए। खजाने में तीन-चार लाख नकद रुपये थे, वे लिए और थोड़े से वस्त्र, गेहूं, अरहर की दाल, घोड़े और बैल लिए। खुद राव साहब ने वहां के राजपुत्र को बड़े ठाट-बाट से गद्दी पर बिठाया।

यह सब हाल मैंने सुना। इस राज्य में मोर बहुत हैं। यहां मोरों को मारने की मनाही है। गदरवालों ने यहां से फिर कूच किया। सिपाही बड़े जोश में थे। हर एक की टेंट में शहर की लूट का माल था। फिर यह सुनने में आया कि

---

1. 'के' के इतिहास में यह कथा कोटा के अधीन झालरापाटन के राजा की है।

हैदराबाद का निजाम गदरवालों के साथ मिल जाएगा। यह खबर पाकर गदरवाले लोग दक्षिण को घूम पड़े। वे लोग इस ताक में थे कि नर्मदा पार करके सातपुड़ा, से होकर दक्षिण का मार्ग पकड़ा जाएगा।

हमें अब उनका साथ छोड़ना पड़ा, हम ब्रह्मावर्त्त की ओर चले। दस्तों के कारण मैं बड़ा कमज़ोर हो गया था। धीरे-धीरे चलते थे। जहां कहीं गाड़ी मिल जाती थी तो उस पर जाते थे। एक दिन बेटमा नाम के एक गांव के पास पहुंचे ! यह गांव तो शहर जैसा था। मैं सीधा पानी लेने के लिए शहर में गया तो देखा कि वहां बड़ा सन्नाटा है। रास्ते में कोई आदमी दिखाई नहीं देता। उतरने के लिए जगह की खोज करता-करता एक जगह पहुंचा, जहां एक आदमी दिखाई दिया। मैंने उससे उतरने के लिए कोई अच्छा ठिकाना पूछा तो उसने कहा, इस गांव में महामारी बड़े ज़ोर से फैली है। हमारे यहां भी आदमी पड़े हैं इसलिए गांव के बाहर ही भोजन पान की व्यवस्था करना ठीक होगा। रात में सोने के लिए जगह चाहिए तो यहां मिल जाएगी।

प्रवास में कैसे-कैसे भयंकर प्रसंग आते हैं। हमारे साथ एक और ब्राह्मण बटोही भी चल रहा था। सीधा पानी लेकर हम लोग गांव के बाहर आए। वहां नदी में स्नान करके खाने की जुगाड़ में लगे। इतने में ही एक मुर्दा पास ही मसान पर जलाने के लिए लाया गया। मुर्दनी वालों के साथ आग भी थी। मैं उनसे जाकर मांगने लगा, इस पर आग की हंडिया ले चलने वाला आदमी आगा-पीछा करने लगा। तब मैंने धर्मशास्त्र समझाया। मैंने कहा कि जब यह अग्नि चिता पर स्थापित की जाएगी तब क्रव्यादग्नि होगी, सो नहीं दी जा सकती; अभी तो यह लौकिकाग्नि है। मेरे शास्त्र बताने पर उसने अग्नि दे दी। अस्तु ! भोजन करके रात में सोने के लिए उस आदमी के घर आए और अटारी पर जाकर सो गए। सवेरे उस आदमी के यहां एक स्त्री और बीमार पड़ी। घर के लोग उसकी दवा-दारू में लगे और हम लोग उठकर फिर चल दिए। थोड़ी दूर चलने के बाद हमारे साथ के बटोही ब्राह्मण को बड़े कड़ाके का दस्त आया। तब सब लोग घबरा गए। थोड़ी दूर आगे एक गांव था। उसमें हम लोग उस ब्राह्मण को ले गए और जितना कुछ बन पड़ा, हमने ब्राह्मण की दवा-दारू और सेवा की परन्तु उसे तो उसी गांव की मिट्टी बदी थी। बारह बजे के लगभग उसका देहान्त हो गया। मैंने गांव के मुखिया को बुलाकर उस ब्राह्मण का सब मालमता और चीज-बस्त कागज़ पर लिखाकर उसे सौंप दी। उस गांव में लकड़ियां नहीं मिलतीं, इसलिए गोबर के कण्डों में चिता बनाई जाती है। बांस लाकर मुर्दे को बांधा और मसान में उसका दाह संस्कार किया। फिर स्वच्छ स्नान करके आगे के एक दूसरे गांव में गए। वहां खाना बनाया, खाया और रात भर ठहरे भी। वह दिन हमारा बड़ा बुरा बीता। दूसरे दिन धीरे-धीरे चलकर एक जगह पहुंचे और वहां कई रोज़ तक ठहर कर आराम किया। सावन का महीना, झड़ी बांधकर बरस रहा था। भादों में फिर कूच किया तो रास्ते में एक मुकाम पर ब्रह्मावर्त्त के दो ब्राह्मण जो दक्षिण से लौट रहे थे, मिले। काका से उनका परिचय था। उनसे गदर वालों

का आगे का हाल मालूम हुआ। यह समाचार बड़ा महत्त्वपूर्ण होने के कारण थोड़े में यहां लिखे देता हूं।

नर्मदा पार कर सातपुड़ा जाने के इरादे से गदर वाले जब निकले तो आगे पीछे ढाई-सौ सवार चलते थे। इनके पास बड़े-बड़े घोड़े थे और तोपें भी थीं। पीछे बाकी पल्टनें आ रही थीं। पीछे वाले सवारों ने पता लगाया कि अंग्रेज़ी और मद्रासी काली पल्टनें आ रही हैं। यह खबर लगते ही गदर वाले डबल कूच करके अर्थात् रोज़ पन्द्रह-पन्द्रह रोज़ की मंज़िल मारकर नर्मदा पर आ पहुंचे। वहां अंग्रेज़ी फौजें थीं ही। वहां बरसात ज़ोरों की होती है। इसलिए नर्मदा में खूब पानी चढ़ा हुआ था और वहां नावें भी नहीं थीं, यह महासंकट उपस्थित हुआ। ईश्वर कैसे पार लगाएगा, इसी सोच-विचार में रात बीत गई। तड़के तात्या टोपे ने चार सवार अपने साथ लिए और कहा कि मैं नर्मदा पार उतरने के लिए कोई उपाय करने जाता हूं। यह कहकर वह नर्मदा के किनारे गांव-गांव में पूछ-ताछ करते चले। गदर वालों का आना सुनकर जहां यह लोग जाते, वहीं के लोग भाग जाते थे। केवल अति वृद्ध, स्त्रियां और बालक ही वहां रह जाते थे। दक्षिण तीर पर होशंगाबाद है। उसके पूर्व में ईशान कोण की तरफ सांडिया घाट के उत्तर में जंगलों के बीच एक छोटा-सा गांव है। खोजते-खोजते तात्या टोपे वहां पहुंच गए। वहां भी बहुत चौकसी की, परन्तु नर्मदा पार करने का स्थल उन्हें वहां भी कोई न बता सका। उस गांव में नब्बे बरस का एक शूद्र मिला। उसके पास बैठकर तात्या टोपे ने सारा हाल बताया और कहा कि नर्मदा में कहां कम पानी है, यह बताओगे तो सौ रुपये बख्शीश दूंगा। वह बुड्ढा बड़ा तजुर्बेकार था उससे पार उतरने की जगह का पता मिला। उसने खुद नर्मदा के किनारे जाकर वह जगह दिखा दी। तात्या टोपे और दूसरे सवारों ने उसके कहने पर भरोसा करके नदी में घोड़े डाल दिए। देखने में तो नदी का पाट बड़ा चौड़ा था, पर तह में बालू भरी हुई थी। उस शूद्र के कहने के अनुसार ही पानी कहीं भी छाती से ऊंचा नहीं था और कहीं भंवर या तेज़ धारा भी नहीं थी। यों पार तक जाकर तात्या लौट आए और उस वृद्ध को रुपये देकर सन्तुष्ट किया। चटपट सवार दौड़ाकर सारे लश्कर को वहां बुलाया। नदी का पाट यहां भी सब जगह जैसा लम्बा-चौड़ा ही था। गदर वाले घबरा गए। उन्हें सन्देह ही था, पर तात्या ने अच्छी तरह समझाया-बुझाया। तब राव ने घोड़े से उतरकर नर्मदा जी को प्रणाम किया और जरी की चोली साड़ी नर्मदा मैया को अर्पण करके प्रार्थना की कि हे माता, अब तू ही रास्ता दे तो काम बने। यह कहकर वे घोड़े पर सवार हुए और नदी में प्रवेश किया। उनके पीछे-पीछे तात्या टोपे, जलका राम भाऊ वगैरह सरदार चले और पार निकल गए। फिर लश्कर के बाईस हाथियों को इस पार से उस पार तक खड़ा करके सारी पैदल फौजें उतर गईं। सब सामान भी पार पहुंच गया। दक्षिण तट से फिर सांडिया के घाट पर आकर एक जगह बहुत से पेड़ों के झुरमुट के नीचे पड़ाव डाला। सब लोग निर्भय होकर आनन्द से भोजन पान करने लगे।

अंग्रेज़ तो उस पार लगा ही हुआ था।[1] सांझ के समय से उन्होंने तोप दागी। तात्या टोपे ने भी पास की पहाड़ी पर तोप चढ़ाकर जवाबी दी। यह देखकर अंग्रेज़ों को बड़ा आश्चर्य हुआ कि नर्मदा में इतनी भयंकर बाढ़ होने पर यह लोग इस पार कैसे आ गए। इधर संसार में यह खबर फैल गई कि नर्मदा में बड़ी बाढ़ आई हुई थी, जब अंग्रेज़ों ने पार करना चाहा तो नर्मदा मैया ने राह न दी और पेशवा महाराज के लिए तुरन्त रास्ता दे दिया। अस्तु। अंग्रेज़ों ने भी नावों का बन्दोबस्त करके नदी पार करने की खटपट की। पेशवा की पल्टनें वहां आठ दिन तक पड़ाव डालकर पड़ी रहीं। बूंदी की लूट लेकर यहां से आगे जाना कठिन था। इसलिए सबकी सलाह से बरगद के पेड़ के नीचे गड्ढा खोदकर सारी जमा वहीं गाड़कर ऊपर की मिट्टी बराबर कर दी। फिर बाकी पल्टनें तो आगे बढ़ गईं; परन्तु श्रीमन्त के कुछ हुजरे और तात्या टोपे वहीं रह गए। पल्टनें कूच करती हुई सातपुड़ा कहो गईं। रास्ते में खेतों को बड़ा नुकसान पहुंचाया। मक्के के खेतों को उजाड़ा, खाया। गन्ने के खेतों में लूट की, इस तरह आगे बढ़े। हैदराबाद से खबर लाने के लिए जो आदमी भेजे गए थे वे लौटकर उन्हें वहां मिले। उन्होंने बताया कि हैदराबाद वाले अपने अनुकूल नहीं हैं। इसलिए आगे बढ़ने से नाश होगा। यह सुनकर पल्टनों को लौटने का हुकुम दिया गया। पल्टनियों के पास लूट का बहुत-सा माल जमा हो जाने के कारण उनमें बड़ी लापरवाही आ गई थी। समय-समय पर सरदारों की आज्ञाओं पर टाल-मटोल करते थे। फिर भी किसी तरह वे पीछे लौटे। महीना-पन्द्रह दिन सातपुड़े में काटे। झांसी और सागर के बीच में बहुत बड़ा जंगल है। सुरक्षा के विचार से फौजों को उधर ही बढ़ाया गया, परन्तु वहां तक पहुंचते-पहुंचते पल्टनें टूटने लगीं। बहुत से सिपाही भाग गए थे। अंग्रेज़ सरकार ने जगह-जगह जाहिरनामे लगा दिए थे कि जिनको हमसे डर लगता है वे निर्भय होकर सिपाहीगीरी की वर्दी उतार कर बिना हथियार अपने-अपने घरों में जाकर रहें, इसके कारण भी सैकड़ों सिपाही गदर छोड़कर घर लौट गए। उन ब्राह्मणों ने यह सब कहकर बताया कि—

''हमने भी विचार किया कि हम जो गदर वालों के साथ पैसे के लिए ही हैं, सो वह तो सब मिलता नहीं, इसलिए गदर छोड़कर ब्रह्मावर्त्त लौट चलें। यही सोचकर आ रहे थे कि यहां हमारी आपकी भेंट हो गई। अब हम लोग इकट्ठे मिलकर ब्रह्मावर्त्त चलेंगे।'' इस तरह उन ब्राह्मणों ने ऊपर लिखा हुआ हाल हमें बताया। फिर हम लोग सब मंजिल मारते हुए ब्रह्मावर्त्त पहुंचे। वहां वेद-शास्त्र सम्पन्न बाबा कर्वे के यहां डेरा जमाया। पेशवों का बाग खाली हो चुका था। सवेरे जाकर वहां से इच्छानुकूल फूल, बेल, तुलसी लाकर देव-पूजन करते थे और क्षेत्र के मन्दिरों के दर्शन करते थे। कार्तिक मास वहीं बिताया। अस्तु। यहां गदर का हाल समाप्त हुआ, फिर भी अपना आगे का हाल मैं थोड़े में देता हूं।

---

1. उसका ऐसा विचार था कि दक्षिण की ओर बढ़ते हुए गदर वाले नर्मदा की भयंकर बाढ़ से हारकर उसी ओर रह जाएंगे और हम अपनी तोपों के बल पर इन्हें उधार भी चैन न लेने देंगे।

गदर के बाद

धर्मे मतिर्भवतु व: सततोत्थितानाम् ।
स ह्योक एव परलोकगतस्य बन्धु: ।।

कार्तिक मास ब्रह्मावर्त्त में बीता। फिर काशी जाने का विचार करने लगे। पैसे का सवाल था। तभी वेद-शास्त्र सम्पन्न रामचन्द्र शास्त्री महाराज ने सन्देशा भिजवाया कि विलसिया का राजा तुलादान करने वाला है, यह कुण्डमण्डप का अनुष्ठान है, इसलिए तुम्हें मेरे साथ चलकर यह काम पूरा करना होगा। विलसिया चालीस-पैंतालीस कोस पर था। वहां तीन लाख की वार्षिक उपज थी और राजा ऋग्वेदी ब्राह्मण था। राजा की आयु अस्सी वर्ष और राजपत्नी की पचहत्तर वर्ष थी और उनके कोई सन्तान नहीं थी। उन्होंने आग्रहपूर्वक शास्त्री जी को यहां बुलवाया था। शास्त्री जी का सन्देश पाकर मैंने दान मयूख, दान चन्द्रिका इत्यादि ग्रन्थ देखकर अनुष्ठान तैयार किया; फिर शास्त्री जी कुछ और ब्राह्मणों को भी हमारे साथ लेकर विलसिया गए। उस समय शास्त्री जी की आयु पचहत्तर वर्ष की थी। यह पुरुष केवल राजरत्न ही था। कुछ वेद-पठन के बाद उन्होंने न्याय और व्याकरण का अध्ययन किया था। संगीतशास्त्र के भी अच्छे जानकार थे। श्रीमन्त बाजीराव पेशवे के विशेष आग्रह से वे उन्हें पुराण सुनाया करते थे। पचपन वर्षों से वे श्रीमन्त के आश्रय में थे, और उनकी हैसियत इस समय एक लाख की थी। श्रीमन्त के यहां श्रौत सम्बन्धी और फुटकर स्मार्त प्रकरणों के जो संकल्प होते थे, उन्हें शास्त्री जी ही बताते थे यद्यपि श्रीमन्त के यहां राघवेन्द्राचार्य अघाशास्त्री मीमांसक, तातु दीक्षित भड़कमकर वगैरह खरे विद्वान लोग थे, फिर भी धर्मशास्त्र रामचन्द्र शास्त्री के ही वचनों को माना जाता था। इसलिए शास्त्री जी का नाम दूर-दूर तक पहुंचा हुआ था। अस्तु।

विलसिया पहुंचे। हम लोगों के लिए एक बार बंगले में रहने का प्रबन्ध किया गया था। रात में ब्यालू के लिए पेड़े, बरफी, दूध आदि राजा की ओर से भेजा गया। सबके लिए उत्तम बिछौनों और रजाइयों का भी अच्छा बन्दोबस्त था। दूसरे दिन शास्त्री जी ने कहा, ''मैं दो-तीन प्रसंगों पर इसी तरह ब्राह्मण मण्डली लेकर यहां आ चुका हूं और हर बार यश भी मिला है। अबकी देखो ! यहां से बारह कोस पर कन्नौज क्षेत्र है और वहां हज़ारों कान्यकुब्ज ब्राह्मण रहते

हैं। गौड़ पण्डित भी यहां बहुत आते हैं। दक्षिणी ब्राह्मणों के लिए उनके मन में बड़ी खोट है इसलिए वे कूटार्थ बहुत निकालते हैं।'' इतने में बुलावा आ गया। गौड़ ब्रह्माणों और राजोपाध्य ने कुण्डमण्डप तैयार किया था। शास्त्री जी ने यहां से सोमया जी महाशय को भेज दिया। यहां और सब कुण्ड तो बनकर तैयार हो गए थे, पद्म कुण्ड तैयार हो रहा था। दक्षिणी और गौड़ ब्राह्मण मिलकर चिकनी मिट्टी से कुण्ड बना रहे थे। परन्तु यह बनता ही न था। तब फिर वहां से शास्त्री जी को बुलाने के लिए आदमी आया। मैंने उनसे कहा कि आज्ञा हो तो मैं जाऊं, उसके बाद आप आइएगा। मैं गया और जाकर देखा। इसके बाद मैंने उन लोगों से कहा कि मैंने कुण्डार्क देखा है। पुस्तक मंगाकर टीका देखिए और फिर कुण्ड बनाइए। तुरन्त ही कुण्डार्क मंगाकर पद्मकुण्ड की टीका बांची और फिर मैंने कुण्ड बनाना शुरू किया और कुण्ड सिद्ध हो गया। वे ब्राह्मण कण्ठ सूत्र से ही चूक कर देते थे। कुण्ड सिद्ध होने से सबको ही बड़ा आनन्द हुआ। गौड़ ब्राह्मणों में भी अच्छी धाक बैठ गई और शास्त्री जी ने पीठ ठोंकी। अस्तु !

दूसरे दिन प्रात:काल से कर्म आरम्भ हुआ, और सब कार्य निर्विघ्न समाप्त भी हो गया। अन्तिम दिन राजा, रानी अपने घराने के देवगण और शालिग्राम को लेकर तुला पर बैठे और बराबर रुपयों से तुले। फिर अनुष्ठान समाप्त हुआ। मुझे सदस्य का वर्ण दिया गया था। भोजनोपरान्त सभा में सबको दान-दक्षिणाएं बांटी गईं। राजा ने बड़ा द्रव्य दिया। शास्त्री जी को दो सौ रुपये का हरा दृशाला और डेढ़ सौ रुपये नकद मिले। मुझे पीताम्बर और पचास रुपये मिले। मधुपर्क के लिए भी छ: रुपये मिले। इसके सिवाय शास्त्री जी ने राजा से कहकर मुझे पचास रुपये अलग से भी दिलवाए। इस प्रकार द्रव्य प्राप्त कर दो-चार दिनों के बाद हम फिर ब्रह्मावर्त्त आए। कुछ दिन वहां रहने के बाद तीस-बत्तीस लोगों की मण्डली के साथ, जो नैमिषारण्य और श्री अयोध्या जी की यात्रा को जा रही थी, हम लोग भी तीर्थयात्रा के लिए चले।

कानपुर से लखनऊ आए। दूसरे दिन शहर में जाकर बस्ती की। तड़के ही गाड़ियां लादकर चल दिए, पहर भर में गोमती नदी पर आए। आगे लोहेश्वर महादेव का प्रसिद्ध स्थान था। वहां पूजा करके फिर बढ़े। मार्ग में अब कोई भय नहीं रहा था। नैमिषारण्य पहुंचकर पहले पंचप्रयाग तीर्थ पर ठहरे। दूसरे दिन क्षौर श्राद्ध करके दधीच ऋषि के आश्रम और नैमिषारण्य सम्बन्धी तीर्थ और यात्रा करने लगे।

नैमिषारण्य क्षेत्र चौरासी कोस में फैला है और तपश्चर्या के लिए अति उत्तम है। वास्तव में यह देवताओं की भूमि है। सारे जंगल में जहां खोदो वहीं दो हाथ पर पानी निकल आता है। मैदान में होने के कारण इस क्षेत्र में दर्भ, कुश, काश आदि यज्ञ सम्बन्धी तृणों की समृद्धि है। बरसात तो प्राय: हर महीने में होती रहती है। इस जंगल में यज्ञ के लिए सब प्रकार के उत्तम वृक्ष भी हैं। आम, जामुन, अंजीर, पलाश के पेड़ बहुत हैं। फलों के झाड़ भी इस वन में

बहुत से थे। लाल सफेद कनेर, चम्पा, चमेली, जुही, हरसिंगार, मोगरा, सदा गुलाब से जंगल भरा पड़ा है। नैमिषारण्य में जहां सब ऋषि मण्डली दूर-दूर तक बैठकर सूत जी से पुराण सुना करती थी, वह स्थान भी देखा। जिस चबूतरे पर सूत जी बैठा करते थे, वह पांच हाथ लम्बा दिखाया जाता है। उस पर कोई बैठ न पाए, इसलिए ऊँचें मन्दिर की तरह बनाकर उस पर कलश चढ़ाया गया है। अस्तु। इसी तरह गंगापुत्र ने ठिकाने-ठिकाने पर क्षेत्र की महिमा बताई। एक दिन गोमती नदी के पार जाकर तीर्थ में घूम रहा था तो एक अंजीर के पेड़ों की झाड़ी दिखाई पड़ी। गंगापुत्र ने बताया कि इन अंजीरों में कीड़े ज़रा भी नहीं हैं। सबने फल तोड़-तोड़कर खाए। बहुत-सी स्त्रियों ने झोली में भी भर लिए। तीर्थ करके गोमती पर आए तो गंगापुत्र ने कहा कि जिस-जिसके पास अंजीर हों, वह यहां रख दे, नहीं तो ले जाने वाले को उसके बराबर का सोना यहां रखना चाहिए। ऐसा न करने से यात्रा व्यर्थ जाएगी। बेचारी स्त्रियों ने निरुपाय होकर फल वहीं छोड़ दिए। कोस-भर बोझा उठाकर चलने के कारण गंगापुत्र उन स्त्रियों पर क्रुद्ध होने लगा। अस्तु ! गोमती पर सूर्यावर्त्त नाम का एक ऊष्ण जल का तीर्थ है। उसमें गंधक की बास नहीं आती। यहां स्नान करके पांडव तीर्थ पर गए। वहां से रामतीर्थ जाकर रात बिताई। दूसरे दिन हत्याहरण तीर्थ पर श्राद्ध करके और एकाध तीर्थों के दर्शन किए। फिर ललिता देवी के दर्शन करके डेरे पर लौट आए। इस तरह नैमिषारण्य की यात्रा में दस-बारह दिन लगे। नैमिषारण्य में यदि पैर में कांटा लगेगा, तो केवल गुलाब का ही। दूसरे कंटीले वृक्ष यहां बिलकुल नहीं हैं।

गांव-गांव में चारों ओर से घेरा बांधकर पहरा दिया जाता है। यात्रियों के लिए वहां ऐसा बन्दोबस्त है कि गांव वाले लोग उन पर पहरा देते हैं। अगर किसी यात्री की कोई चीज़ चोरी गई; तो गांव वालों को मिलकर नुकसान भरना पड़ता है। इस तरह अंग्रेज़ सरकार ने चोरी का बन्दोबस्त वहां कर रखा है। यहां से अयोध्या जाते हुए चौदह कोस पर घाघरा और सरयू का संगम मिलता है। वहां बेलों के पेड़ बहुत हैं। उन्हें देखकर वहीं स्नान-सन्ध्या करने कि इच्छा हुई। दूसरे दिन अयोध्या पहुंचे।

रामनवमी का पर्व होने से वहां बड़ी भीड़ थी। बैरागी बहुत आए हुए थे। सवेरे स्नान करके हमने श्रीराम के दर्शन किए। मन्दिर का पुजारी एक दक्षिणी ब्राह्मण था। उसका कारण खोजने से पता चला कि उसके पूर्वज बहुत बड़े रामभक्त थे और गोदावरी के पास एक खेड़े में रहते थे। घर-गृहस्थी के प्रपंचों से उन पर बहुत ऋण चढ़ गया था। वे बड़े दु:खी होकर यहां से निकले और अयोध्या आकर सरयू में स्नान करके घोर तप करने बैठ गए। एक दिन सपने में रामचन्द्र ने आकर उनसे कहा कि कल जब स्नान करने के लिए सरयू में उतरोगे तब तुम्हारा पैर एक मूर्ति से लगेगा; उसे निकालकर मन्दिर में प्रतिष्ठित करके तुम उसकी पूजा करने लगना। दूसरे दिन वह मूर्ति मिली। वह बालू की थी। पीठिका सहित हाथ में आ गई। किनारे पर निकालकर उसे रखा। सब लोगों

को इसकी खबर लगी। अयोध्या का राजा भी वहां आया और उसने मन्दिर बांधने का हुकुम दिया। मन्दिर तैयार हो जाने पर जब वे मूर्ति को उसमें प्रतिष्ठित करने के लिए उठाने लगे तो मूर्ति टस से मस नहीं हुई। बड़े-बड़े जंग बहादुर हार मान गए। तब सब लोगों ने उस ब्राह्मण से प्रार्थना की कि आप मूर्ति को उठाइए। उन्होंने उसे सहज ही में उठा लिया। यह साक्षात्कार देखकर राजा ने उस ब्राह्मण को ही उसका पुजारी बनाया और आज तक उसी के वंशज यहां पूजा करते हैं। इन राम को दक्षिणी लोग विशेष मानते हैं। इसके अलावा एक मन्दिर में राम की सोने की मूर्ति है। रामनवमी के सिवा और दूसरे दिनों में उसके दर्शनों के लिए सवा रुपया देना पड़ता है। अयोध्या के दक्षिण में हनुमन्तगढ़ी नाम की एक छोटी-सी टेकरी है। वहां हनुमान जी का गढ़ ऐसा देवालय बना हुआ है। अयोध्या में बन्दर और लंगूर ही ज्यादा हैं। परशुराम बोवा नाम के एक कोंकणस्थ ब्राह्मण अयोध्या में एक पहुंचे हुए साधू हो गए हैं। उनका मठ भी प्रसिद्ध है। मठ में हनुमान जी की स्थापना की गई है। परशुराम बोवा पहले बहुत दिन सरयू के तीर पर ही मठ में रहते थे। बुढ़ापे में जब उनसे उतनी दूर भी न चला गया तो उन्होंने हाथ जोड़कर सरयू से प्रार्थना की। इस पर सरयू जी बढ़कर मठ के पास आ गईं। इस कथा से देश-देश में उनकी कीर्ति हो गई। शिन्दे सरकार एक बार वहां दर्शन करने आए और मठ के लिए तीन सौ रुपये का खर्चा बांध दिया। दूसरी बार जब महाराज परशुराम बोवा के पास पहुंचे तो उनसे हाथ जोड़कर कहा–"मुझे कुछ आज्ञा कीजिए?" परशुराम बोवा ने आज्ञा की–"बन्दर को लड्डू खिलाओ।" बन्दरों की संख्या की तहकीकात की गई तो पता चला कि पांच-छः हजार होंगे। आज्ञा के अनुसार बारह-पन्द्रह हजार बूंदी के लड्डू करवाए। तब साधू ने हनुमानगढ़ी जाकर सब वानरों से विनती की कि कल यहां रामप्रसाद पाने को आएं। दूसरे दिन सब लड्डू हनुमानगढ़ी पहुंचाए गए। फिर परशुराम महाराज ने वहां आकर सब वानरों को बुलाया, प्रत्येक वानर आकर दो-दो लड्डू ले गया। ऐसा उस साधु का चमत्कार था। वह मठ आज तक है। अस्तु! नवमी की दोपहर को सरयू में स्नान के बाद जिस भूमि पर श्रीराम का जन्म हुआ था, उसके दर्शन करने गये थे। लाखों दर्शनार्थी वहां तुलसी और सुपारी लेकर आये थे। जन्म का स्थान पचास हाथ लम्बा और चालीस हाथ चौड़ा एक मैदान है। कमरे तक ऊंचा पक्का चबूतरा बना है। दूसरे दिन स्वर्गद्वार जहां लक्ष्मण ने प्रायोपवेशन प्राण त्याग किया था, उस स्थान के दर्शन करके नागेश्वर पर पानी चढ़ाया। वहां पानी चढ़ाने से यात्रा का फल मिलता है। अयोध्या क्षेत्र कलियुग में लोप हो गया था। विक्रम ने घोर तपस्या करके नागेश्वर पर अयोध्या माहात्म्य का शोध करके अयोध्या लौटाई, ऐसी आख्यायिका प्रसिद्ध है।

अयोध्या में बाईस दिन मुकाम किया। सुना कि यहां से भी डाक चालू हो गयी है। यह सुनकर पिताजी के नाम एक पत्र लिखा, वह इस प्रकार है–घर से निकलने के बाद आज तक सुख-दुःख भोगते हुए दिन बिताया। पैसा तो नहीं मिला, हां तीर्थ अनेक देखे। यहां से काशी जाने का विचार है। इसलिए त्रिस्थली

की आज्ञा कीजिए, 'आत्मा वै पुनामासि' इस श्रुति के अनुसार मैं आपके लिए तीर्थ करने का अधिकारी हूं। परन्तु इसके लिए 'अवश्यम् पितुराज्ञया' का वचन भी है। इसलिए कृपा करके काशी के ब्रह्मा घाट पर केलकर के पते पत्र भेज दीजिएगा।

हम लोग गाड़ी करके लखनऊ देखते हुए होते-करते काशी पहुंचे। रास्ते में राव साहब हिंगड़े नाशिककर से भेंट हो गई। हिंगड़े बहुत पहले से हिन्दुस्तान में रहते आये हैं। आरम्भ में शिवाजी राजा की ओर से दिल्ली बादशाह के दरबार में वकील थे। धन-वैभव की थाह नहीं मिलती थी, परन्तु कालगति से वैभव गया, गरीबी आ गई। राव साहब की अवस्था पच्चीस-तीस के पेटे में होगी। अभी कोई सन्तान न हुई थी। दिल्ली के पास बादशाह की ओर से मिली हुई जागीर थी। सो अंग्रेज़ सरकार ने ले ली। कुछ कर्ज में साहूकारों के घर चली गई। उसे छुड़ाने के लिए रावसाहब दो वर्ष से इधर ही थे। वहां का काम निपटाकर अपनी काशी की इस्टेट का बन्दोबस्त करने जा रहे थे। काशी में उनकी हवेली प्रसिद्ध है। वहां पर उनके पूर्वजों द्वारा बंधवाया हुआ मंगला गौरी का घाट भी है। उनके साथ नौकर, चाकर, रसोइये, पहरेदार और घर की स्त्रियां थीं। उनकी मातुश्री और पत्नी के लिए एक छकड़ा गाड़ी थी। हम लोग किराये के घोड़े करके जा रहे थे। रास्ते में हमारी और रावसाहब की बड़ी घनिष्ठता हो गई। रावसाहब आग्रह करने लगे कि अलग भोजन न बनाया करो। मैंने नम्र होकर उनसे कहा कि इस समय काशी जा रहा हूं। इसलिए परान्न छोड़ रक्खा है। वैसे तो हम लोग भिक्षुक हैं ही, जन्म भर पराये अन्न से ही पेट पाला है। अस्तु ! काशी पहुंच कर वरुणा पर वक्रतुण्ड गणपति के दर्शन करने के बाद हम ब्रह्माघाट पर केलकर के यहां गये। घर से पत्र आ चुका था। अक्षर हरिपन्त के हाथ के थे। बारीक अक्षरों में लिखे हुए दो बन्द थे। घर से निकलने के बाद हमारा पत्र घर नहीं गया था और घर से हमारे पास नहीं आया था। इस पत्र को बांचते-बांचते मेरी और सुनने वालों की भी आंखें छलछला आईं। घर पर सब लोग आनन्द से हैं। देश लौटकर सबको चिन्ता से मुक्त करो। यह उस पत्र का निष्कर्ष था। पत्र में पिता जी की तीर्थ यात्रा की आज्ञा भी थी। उसके अनुसार ही सब यात्रा यथा रीति पूरी की। उसका वर्णन यदि विस्तार से लिखने लगूं तो यह ग्रन्थ बहुत बड़ा हो जायेगा। गया यात्रा वर्जित की। फिर प्रयाग आये। वहां से विन्ध्यवासिनी के भी दर्शन कर आये। इस प्रकार यात्रा पूरी करके लौट जाने का विचार करने लगे।

उपसंहार

स्वजनमपि दु:खमग्रतो विवृतद्वारमिवोपजाते।

मैंने अपने मन में यह विचार किया कि घर से तो घर की मदद के लिए पैसा कमाने निकले थे; परन्तु यह सम्भव नहीं हुआ उसके लिए अभी भी अपने में शक्ति है। परन्तु माता-पिता की सेवा और उनके जीवन में सन्तोष लाना मेरा कर्त्तव्य है। सोचा, माता-पिता के लिए गंगा की बहंगी ले जाकर उनकी सेवा करूं। मन में निश्चय करके काका के आगे बात निकाली। काका ने बहुत मना किया। गंगा की बहंगी उठाना महाकर्म है और बहुत कठिन है। बिना बोले चलना पड़ता है। गंगा की बहंगी कितने ही महीनों तक तुम्हारे कन्धों पर रहेगी। कभी-कभी गंगा जड़ हो जाती हैं। तब प्राणान्तक संकट प्राप्त होता है। इस तरह की बहुत-सी बातें बहुत लोगों ने कहीं। परन्तु मैंने निश्चय किया कि पुरखों की पुण्याई से मैं इस महाकर्म को भी निभा ले जाऊंगा। सुमुहूर्त देखकर गंगा भरी। दो रुद्र अर्थात् बाईस कुप्पे गंगा भरकर बहंगी में घास वगैरह डालकर उसमें रखे और बहंगी बन्द की। फिर आषाढ़ शुक्ल पंचमी के शुभ दिन प्रयाग से चले और ब्रह्मावर्त्त पहुंचे। बाबा कर्वे का ठिकाना तो अपना था ही। व्रतों के सम्बन्ध में पूछने पर मालूम हुआ कि मैं अब श्राद्धादि उत्तर कार्य नहीं कर सकता। शुद्ध परान्न मिलने पर ही ग्रहण कर सकता हूं। मौन चलना है और सिर पर पगड़ी भी नहीं बांधनी। चार-पांच दिन ब्रह्मावर्त्त में रहकर ग्वालियर चले। साथ में और भी गाड़ियां थीं। सामान के साथ काका को भी गाड़ी में बैठाने का प्रबन्ध कर दिया।

ऐसे बढ़ते हुए एक दिन सवेरे नित्य की तरह प्रात:कर्म स्नान, सन्ध्या व लिंगार्चन करके गंगा पर हल्दी कुंकुम छिड़ककर बहंगी उठाकर जो चला तो बहंगी एकाएक बड़ी जड़ हो गई। कंधे से भार सहन ही न किया जाता था। पग-पग पर दायें-बायें बदलता था; परन्तु भार किसी तरह भी कम न हुआ, इसलिए गाड़ियों के पीछे घिसटता चला। सांझ को चार बड़े लोग मुकाम पर उतरे। प्राणों की ही बाजी लगाकर मैं किसी तरह वहां तक पहुंचा। मेरे दोनों पावों के तलवों में सूजन आ गई थी। कन्धे फूल गये थे। मेरे पहुंचने तक भोजन तैयार हो चुका था। भोजन करने के बाद मैंने सब लोगों से अपना हाल कहा। लोग

कहने लगे कि पुत्र के कंधे पर चलकर गंगा आए और माता-पिता स्नान करें, यह महत्पुण्यों से ही सुलभ हो सकता है। तुम अब आगे नहीं बढ़ सकोगे। यहां एक शिवलिंग है, उस पर गंगा चढ़ाकर मुक्त हो जाओ।

मैंने लोगों की बातों का कोई उत्तर न दिया और नित्य की तरह बहंगी को अपने सिरहाने रखकर बिछौने पर बैठ गया। पहले मैंने अपनी कुलदेवी को नमस्कार करके गंगा जी की प्रार्थना की। कुटुम्ब के लिए द्रव्य न पा सका; इसलिए गंगा लिए जा रहा हूं कि इससे ही चार आदमियों में वाह-वाही होगी। अगर माता-पिता को गंगा-स्नान न करा सका और यहां शिवलिंग पर गंगा ही चढ़ानी पड़ी तो मैं देश लौटकर नहीं जाऊंगा। बैरागी होकर बद्री नारायण चला जाऊंगा। यह निश्चय करके गंगा जी को नमस्कार करके मैं सो गया। स्वप्न में देखा कि ब्राह्मण की एक बारह-तेरह वर्ष की लड़की कानों में मोतियों के गहने पहने हुए हंसती हुई मेरे सामने आ खड़ी हुई। स्वप्न में बहन जैसी लगी। उसने कहा–''दादा, तुम घबराओ मत। मैं तुम्हारे घर चलूंगी।'' यह स्वप्न देखकर जागा तो देखता क्या हूं कि पैरों में सूजन भी नहीं है और थकान भी बिलकुल मिट गई है। तब मुझे बड़ा ही आनन्द हुआ। काका को जगाकर मैंने स्वप्न का सारा हाल कहा और पैर भी दिखाए, तब सबको बड़ा ही आश्चर्य हुआ। लोग कहने लगे कि गंगा जी ने तुम्हें प्रत्यक्ष दर्शन दिए। यह कहकर सब लोग सो गए। दूसरे दिन नित्य की तरह प्रातः कर्मों से निपटकर बहंगी उठाकर चलने लगा तो वह हलकी लगी। अस्तु !

ग्वालियर पहुंचे। वेद-शास्त्र-सम्पन्न भाऊ वैशम्पायन दानाध्यक्ष के यहां उतरे। मुझे वहां फिर दस्त लगे। उन दिनों झांसी वाले केशव भट्ट माण्डवगणे ग्वालियर में ही रहते थे। उनके यहां रहने की अच्छी व्यवस्था देखकर मैं अकेला कुछ दिनों वहां रहा। वे बड़े प्रसन्न हुए। तबीयत अच्छी होने पर झांसी-सागर मार्ग से कूच करते हुए होशंगाबाद पहुंचे जो अभी हाल ही में जिला बनाया गया था। हमारे शहर में प्रवेश करते ही चौकीदार हमें चौकी पर ले गया और साहब के सामने हाज़िर किया। साहब ने बड़ी पूछ-ताछ की। जब उन्हें यह विश्वास हो गया कि हम लोग गदर वाले नहीं, यात्री हैं और हमारा घर मुंबई के इलाके में पेंण ताल्लुके के बरसी गांव में है तो उन्होंने हमें छोड़ दिया। वह साहब ठाणें जिले में बहुत वर्ष अफसर रहा था। उसने हमसे कहा कि तुम गंगा की बहंगी ले तो जा रहे हो, जगह-जगह पर यात्रियों को रोककर तलाशी और पूछताछ होती है, अतः मैं तुम्हें एक सर्टीफिकेट लिख देता हूं। उससे तुम्हें कहीं कोई रोकेगा नहीं। हमने साहब का बड़ा आभार माना और सर्टीफिकेट लेकर शहर में आए और सोचने लगे कि अब ठहरा कहां जाए ! एक गौड़ ब्राह्मण मिला, वह बेचारा हमें अपने घर ले गया। हमारे सामने एक प्रश्न यह था कि हमारे पास पैसा कम था और रास्ता अभी भी लम्बा पड़ा था। परन्तु जब दैव अनुकूल होते हैं तब सब काम सीधा और अनुकूल हो जाता है। हमने सुना कि इन्दूर में किंबे के यहां लड़की का ब्याह है, सुनकर हम लोग चल दिए। मार्ग में सिद्धेश्वर महादेव

का स्थान देखा। यह देवालय हेमाडपन्थी है, इसलिए, इसका कलश भी पत्थर का ही है। वहां अहल्याबाई होल्कर की टांकी लगी है। अर्थात् वह पूरा गांव टांकी वालों को इनाम दिया गया है। इनका काम पहाड़ों से पत्थर तोड़ना है और गंगा पर घाट बांधना है। देवालय नर्मदा के तट पर है। यहां धतूरे के फूल इतने लगे हैं कि एक ही दिन में लक्ष पुष्प पूजा की जा सकती है। वहां शिव पूजन करके हम लोग चलते-चलते इन्दूर पहुंच गए।

उस समय इन्दूर में, देवास, धार, उज्जयिनी इत्यादि स्थानों से हज़ारों ब्राह्मण आए हुए थे। हमने सुना कि ब्राह्मणों की परीक्षा ली जा रही है और जो वास्तव में विद्वान् हैं, उन्हीं को चुना जा रहा है। मैं भी परीक्षा के स्थान पर पहुंचा। वहां विवाह सम्बन्धी चर्चा छिड़ी हुई थी। 'कुलमग्रे परीक्षेत्' कन्या की परीक्षा सूत्र में कही गई है, वर परीक्षा के सम्बन्ध में कोई भी उल्लेख या नियम नहीं। वह क्यों–शास्त्रार्थ का विषय यह था। तब मैंने कहा कि वृत्तिकार और भाष्यकार ने 'अग्रे' शब्द पर वह लिखा है कि पहले कन्या की परीक्षा करनी चाहिए फिर यही परीक्षा वर की भी हो। आप वृत्ति निकाल कर देख लीजिए; जो मैंने बताया था वही निकला। इसके बाद किंबे के उपाध्याय दिनकर शास्त्री ने उसमें पांच-छ: दूसरी शंकाएं भी कीं। मैंने उनका भी निराकरण कर दिया। इसके बाद मेरा नाम वहीं पर चढ़ा लिया गया। दिनकर शास्त्री ने सिपाही साथ करके हमारा सामान अपने यहां मंगवा लिया। गंगा की बहंगी लेकर काका के साथ मैं भी वहां गया और वहीं डेरा जमाया। विवाह के चार-पांच दिन रह गए थे, तभी से बूंदी के लड्डू करवा के मुक्तद्वार आरम्भ किया। यह विवाह भी बड़े ही ठाट-बाट का हुआ। बरात के दिन दाजी साहब किंबे अपनी पत्नी के साथ मण्डप में आकर विराजे। तब तक वंश पात्रों में दीपक नहीं जलाये गए थे। दाजी साहब ने इस पर ध्यान दिया और फिर सब ठीक हो गया। अस्तु। विवाह निर्विघ्न समाप्त हुआ। ब्राह्मण मण्डली को यथायोग्य सन्तुष्ट किया गया। इसके सिवा राजा के यहां नित्य दान में भी हमने कुछ रुपये पाए। तब इन्दूर से चल दिए।

सातपुड़ा में एक बार रास्ता भूलकर मैं और मेरे साथ एक और बटोही भीलों के एक खेड़े में जा पहुंचे। पहले तो हमें बड़ा डर लगा, परन्तु भीलों ने गंगा की बहंगी देखकर हमारा बड़ा आदर और आतिथ्य सत्कार किया। रात में वहीं रहे। सबेरे हमें उन्होंने तीन-तीन रुपये दक्षिणा दी और रास्ता बताने के लिए आदमी साथ कर दिए। हम लोग फिर अपने साथियों से आकर मिल गए।

सातपुड़ा से मालेगांव आए। यहां सर्दी कड़ाके की पड़ रही थी। पैरों पर रुई की पट्टियां लपेट ली थीं, फिर भी बेवाइयां फट गईं। मैं उनमें जल और मोम भर लेता था। पिलगांव पहुंचे। वहां से सप्तश्रृंग की देवी के दर्शन करने के लिए चले। वणी गांव में भोग मूर्ति अष्टादशभुजा हैं, उनके दर्शन करके पहाड़ पर चढ़े। यहां हेमांडपन्थ वालों ने पत्थर की सीढ़ियां बनवा दी हैं। तीन कोस की चढ़ाई है। ऊपर बड़ा मैदान है और पानी की बड़ी अच्छी व्यवस्था है। वहां स्नान करके फिर ऊपर जाना पड़ता है। ऊपर जाकर देवी के दर्शन किए। देवी

की मूर्ति दो ढाई पुरुष ऊंची है और उनका स्वरूप अति भयंकर है। उनकी दस भुजाएं हैं। उनकी नथ छोटी-सी परात के समान है। अस्तु ! पहाड़ उतरकर बणी में पड़ाव डाला।

यहां से चलकर नासिक पहुंचे। पंचवटी गए। गंगा की बहंगी एकदम हल्की हो गई। पंचवटी में रखे हुए गंगा जल के कुप्पों की डाटें आप खुल गईं। उस समय वहां की ब्राह्मण मण्डली ने कहा कि बहंगी की गंगा से तुरन्त ही गोदावरी की भेंट कराओ। यदि विलम्ब हुआ तो गंगा फिर बहंगी में नहीं रहेंगी। उनके ये कहने पर मैं बहंगी लेकर रामतीर्थ गया और सब कुप्पे गोदावरी-गंगा से भरे। फिर कुप्पों में डाट लगाकर बहंगी लेकर अपने डेरे पर आया।

पूना पहुंचे। वहां वीरेश्वर शास्त्री चितले के यहां राजा बहादुर हवेली में उतरे। दो-चार दिन रहकर ज्वालापुर आए।

ब्रह्मावर्त्त से मैंने घर को पत्र डाला था, उसके बाद कोई पत्र नहीं भेजा था। बीच में होशंगाबाद से हमारे साथ के रहालकर नामक एक सज्जन वरसई जा रहे थे, उनके द्वारा अपने हाल-चाल कहला भेजे थे। उसके बाद कोई पत्र नहीं लिखा था, इसलिए घर पर बड़ी चिन्ता की जा रही थी।

खालापुर से चलकर सायंकाल चार बजे लगभग वरसई में नदी के बांध तक सकुशल पहुंच गए। वहां अचानक राजराजेश्वर अण्ण साहब कर्वे से भेंट हो गई। उन्होंने कहा कि गांव में इस साधारण रीति से प्रवेश करना शोभनीय नहीं। तुरंत ही उन्होंने अपने आदमी दौड़ाकर बाजे-गाजे मंगवा लिया। गांव में भी लोगों को समाचार कहला भेजा। पिताजी को कहलवाया कि आप घर में ही रहें वहीं भेंट होगी। फिर बड़े ठाट के साथ गांव चले। श्री देवालय जाते हुए मोकाशी के गणपति मन्दिर के पास मातुश्री आती दिखाई दीं। उन्हें देख मैं चट से बहंगी रखकर आगे बढ़कर मातुश्री के चरणों में लोट गया। 'अरे विष्णु है' यह कहते हुए उन्होंने मुझे गले लगा लिया। उस समय हम दोनों की जो दशा थी उसका वर्णन नहीं किया जा सकता। दोनों के नेत्रों से आंसुओं की धारा बह चली, कुछ कहते ही नहीं बनता था। फिर मैंने कहा कि तुम घर चलो मैं आता हूं, यह कहकर मैं बैजनाथेश्वर के दर्शन करने गया। यहां बहुत लोग जमा हो गए थे। सबके साथ घर आया। घर में जाकर कुलदेवी को प्रणाम करके गंगा की बहंगी वहीं रखी। बाहर आकर पिताजी के चरणों में मस्तक नवाकर उन पवित्र चरणों से लिपट रहा। उनकी आंखों में आंसू भर गए। फिर बाहर बैठे हुए गांव के सब लोगों से मिला। चारों ओर से प्रेम की वर्षा हो रही थी। फिर सबको पान-सुपारी देकर विदा किया। अपनी बहिन चि. सौ. कृष्णाबाई को गंगा यमुनी झारी देकर संतुष्ट किया इस तरह चारों ओर आनन्द-ही-आनन्द छा गया।

दीया जले के लगभग गुरुवर पूज्यपाद विनायक जोशी मिलने के लिए आये। मैंने उनके चरणों में सिर नवाकर प्रणाम किया और उनकी कृपा से बड़े-बड़े यज्ञों सभाओं में जो यश कमाया था, उसका सारा हाल निवेदन किया, जिसे सुनकर उन्हें परमानन्द हुआ। रात में पिता-माता के पास बैठकर तीन वर्ष के

प्रवास के सब सुख-दुःख निवेदन किए, बातचीत में रात बीतने को आई। धोंड़ भट्ट और हरिपन्त पेण में थे। खबर पाकर सवेरे चार बजे वे घर आ पहुंचे। हरिपन्त के प्रेम की उपमा तो भरत से ही दी जा सकती है। मेरे पैरों पर माथा टेककर, गले से लिपटकर दो घड़ी तक वह रोता रहा। मैंने उसे अपने प्रवास के सारे संकटों का इतिहास सुनाकर कहा कि तुम्हारी तपश्चर्या के प्रताप से ही मैं सकुशल लौट सका। धोंड़ भट्ट से भी बड़े स्नेह से मिला। कुटुम्ब में आनन्द छा गया।

कुछ दिनों में ही सब तैयारी करके पेण बावशी आदि ठिकानों से सब भिक्षु मण्डली और सगे-सम्बन्धियों, इष्टमित्रादि को निमन्त्रण देकर बुलाया। सबके आ जाने पर रांगोली बनाकर माता-पिता को पीढ़े पर बैठाया। पूज्यपाद विनायक जोशी ने मेरी ओर से संकल्प कराया और यथाविधि गंगा पूजन करके गंगा जल से माता-पिता को स्नान कराया। सब भिक्षुक मण्डली को दक्षिणा दी। इस तरह वर्ष भर तक गंगा जी की बहंगी कांधे पर लाद कर लाना सार्थक हुआ और उससे मुझे जो आनन्द हुआ, उसका वर्णन कैसे करूं ? दो प्रहर तक समारम्भ रहा। लगभग साढ़े चार सौ पान लगे। पूरन पूड़ी का भोजन करवाया। पिताजी ने संकल्प छोड़कर ब्राह्मणों को पली-पली भर गंगाजल दिया। उस दिन नाते-गोते मित्र, परिचित सभी आए थे, कोई छूटा न था। आधी रात तक जागरण हुआ। वह दिन बड़े ही आनन्द और उत्सव के साथ बीता। दूसरे दिन सब लोग अपने-अपने घर गए और हम लोग अपने-अपने उद्योग-धधों में लग गए।

शुभं भवतु। श्री पार्थिवलिंगरूपणे सदा शिवाय नमः।

❏ ❏ ❏